大先生

大师谈大师

梁启超
顾颉刚
冯友兰

等著

国际文化出版公司

·北京·

图书在版编目（CIP）数据

大先生：大师谈大师/梁启超等著. —北京：国际文化出版公司，
2016.4
ISBN 978-7-5125-0841-5

I.①大…　II.①梁…　III.①历史人物—生平事迹—中国—民
国 IV.① K820.6

中国版本图书馆 CIP 数据核字（2016）第 030681 号

大先生：大师谈大师

作　　者	梁启超　顾颉刚　冯友兰　等
责任编辑	宋亚眶
统筹监制	葛宏峰　兰　青
策划编辑	兰　青　陈　静
美术编辑	秦　宇
出版发行	国际文化出版公司
经　　销	国文润华文化传媒（北京）有限责任公司
印　　刷	阳谷毕升印务有限公司
开　　本	880 毫米 ×1230 毫米　　32 开 11 印张　　280 千字
版　　次	2016 年 4 月第 1 版 2020 年 1 月第 2 次印刷
书　　号	ISBN 978-7-5125-0841-5
定　　价	48.00 元

国际文化出版公司
北京朝阳区东土城路乙 9 号　　邮编：100013
总编室：（010）64271551　　传真：（010）64271578
销售热线：（010）64271187
传真：（010）64271187-800
E-mail: icpc@95777.sina.net
http://www.sinoread.com

目录 CONTENTS

梁启超：才大如海，革命功臣

胡适：身行万里半天下，眼高四海空无人

陈寅恪：独立之精神，自由之思想

鲁迅：入木三分叹为观止，嬉笑怒骂皆成文章

梁漱溟：末代硕儒，菩萨行者

熊十力：凡有志于根本学术者，当有孤往精神

冯友兰：阐旧邦以辅新命，极高明而道中庸

金岳霖：道超青牛，论高白马

傅斯年：人间一个最稀有的天才

刘半农：教我如何不想他

沈从文：星斗其文，赤子其人

老舍：智慧的哲人，天真的孩子

梁实秋：最像一朵男人花

林语堂：两脚踏东西文化，一心评宇宙文章

吴宓：是真名士自风流

王国维：末代国师，最是人间留不住

王国维（1877—1927），字静安，晚号观堂，谥忠悫，浙江省嘉兴市海宁人。清末民初著名学者，文学家。曾留学日本，在教育、哲学、文学、戏曲、美学、史学、古文学等方面均有很深的造诣，被誉为中国封建社会最后一位国师。一生著述丰富，全部收录于1921年出版的20卷《观堂集林》，其中《宋元戏曲史》、《人间词话》等在中国学术史上具有重要的地位。

王静安先生墓前悼词 / 梁启超 [①]

> 若说起王先生在学问上的贡献，那是不为中国所有而是全世界的。其最显著的实在是发明甲骨文。和他同时因甲骨文而著名的虽有人，但其实有许多重要著作都是他一人做的。以后研究甲骨文的自然有，而能矫正他的绝少。这是他的绝学！不过他的学问绝对不止这点。我挽他的联有"其学以通方知类为宗"一语，"通方知类"四字能够表现他的学问全体。

自杀这个事情，在道德上很是问题：依欧洲人的眼光看来，这是怯弱的行为；基督教且认做一种罪恶。在中国却不如此——除了小小的自经沟渎以外，许多伟大的人物有时以自杀表现他的勇气。孔子说："不降其志，不辱其身，伯夷叔齐欤！"宁可不生活，不肯降辱；本可不死，只因既不能屈服社会，亦不能屈服于社会，所

---

① 本文原载于《国学月报》第二卷第 8、9、10 号合刊《王静安先生专号》，1927 年 10 月 31 日出版。——编者注

以终久①要自杀。伯夷叔齐的志气，就是王静安先生的志气！违心苟活，比自杀还更苦；一死明志，较偷生还更乐。所以王先生的遗嘱说："五十之年，只欠一死。经此世变，义无再辱。"这样的自杀，完全代表中国学者"不降其志，不辱其身"的精神；不可以欧洲人的眼光去苛评乱解。

王先生的性格很复杂而且可以说很矛盾：他的头脑很冷静，脾气很和平，情感很浓厚，这是可从他的著述、谈话和文学作品看出来的。只因有此三种矛盾的性格合并在一起，所以结果可以至于自杀。他对于社会，因为有冷静的头脑所以能看得很清楚；有和平的脾气，所以不能取激烈的反抗；有浓厚的情感，所以常常发生莫名的悲愤。积日既久，只有自杀之一途。我们若以中国古代道德观念去观察，王先生的自杀是有意义的，和一般无聊的行为不同。

若说起王先生在学问上的贡献，那是不为中国所有而是全世界的。其最显著的实在是发明甲骨文。和他同时因甲骨文而著名的虽有人，但其实有许多重要著作都是他一人做的。以后研究甲骨文的自然有，而能矫正他的绝少。这是他的绝学！不过他的学问绝对不止这点。我挽他的联有"其学以通方知类为宗"一语，"通方知类"四字能够表现他的学问全体。他观察各方面都很周到，不以一部分名家。他了解各种学问的关系，而逐次努力做一种学问。本来，凡做学问，都应如此。不可贪多，亦不可昧全，看全部要清楚，做一部要猛勇。我们看王先生的《观堂集林》，几乎篇篇都有新发明，只因他能用最科学而合理的方法，所以他的成就极大。此外的著作，亦无不能找出新问题，而得好结果。其辨证最准确而态度最温和，完全是大学者的气象。他为学的方法和道德，实在有过人的地方。

---

① 现在写作"究"。——编者注

近两年来，王先生在我们研究院和我们朝夕相处，令我们领受莫大的感化，渐渐成功一种学风。这种学风，若再扩充下去，可以成功中国学界的重镇。他年过五十而毫不衰疲，自杀的前一天，还讨论学问，若加以十年，在学问上一定还有多量的发明和建设，尤其对于研究院不知尚有若干奇伟的造就和贡献。

最痛心的，我们第三年开学之日，我竟在王先生墓前和诸位同学谈话！这不仅我们悲苦，就是全世界的学者亦当觉得受了大损失。在院的旧同学亲受过王先生二年的教授，感化最深；新同学虽有些未见过王先生，而履故居可想见声馨，读遗书可领受精神：大家善用他的为学方法，分循他的为学路径，加以清晰的自觉，继续的努力，既可以自成所学，也不负他二年来的辛苦和对于我们的期望！……

一九二七年

（摘自《王国维之死》，广东教育出版社，1996 年）

悼王静安先生／顾颉刚[①]

> 至于静安先生，确和康氏不同，他是一天比一天进步的：三十五岁以前，他在学问上不曾作过什么大贡献，他的大贡献都在三十五岁以后，到近数年愈做愈邃密了，别人禁不住环境的压迫和诱惑，一齐变了节，唯独他还是不厌不倦地工作，成为中国学术界中唯一的重镇。今年他只有五十一岁，假使他能有康氏般的寿命，他的造就真不知道可以多么高。现在呢，他竟"中道而废"了！

噩耗传来，本月二日王静安先生自沉于颐和园昆明池中死了。这个消息蓦然给我一个猛烈的刺戟[②]，使我失望而悲叹。我对于他虽向少往来，但是恋慕之情十年来如一日。三年前，曾给他一信，大意是说："颉刚现在困于人事，未得专心向学；待将来事务较简，学业稍进，便当追随杖履，为始终受学之一人。"我常想，他的年

---

① 本文原载于《文学周报》第五卷一、二期合刊，1927 年 8 月 7 日。——编者注
② 现在写作"刺激"。——编者注

纪还不大，我向他讨教的机会正多。现在我研究问题姑且自求解答，等到将来碰着了极困难的问题，自己解决不下时，再去向他讨教，如此，庶不至虚费他的精神。现在呵，这个希望成为梦幻泡影了！本年三月中，康长素先生逝世，我淡然置之。我在学问上受他的影响不亚于静安先生：静安先生教我怯，他教我勇；静安先生教我细针密缕，他教我大刀阔斧。我既是很佩服他，为什么对于他的死倒不觉得悲伤呢？因为他的学问只起了一个头，没有继续加功。在《新学伪经考》和《孔子改制考》做完之后，他便自以为学问成功了，专要做政治的活动了。他自己说，"三十五岁以后，学问没有进步，也不求其进步"。所以学术界上的康有为，三十六岁就已死了。自从我们这辈人出生之后，他只有提倡孔教，宣传保皇，运动复辟，开讲怪诞的天人学说，灌输种种反革命的思想，做出种种反革命的举动，我们巴不得他早死。现在居然去世，我们庆贺之不暇，更何有乎追悼。至于静安先生，确和康氏不同，他是一天比一天进步的：三十五岁以前，他在学问上不曾作过什么大贡献，他的大贡献都在三十五岁以后，到近数年愈做愈邃密了，别人禁不住环境的压迫和诱惑，一齐变了节，惟独他还是不厌不倦地工作，成为中国学术界中惟一的重镇。今年他只有五十一岁，假使他能有康氏般的寿命，他的造就真不知道可以多么高。现在呢，他竟"中道而废"了！他竟把想望中的一座伟大的九仞之台自己打灭了！为学术界着想，他的死是一个极重大的损失，说不出代价的牺牲。可惜他努力做了三四十年的豫备 [①]，只应用得十余年就停了！

昨天，在报纸上读到他的遗嘱，里边说："五十之年，只欠一死；经此世变，义无再辱。"始恍然明白他的死是怕国民革命军给他过不去。湖南政府把叶德辉枪毙，浙江政府把章炳麟家产籍没，

---

① 现在写作"预备"。——编者注

在我们看来，觉得他们罪有应得，并不诧异，但是这种事情或者深深地刺中了静安先生的心，以为党军既敢用这样的辣手对付学者，他们到了北京也会把他如法炮制，办他一个"复辟派"的罪名的；与其到那时受辱，不如趁党军尚未来时，索性做了清室的忠臣，到清室的花园里死了，倒落一个千载流芳。其实，他过虑了。叶德辉在湖南做地方上的恶霸，筹安会的首领，是很昭著的。章炳麟近来常做军阀的爪牙，在报纸上屡屡发表反革命的言论，也是很显明的。至于静安先生，不过曾做过清室的官，现在还拖着辫子罢了；他并不曾发表一篇鼓吹复辟的宣言，也不曾从事于阴谋复辟的活动，更不曾受了别人的贿赂而主张过任何关于政治的议论。他究竟还是一个超然的学者，党军到北京时哪会使他难堪；至多只有在街上遇见，硬剪掉他的辫子而已。剪掉他的辫子，实在也算不得侮辱。他以前做过北京大学研究所的导师，现在正作清华大学研究院的教授。他拿了中华民国的俸给已有五六年了，他已经不能说是一个"西山采薇蕨"的遗民了！也许，他想，三年前，北京大学研究所曾经发出一个宣言，反对清室出卖产业，丧失国宝，其中直称溥仪的名，他因为一方面在北京大学做导师，一方面又在清室做南书房行走，心中很不安，就写了一封长信辞职，起了一回龃龉；这个旧案或者研究所里的人等到党军来时要重新提起。但是，他如果真是这样想，他未免太冤枉了他们了。他们对于他装作遗老固然很不满意，但是他们究竟都是懂得学问的人，对于他是没有一个不佩服的。他们常觉得他是研究学问的仪型，储藏知识的宝库，那有忍心害理，想去伤害他的道理。静安先生，从种种方面看来，你都没有死的道理，你也不至受辱，你何苦做这种无谓的牺牲，害了自己再害别人呢！为什么说你害别人？因为你担负学术上重大的使命，你的生命不是你个人的，已是学术界公有的了。倘使你是一个庸庸碌碌的人，你要死只管由你死，与人无关，但是现在你的死就损害了学术界了，你对于学术界负罪了！

　　关于静安先生做遗老的原因，我是很原谅的。他所以能有今日的学问，罗叔蕴先生实有诱掖奖进的大功。罗氏比他大十余岁，他以前辈礼事他。罗氏处事的才干比他好，他的职业与生计也就常常靠他。起初，他们两都是极新的人物，罗氏所办的《农学报》和《教育世界》杂志，大半是静安先生的翻译和撰述。罗氏做江苏师范学校监督，他便做该校教员。罗氏做学部参事，他也在学部里任事。光复后，罗氏移家到日本，他便跟了去。罗氏在日本大举出版考古学的书籍，他便帮他做考订纂录的事情。因为他和罗氏的关系这样密切，而罗氏喜欢矫情饰智，欺世盗名，有意借了遗老一块牌子来图自己的名利，他在这个环境之中也就难以自脱，成了一个"遗而不老"的遗老了。等到一成了遗老，骑虎难下，为维持自己的面子起见，不得不硬挺到底了。所以我们论人，不可专看人家的外表，也要设身处地地替人家想一想。静安先生虽然比我们这辈人大了二十年左右，但他的头脑很清楚，他从少年时就看外国文书籍，对于世界潮流哪会不知道，哪会在现在时候还迷信忠君的旧见解。他做遗老明白是他的环境逼迫成功的。他是一个穷书生，若没有罗氏的帮助，如何能够得到一个不问外事，专心读书的境界，他的学问怎能有今日这般好。既经靠了罗氏的帮助而得学问的成功，他又如何能与罗氏分道扬镳，反面若不相识。所以他今日的自杀，中国的政府与社会应当公同①担负责任。倘使中国早有了研究学问的机关，凡是有志研究的人到里边去，可以恣意满足他的知识欲，而又无衣食之忧，那么，静安先生何必去靠罗氏，更何必因靠罗氏之故而成为遗老。如今，他用了数十年的努力，在史学界上贡献了许多成绩，

① 现写作"共同"。——编者注

为中国在国际间挣得了仅有的荣誉，到头来只有自居于反革命的地位而先伏其罪，政府不抚恤他，社会上不了解他，大家只觉得他是一个清室的忠臣而已，这岂不是一个大冤枉！

他的学问，恐怕一般人要和别的老先生老古董们相提并论，以为他们都是研究旧学，保存国粹的；这是大错误。学问的新旧决不在材料上，而在方法上，思想上。例如天上的星，古人看着只觉得一粒星就是代表一个人，星座的转移就是表明人类的命运，所以看了星可以得到占卜的用处；但现在的天文学者看了，他就没有这种可笑的思想，他只是要研究明白天体的情状。堪舆先生下乡，他要登山以望云气，挖地而看土质，他与研究地质地文的科学家所观察的对象相同，但他们观察的目的和见解却是恰恰相反。所以同样的拿到一本旧书，信仰它的糊涂虫和研究它的学者，他们得到的结果是绝对不同的。静安先生在十余年前治哲学，文学，心理学，法学等，他的研究学问的方法已经上了世界学术界的公路。自从跟了罗氏到日本，始把这些东西一齐丢掉，专力于考古学及史学。他对于商代甲骨，周秦铜器，汉晋简牍，唐人写本，古代生活，种族历史，社会制度，都要研究，他用的方法便是西洋人研究史学的方法，不过这一点他因为和遗老的牌子有些冲突，所以讳莫如深而已。他对于学术界最大的功绩，便是经书不当作经书（圣道）看而当作史料看，圣贤不当作圣贤（超人）看而当作凡人看；他把龟甲文，钟鼎文，经籍，实物，作打通的研究，说明古代的史迹；他已经把古代的神秘拆穿了许多。这和一班遗老们迷信古代，将"圣道，王功"常挂在嘴边的，会相同吗？一班人因他和罗氏契合，合称为"罗王"，以为他们的学问是一致的，实亦不然。罗氏不过机会好，他碰见了许多古物，肯去搜集编录而已，他在学问上心得并不多，他的方法至多是清代经师的方法。静安先生驳许慎，驳郑康成，他都不以为然，说他太胆大了。难道研究学问不该胆大吗？所以，我们单看静安先生的形状，他确是一个旧思想的代表者；但细察他的实在，他却是一个旧思想的破坏者。如果他能再活上二三十年，给他继续拆穿的神秘一定很不少，中国古史的真相就暴露得更多，而思想革命也就易于成功了。因为这样，我对于他的学问，不承认他是旧学，承认他是新创的中国古史学。他在古史学上，和崔东壁、康长素诸家的不同之点，崔康们是破坏伪的古史，而他是建设真的古史。不幸崔康们破坏伪古史已颇有些规模，而他的建设真古史则尚没有大成功。例如《殷周制度论》，他确想把所有材料综合起来，探求商周史的中心问题的，但对于伪书未加以严格的别择，不能尽善。其余的著作则都是些材料，尚没有贯以统系。这是因建设比破坏为难，有如造屋与拆墙之比。假使他能享上寿，他的屋子必可造得好好的。（这半年中，我永远度着飘流转徙的生活，手头无书可检，不能对于他的学问作一切实的批评，很抱歉。俟生活安定，当另作一文论之。）

他已经死了，我们总要想想：何如可以使得将来类似他的人不致再蹈这类的境遇，受这类的恐怖，作这类的牺牲？

依我想来，有下列两项：

其一，各大学中应该替专门研究学问的人设想，在平常的办事与教课的教授之外，请若干人专作研究，不担任学校里的任何责任，更不强迫他们加入某某党派。静安先生何以宁可加入遗老丛中，正因为凡是遗老都是喜欢讲斯文的，（不论是真心或假意，）他们好以庇护斯文种子表示自己的功绩，肯替他们豫备下一个安心用功的境地；不像一班学界人物的商贾化，政客化，终日劳心于争权夺利，作可厌的纷扰。所以他的学问见解虽是比较一班遗老差得天地远，还是情愿和他们虚相委蛇。这是不能过分责备他的第一桩。凡是专心研究学问的人，对于政治的兴味一定很淡，这并不是遗落世务，实在一个人只有这一点精神，它既集中于学问，便再不能分心于政治了。静安先生归国之后，何以宁可在外国人所办的学校（广仓学窘）与半外国人所办的学校（清华学校）中任事，也只因里边的政治空气较为疏淡之故。学校中人一齐不问政治固然不对，但容许几个对于学问有特别兴味的人专作研究也未始说不过去。这是不能过分责备他的第二桩。我十分希望将来的大学里能有完善的组织，使得类似静安先生的人可以安心研究，不再被别方面所拉拢而作牺牲。学术本是国家应该提倡的，国家的大学里能有静安先生一流的人也是国家的光荣咧。

其二，我们应当造成一种风气，把学者们脱离士大夫阶级而归入工人阶级。这并不是学时髦，实在应当如此。以前读书人的心目中以为读书的目的是要做好了文章，修好了道德，豫备出而问世；问世就是做官，目的是要把他的道德文章发挥尽致。因为这样，他们专注目于科第仕宦，不复肯为纯粹的艺术和科学毕生尽瘁。例如杜甫称赞他自己的文章好，说"读书破万卷，下笔如有神；赋料扬雄敌，诗看子建亲"，这是很不错的。但下文接说"自谓颇挺出，立登要路津，致君尧舜上，再使风俗淳"，那便大误。诗赋的挺出，如何就可以"致君尧舜上"呢！我们若知道他的话可笑，我们便该鼓吹一种思想：做文章只是做文章，研究学问只是研究学问，同政治毫没有关系，同道德也毫没有关系。做文章和研究学问的人，他们的地位跟土木工，雕刻工，农夫，织女的地位是一样的。他们都是凭了自己的能力，收得了材料，造成许多新事物。他们都是作工，都没有什么神秘。这个意思，在我们看来实在平常得很，但不知道为什么一班人总是想不出。不信，只要看现在会做文章的人，无形中总给许多人捧作民众的领袖，一切的事情都压到他的头上，直至把他毁坏了而后已。（毁坏的缘故，一方面太忙，使得他不能对于自己的学业专心工作；一方面他受了许多人的推戴，使得他把自己看成天之骄子，不高兴做切实的工作。）这还是杜甫的思想啊！我最厌听的话，是别界里的人对我们说"你们学界清高"，学界里的人对我们说"你们是高尚的学者"。我真奇怪，我们和人家一样的服务之后拿钱吃饭，清高在哪里，高尚在哪里，若说不争权利，专心工作，即是清高高尚，那么，一班工人农夫也是如此，何以就没有人去替他们称扬呢？说到底，这就是"士大夫"一个传统观念在那里作怪！他们想，士大夫是高出于平民的，而读书人是豫备做士大夫的，可以贵而不贵，可以富而不富，只愿读读书，那便是清高高尚。这个观念，我承认它是害死静安先生的主要之点。他觉得自己读书多，闻见广，自视甚高，就不愿和民众们接近了。遗老们是正则的士大夫，凡是士大夫抬高自己地位的架子他们都保存着，入了他们的伙自己的身分[1]也就抬高了不少，所以他们拉他时容易拉到了。他少年到日本早已剪发，后来反而留起辫子，到现在宁可以身殉辫，这就是他不肯自居于民众，故意立异，装腔作势，以鸣其高傲，以维持其士大夫阶级的尊严的确据。这种思想是我们绝对不能表同情的。所以我们在哀悼他的学问之外，同时要唾弃他的架子，和唾弃溥仪给他的谥法"文悫"一样。

（摘自《追忆王国维》，生活·读书·新知三联书店，2009年）

作者简介

顾颉刚（1893—1980），江苏苏州人。中国现代著名历史学家、民俗学家，古史辨学派创始人，现代历史地理学和民俗学的开拓者、奠基人。著有《古史辨》、《当今中国史学》。

---

[1] 现写作"身份"。——编者注

从容一死殉大伦——我看王国维/冯友兰

> 王国维特别尊敬关羽，尤其是关羽"释曹"这一段经过，这就是所谓"身在曹营心在汉"。无论怎么说这总是一个矛盾。王国维也有一个矛盾，那就是"身在民国心在清"。在他的思想中这是一个实际的矛盾，并不是用什么空话可以解决的，他只好用实际的行动解决之，那就是自杀。

我在写这一章的时候，受到了不少启发，也做了不少引申。因其不是王国维说的，所以不便写入正文，但也许有助于人们理解王国维，所以另为附记。

一、关于意境，我也有些经验。一九三七年中国军队退出北京以后，日本军队过了几个星期以后才进城接收政权。在这几个星期之间，在政治上是一个空白。我同清华校务会议的几个人守着清华。等到日本军队进城接收了北京政权，清华就完全不同了。有一个夜晚，吴正之(有训)同我在清华园巡察，皓月当空，十分寂静。吴正之说："静得怕人，我们在这里守着没有意义了。"我忽然觉得有一些幻灭之感。

是的，我们守着清华为的是替中国守着一个学术上、教育上完整的园地。北京已不属于中国了，我们还在这里守着，岂不是为日本服务了吗？认识到这里，我们就不守清华了。过了几天，我们二人就一同往长沙去找清华了。后来我读到清代诗人黄仲则的两句诗："如此星辰非昨夜，为谁风露立中霄。"我觉得这两句诗所写的正是那种幻灭之感。我反复吟咏，更觉其沉重。

到了长沙，我住在朋友家中的一个小楼上，经常凭栏远望，看见栏下有一棵腊梅花，忽然想起李后主的几句诗："独自莫凭栏，无限江山，别时容易见时难。"我觉得这句话写亡国之痛深刻极了，沉痛极了。我也写了首诗，其中有一句说："凭栏只见腊梅花。"只见腊梅花而已，至于广大北方的无限江山，那就"别时容易见时难"了。

清朝的一个大文艺批评家金圣叹，在评论小说的时候，遇见这种情况常用一句话说："千载以下同声一哭。"为什么"同声一哭"呢？因为有同类经验的人有相同的感受，所以就同声一哭了。

一类的人有相同的乐事，他们就会像《庄子》上所说的，"相视而笑，莫逆于心"。古代有个传说，伯牙弹琴，钟子期能听出其志在高山或志在流水。这个"志"字也应当作意境解。对于一个艺术作品，其技巧的高下是很容易看出的，对于其意境那就比较难欣赏了。钟子期能欣赏伯牙弹琴的意境，所以伯牙引为平生知音。

二、陶潜的"采菊东篱下"是一首众所周知的好诗，另外还有一首好诗："孟夏草木长，绕屋树扶疏，众鸟欣有托，我亦爱吾庐。"仅用四句就写出了天地万物各得其所的意境。这两首诗出现在两组组诗之内，第一组的总题是《饮酒》，第二组的总题是《读山海经》。虽然都有总题，但单就这两首说是无题的。李商隐有几首诗以无题为题，他有意以无题为题，可见他对于无题更是心知其意。其中有两句说："春蚕到死丝方尽，蜡炬成灰泪始干。"这是哀民生之长勤。又说："晓镜但愁云鬓改"，这是谈生死之无常。又说："身无彩凤双飞翼，心有灵犀一点通"，这是痛好事之多磨。像这样的宇宙人生的大事，岂是用几个字的题目可以限制的？王国维对于无题特别发挥，这是特别有见于艺术的普遍性。

三、王国维在《〈红楼梦〉评论》一文中，认为自杀并不是一个解脱之道，可是他自己却自杀了，这是什么原因呢？

他曾经说："《三国演义》无纯文学之资格，然其叙关壮缪之释曹操，则非大文学家不为。《水浒传》之写鲁智深，《桃花扇》之写柳敬亭、苏昆生，彼其所为，固毫无意义，然以其不顾一己之利害，故犹使吾人生无限之兴味，发无限之尊敬，况于壮缪之矫矫者乎！若此者，岂真如康德之所云，实践理性为宇宙人生之根本欤？抑与现在利己之世界相比较，而益使吾人兴无涯之感也？则选择戏曲、小说之题目者，亦可以知所去取矣。"（《文学小言》第十六条《静庵文集续编》）

王国维特别尊敬关羽，尤其是关羽"释曹"这一段经过，这就是所谓"身在曹营心在汉"。无论怎么说这总是一个矛盾。王国维也有一个矛盾，那就是"身在民国心在清"。在他的思想中这是一个实际的矛盾，并不是用什么空话可以解决的，他只好用实际的行动解决之，那就是自杀。

他死以后，清华的国学研究院为他立了一个纪念碑，陈寅恪作碑文，为他写诗。陈寅恪又在《颐和园词》中用一句诗概括地说王国维是"从容一死殉大伦"。

在现代革命时期，知道"大伦"这个名词的人已经不多，懂得其意的人就更少了。王国维的诗在政治上不起作用，在社会上也没有影响，所以本书也就存而不论了。

（摘自《三松堂主：名人笔下的冯友兰 冯友兰笔下的名人》，东方出版中心，1998 年）

蔡元培：大德垂后世，中国一完人

　　蔡元培（1868—1940），浙江绍兴山阴县（今浙江绍兴）人，原籍浙江诸暨，革命家、教育家、政治家。中华民国首任教育总长，1916年至1927任北京大学校长，革新北大开"学术"与"自由"之风。他早年参加反清朝帝制的斗争，民国初年主持制定了中国近代高等教育的第一个法令——《大学令》。

我所景仰的蔡先生之风格 / 傅斯年

> 试想当年的情景，北京城中，只是些北洋军匪、安福贼徒（指北洋皖系军阀操纵的官僚政客）、袁氏遗孽（指窃国大盗袁世凯的余党），具人形之识字者，寥寥可数，蔡先生一人在那里办北大，为国家种下读书爱国革命的种子，是何等大无畏的行事！

　　有几位北大同学鼓励我在日本特刊中写一篇蔡先生的小传。我以为能给蔡先生写传，无论为长久或为一时，都是我辈最荣幸的事。不过，我不知我有无此一能力。且目下毫无资料，无从著笔，而特刊又急待付印，所以我今天只能写此一短文。至于编辑传记的资料，是我的志愿，而不是今天便能贡献给读者的。

　　凡认识蔡先生的，总知道蔡先生宽以容众，受教久的，更知道蔡先生的脾气，不特不严责人，并且不滥奖人，不像有一种人的脾气，称扬则上天，贬责则入地。但少人知道，蔡先生有时也很严词责人。我以受师训备僚属有二十五年之长久，颇见到蔡先生生气责人的事。

他人的事我不敢说，说和我有关的。

一

蔡先生到北大的第一年中，有一个同学，长成一副小官僚的面孔，又做些不满人意的事，于是同学某某在西斋（寄宿舍之一）壁上贴了一张"讨伐"的告示；两天之内，满墙上出了无穷的匿名文件，把这个同学骂了个"不亦乐乎"。其中也有我的一件，因为我也极讨厌此人，而我的匿名揭帖之中，表面上都是替此君抱不平，深的语意，却是挖苦他。为同学们赏识，在其上浓圈密点，批评狼藉。这是一时学校中的大笑话。过了几天，蔡先生在一大会中演说，最后说到此事，大意是说：

诸位在墙壁上攻击××君的事，是不合做人的道理的。诸君对××君有不满，可以规劝，这是同学的友谊。若以为不可规劝，尽可对学校当局说。这才是正当的办法。至于匿名揭帖，受之者纵有过，也决不易改悔，而施之者则为丧失品性之开端。凡做此事者，以后都要痛改前非，否则这种行动，必是品性沉沦之渐。

这一篇话，在我心中生了一个大摆动。我小时，有一位先生教我"正心"、"诚意"①、"不欺暗室"，虽然《大学》念得滚熟，却与和尚念经一样，毫无知觉；受了此番教训，方才大彻大悟，从此做事，决不匿名，决不推自己责任。大家听蔡先生这一段话之后印象如何我不得知，北大的匿名"壁报文学"从此减少，几至绝了迹。

---

① "正心"、"诚意"出自《大学》。"正心"，指端正心思；"诚意"，指意念真诚。——编者注

二

蔡先生第二次游德国时，大约是在民国十三年吧，那时候我也是在柏林。蔡先生到后，我们几个同学自告奋勇照料先生，凡在我的一份中，无事不办了一个稀糟。我自己自然觉得非常惭愧，但蔡先生从无一毫责备。有一次，一个同学给蔡先生一个电报，说是要从莱比锡来看蔡先生。这个同学出名的性情荒谬，一面痛骂，一面要钱，我以为他此行必是来要钱，而蔡先生正是穷得不得了，所以与三四同学主张去电谢绝他，以此意陈告先生。先生沉吟一下说："《论语》上有几句话：'人洁己以进，与其洁也，不保其往也，与其进也，不与其退也，唯何甚。'① 你说他无聊，但这样拒人于千里之外，他能改了他的无聊吗？"

于是我又知道读《论语》是要这样读的。

三

北伐胜利之后，我们的兴致很高。有一天在先生家中吃饭，有几个同学都喝醉了酒，蔡先生喝的更多，不记得如何说起，说到后来我便肆口乱说了。我说："我们国家整好了，不特要灭了日本小鬼，就是西洋鬼子，也要把他赶出苏彝士运河以西，自北冰洋至南冰洋，除印度、波斯、土耳其以外，都要'郡县之'。"蔡先生听到这里，不耐烦了，说："这除非你做大将。"

此外如此类者尚多，或牵连他人，或言之太长，姑不提。即此三事，已足证先生责人之态度是如何诚恳而严肃的，如何词近而旨远的。

---

① 语出《论语·述而第七》。意思是，人家洁身而来，就应该赞成他的自洁，不要老追究他过去的事。赞成他的进步，不赞成他的退步，何必做得太过分呢？——编者注

蔡先生之接物，有人以为滥，这全不是事实，是他在一种高深的理想上，与众不同。大凡中国人以及若干人，在法律之应用上，是先假定一个人有罪，除非证明其无罪；西洋近代之法律是先假定一人无罪，除非证明其有罪。蔡先生不特在法律上如此，一切待人接物，无不如此。他先假定一个人是善人，除非事实证明其不然。凡有人以一说进，先假定其意诚、其动机善，除非事实证明其相反。如此办法，自然要上当，但这正是孟子所谓"君子可欺以其方，难罔以非其道"①了。

　　若以为蔡先生能恕而不能严，便是大错了，蔡先生在大事上是丝毫不苟的。有人若做了他以为大不可之事，他虽不说，心中却完全当数。至于临艰危而不惧，有大难而不惑之处，只有古之大宗教家可比，虽然他是不重视宗教的。关于这一类的事，我只举一个远例。

　　在"五四"前若干时，北京的空气，已为北大师生的作品动荡得很了。北洋政府很觉得不安，对蔡先生大施压力与恫吓，至于侦探之跟随，是极小的事了。有一天路上，蔡先生在他当时的一个"谋客"家中谈起此事，还有一个谋客也在。当时蔡先生有此两谋客，专商量如何对付北洋政府的，其中的那个老谋客说了无穷的话，劝蔡先生解陈独秀先生之聘，并要制约胡适之先生一下，其理由无非是要保存机关，保存北方读书人，一类似是而非之谈。蔡先生一直不说一句话。直到他们说了几个钟头以后，蔡先生站起来说："这些事我都不怕，我忍辱至此，皆为学校，但忍辱是有止境的。北京大学一切的事，都在我蔡元培一人身上，与这些人毫不相干。"这话在现在听来或不感觉如何，但试想当年的情景，北京城中，只是

---

① 出自《孟子·万章上》，意思是对于君子，可以想方设法以常情捉弄他，却不能用违背道理的手腕蒙骗他。——编者注

些北洋军匪、安福贼徒（指北洋皖系军阀操纵的官僚政客）、袁氏遗孽（指窃国大盗袁世凯的余党），具人形之识字者，寥寥可数，蔡先生一人在那里办北大，为国家种下读书爱国革命的种子，是何等大无畏的行事！

　　蔡先生实在代表两种伟大的文化，一是中国传统圣贤之修养，一是法兰西革命中标揭自由平等博爱之理想，此两种伟大文化，具其一已难，兼备尤不可觐。先生殁后，此两种文化在中国之气象已亡矣！至于复古之论，欧化之谈，皆皮毛渣滓，不足论也。

一九四〇年

　　（摘自《谔谔之上：名人笔下的傅斯年 傅斯年笔下的名人》，东方出版中心，1999年）

试为蔡先生写一篇简照 / 蒋梦麟 ①

> 先生日常性情温和，如冬日之可爱，无疾言厉色。处事接物，恬淡从容，无论遇达官贵人或引车卖浆之流，态度如一。但一遇大事，则刚强之性立见，发言作文不肯苟同。故先生之中庸，是白刃可蹈之中庸，而非无举刺之中庸。

光绪己亥年的秋天，一个秋月当空的晚上，在绍兴中西学堂的花厅里，佳宾会集，杯盘交错，似乎《兰亭修禊》和《桃园结义》在那盛会里杂演着！

忽地里有一位文质彬彬、身材短小、儒雅风流、韶华三十余的才子，在席间高举了酒杯，大声道："康有为，梁启超，变法不彻底，哼！我！……"

大家一阵大笑，掌声如雨打芭蕉。

这位才子，是二十岁前后中了举人，接连成了进士、翰林院编

---

① 原文载于 1940 年 3 月 24 日重庆《中央日报》。——编者注

修的近世的越中徐文长。酒量如海，才气磅礴。论到读书，一目十行；讲起作文，斗酒百篇。

一位年龄较长的同学对我们这样说：这是我们学校里的新监督，山阴才子蔡鹤卿先生。子民是中年改称的号。

先生作文，非常怪僻。乡试里的文章，有这样触目的一句："夫饮食男女，人生之大欲存焉。"他就以这篇文章中了举人。有一位浙中科举出身的老前辈，曾经把这篇文章的一大段背给我听过，可惜我只记得这一句了。

记得我第一次受先生的课，是反切学。帮、旁、茫，当、汤、堂、囊之类，先生说：你们读书先要识字，这是查字典应该知道的反切。

二三十年后先生在北京大学校长任内，学生因为不肯交讲义费，聚了几百人，要求免费，其势汹汹。先生坚执校纪，不肯通融，秩序大乱。先生在红楼门口挥拳作势，怒目大声道："我跟你们决斗。"包围先生的学生们纷纷后退。

先生日常性情温和，如冬日之可爱，无疾言厉色。处事接物，恬淡从容，无论遇达官贵人或引车卖浆之流，态度如一。但一遇大事，则刚强之性立见，发言作文不肯苟同。

故先生之中庸，是白刃可蹈之中庸，而非无举刺之中庸。

先生平时作文适如其人，平淡冲和。但一遇大事，则奇气立见。"杀君马者道旁儿，民亦劳止，汔可小休。"这是先生五四运动时出京后所登之启事。

先生做人之道，出于孔孟之教，一本于忠、恕两字。知忠，不与世苟同；知恕，能容人而养成宽宏大度。

先生平时与梁任公先生甚少往还。任公逝后，先生在政治会议席上，邀我共同提案，请政府明令褒扬。此案经胡展堂先生之反对而自动撤销。

我们中国人可以说没有一个人在不知不觉间不受老子的影响的，先生亦不能例外，故先生处事，时持"水到渠成"的态度。不与人争功，不与事争时，别人性急了，先生常说"慢慢来"。

一位在科举时代极负盛名的才子，中年而成为儒家风度的学者。经德、法两国之留学，而极力提倡美育与科学。在教育部时主张以美育代宗教，在北京大学时主张一切学问当以科学为基础。

在中国过渡时代，以一身而兼东西两文化之长，立己立人，一本于此。到老其志不衰，至死其操不变。敬为挽曰：大德垂后世，中国一完人。

一九四〇年

（摘自《追忆蔡元培》，生活·读书·新知三联书店，2009年）

作者简介

蒋梦麟（1886 — 1964），浙江余姚人，中国近现代著名的教育家。曾任国民政府第一任教育部长、行政院秘书长，也是北京大学历史上任职时间最长的校长。主要著作包括自传体作品《西潮》、《新潮》、《谈学问》、《中国教育原则之研究》等。

我所认识的蔡孑民先生/冯友兰[①]

> 从一九一七年到一九一九年仅仅两年多时间，蔡先生就把北大从一个官僚养成所变为名副其实的最高学府，把死气沉沉的北大变成一个生动活泼的战斗堡垒。流风所及，使中国出现了包括毛泽东同志在内的一代英才。用旧日的话说，他是中国的一代宗师，用现在的话说，他是中国现代的大教育家。

　　蔡先生是中国近代的大教育家。这句话并不是泛说，这是我从和他直接接触的感受中所得的结论。

　　我于一九一五年到北大，在文科中国哲学门中当学生。蔡先生在一九一七年初到北大当校长。有一天，我在一个穿堂门的过道中走过，蔡先生不知道有什么事也坐在过道中，我从这位新校长身边走过，觉得他的蔼然仁者、慈祥诚恳的气象，使我心里一阵舒服。我想这大概就是古人所说的春风化雨吧。蔡先生一句话也没有说就

---

① 原载于《人民日报》（海外版），1988 年 1 月 9 日。——编者注

使我受到了一次春风化雨之教，这就是不言之教，不言之教比什么言都有效。

一九一八年，我有一件事需要北大的证明书，时间紧迫，照正常手续办来不及了，我决定直接去见校长。校长室单独在一个大院子中，我走进院门，院子中一片寂静，校长室的门虚掩着，门前没有一个保卫人员，也没有服务人员，我推开门走进去，外间是一个大会客室兼会议室。通往里间的门也虚掩着，门前没有秘书，也没有其他职员。我推开门进去，看见蔡先生一个人坐在办公桌前看文件。我走上前去，站在他的身旁，他亲切地问："有什么事吗？"我把一封已经写好的信递过去，他看了信说："这是好事，当然出证明书。"我说："请校长批一下。"他提起笔批了几个字，亲切地交待说："你拿着这个到文书科，叫他们开一个证明书。"我就退出来到文书科去了。我进去和退出这一段时间内没有看见第二个人，当时我想，蔡先生以校长之尊，不要校长排场，也不摆校长架子。他一个人坐在校长室里，仍然是一介寒儒，书生本色，办事从容不迫，虽在事务之中，而有超乎事务、萧然物外的气象，这是一种很高的精神境界。蔡先生在几分钟之内不但解决了我的问题，也把我引到了这个境界的大门口。

事后，有同学告诉我说，文书科的人说，是你越级，学校要有处置，我说，"蔡先生到北大是来办教育，不是来做官。我是他的学生，不是他的下级，有什么越级不越级的。"我一笑置之。当时大多数的学生及社会一般人都知道，蔡先生到北大并不是来做官的，当校长并不违反他的"三不主义"（三不的第一"不"是不做官）。

一九二二年，蔡先生以北大校长的资格到欧洲和美洲参观调查，当时，我在纽约哥伦比亚大学毕业生院学习。在纽约的北大同学会，听说蔡先生要从伦敦到纽约，就组织了一个接待委员会，我也是委员之一。我们到纽约的码头上迎接蔡先生。只见他仍然是一介寒儒，书生本色，没有带秘书，也没有带随从人员，那么大年纪了，还是象一个老留学生，一个人独往独来。他不惊动驻纽约的中国领事，也不惊动驻华盛顿的中国使馆的外交人员，住在哥伦比亚大学附近的小旅馆内，和同学们在一起。一些生活上的事务都由接待委员会经理。

有一个中国的中年教育工作者，当时也在哥伦比亚大学进修，她公开地说："我算是真佩服蔡先生了。北大的同学都很高傲，怎么到了蔡先生的面前都成了小学生了。"

在纽约的中国留学生为蔡先生开了一个欢迎会，会场设在哥伦比亚大学的一个大教室内，到会的人很多，座无虚席。蔡先生一进了会场的门，在座的人呼地一声都站起来了，他们的动作是那样的整齐，好像是听到一声口令。其实并没有什么口令，也没有人想到要有什么口令，他们每一个人都怀着自发的敬仰之心，不约而同地一起站起来了。蔡先生在发言中讲了一个故事，说是一个人的朋友得到了神仙的法术，能点石成金。这个朋友对这个人说：我能点石成金，你要多少金子，我都点给你。这个人说：我不要金子，我只要你那个手指头。全场哄然大笑。蔡先生接着说："诸位同学到国外留学，学一门专业知识，这是重要的，更重要的是要得到那个手指头，那就是科学方法。你们掌握了科学方法，将来回国后，无论在什么条件下，都可以对中国做出贡献。"蔡先生的慈祥诚恳的气象和风趣的言语，使几百个到会的人都高高兴兴地满意而去。

我想他们是应该满意的。他们也享受了一次春风化雨，也被蔡先生引到一种精神境界的大门口，如果他们有足够的自觉，他们也会这样说。

后来我的学习深入了一步，对于这种精神境界的内容也逐渐有所认识，有所理解，有所体验。我用中国传统哲学中的一句成语把它总括起来，这句成语是"极高明而道中庸"。我很欣赏宋朝道学家程明道的一首诗，诗说："年来无事不从容，睡觉东窗日已红。万物静观皆自得，四时佳兴与人同。道通天地有形外，思入风云变态中。富贵不淫贫贱乐，男儿到此自豪雄。"这首诗的第一、二句是说他的生活状况，第三、四句是说"道中庸"，第五、六句是说"极高明"，第七、八句是说到了这个地步就可以成为孟子所说的"大丈夫"。我认为，蔡先生的精神境界和气象是和程明道相类似的。现代的人谁也没有见过程明道，但是，他的学生们所形容的话是有记录的，我是把这些记录和我心目中的蔡先生相比较而说上边那句话的，相信不会有大错。

清朝末年，废除了科举，但到了民国初年科举的余毒还没有清除。人们还是把当时的学堂的等级比附为科举中的等级。人们把县立的高等小学毕业生比附为秀才，把省立的高等学堂的毕业生比附为举人，把京师大学堂的毕业生比附为进士。清末成立的京师大学堂就是北大的前身。我进北大的时候，北京的人还称它为大学堂，当时北大的大部分学生和他们的家长们，都还认为上北京大学就是要得到一个"进士出身"，为将来做官的正途。当时的北大学生都想着，来上学是为了混一个资格为将来做官做准备。北大无形中是一个官僚养成所。当时法科是一个热门，因为人们认为上法科到做官是顺理成章的，文科是一个最冷的冷门，因为人们都不清楚文科究竟是干什么的。

蔡先生到北大首先聘任陈独秀为文科学长，这个布告一出来，在学生中引起了很大的震动，因为陈独秀显然不是一个准备做官的人。在陈独秀身上，人们也逐渐了解文科是做什么的了。

蔡先生在为文科换了新学长之后，又陆续聘请了全国在学术上有贡献的知名学者，到北大开课，担任教师，学生们觉得学校的学术空气日新月异，也逐渐认识到大学是研究和传授学术的地方。在大学中唯一的价值标准是学术，谁在学术上有贡献，谁就受到尊敬。混资格准备做官的思想逐渐没有了，新的学风树立起来了。当时有一句口号：为学术而学术，这个口号在解放后受到了批判。其实这一口号所反对的是为做官而学术，这在当时是切中时弊的。

照着这个价值标准，蔡先生在聘请教师的时候，不论一个人的政治派别和政治意见，只要他在某一个专业上有贡献，有地位，就请他来开课，担任教师，这就是所谓"兼容并包"，这是众所周知的，不必多说了。

兼容并包的另一方面，是对于老、中、青的兼容并包。蔡先生聘请教师，不论资排辈。所聘请的教师中有六七十岁老师宿儒，也有初露头角的青年。在当时的教师中，大多数是中、青年，有些学生的岁数比有些教师还大。有一批教师是卯年生的，被称兔子党。在干支轮换的那一轮中，卯年生的人在一九一八年是二十七岁。

在这两方面的兼容并包中，蔡先生把在当时全国的学术权威都尽可能地集中在北大，合大家的权威为北大的权威，于是北大就成为名副其实的最高学府，其权威就是全国最高的权威。在北大出现了百家争鸣、百花齐放的局面，全国也出现了这种局面。

在蔡先生的领导下，北大的这种局面是有方向的，有主流的，那就是新文化运动。

在第一次鸦片战争失败以后，先进的人们都承认要向西方学习。学习西方之所长，以救亡图存，但是，究竟什么是西方之所长呢？则有不同的说法，政治上也出现了不同的派别。经过了半个多世纪的经验，到了民国初年，对于西方之所长才有比较全面和深入的认识，认为西方之所长虽有许多方面，但其根本，在于文化，其具体的内容是民主与科学。对于西方的摸索是摸到底了，话也说到家了，所需要的是照着这个线索努力创造中国新文化。这个努力就表现为新文化运动。

蔡先生到北大首先发表的是聘请陈独秀为文科学长，就明显地支持了这个方向，确定了这个主流。这个布告一发表学生们和社会上都明白了，有些话就不必说了，都不言而喻了。以后，蔡先生又陆续请来了当时致力于新文化的各方面的领导人物，如李大钊、鲁迅、胡适等，使他们聚集到北大，用北大的讲坛发表言论，扩大影响，于是北大就不仅是全国的最高学府，而且是新文化运动的中心。

蔡先生是这个中心的主将。这位主将高举新文化运动的大旗，领导着北大走在前边，影响所及，全国响应。

蔡先生这位主将，在关键性的时刻也亲自出马，亲自动笔写文章。他回答林纾的长信和为胡适的《中国古代哲学史大纲》写的长序，都是这一类文章的代表作。前者是批判旧的东西，后者是支持新生的事物。

这个运动像潮水一样，一浪高过一浪，到了一九一九年的"五四"达到了一个高潮，人们现在都把五四运动作为新文化运动的同义语，这是笼统的说法。详细地说，五四运动是新文化运动的一个段落，若论新文化运动的起源应该从一九一七年初蔡先生到北大当校长那一天算起。

从一九一七年到一九一九年仅仅两年多时间，蔡先生就把北大从一个官僚养成所变为名副其实的最高学府，把死气沉沉的北大变成一个生动活泼的战斗堡垒。流风所及，使中国出现了包括毛泽东同志在内的一代英才。用旧日的话说，他是中国的一代宗师，用现在的话说，他是中国现代的大教育家。

蔡先生的教育有两大端，一个是春风化雨，一个是兼容并包。

依我的经验，兼容并包并不算难，春风化雨可真是太难了。春风化雨是从教育者本人的精神境界发出来的作用。没有那种精神境界，就不能发生那种作用；有了那种精神境界，就不能不发生那种作用，这是一点也不能矫揉造作，弄虚作假的。也有人矫揉造作，自以为装得很像，其实，他越矫揉造作，人们就越看出他在弄虚作假。他越自以为很像，人们就越看着很不像。

蔡先生是中国近代的大教育家，这是人们所公认的。我在"大"字上又加了一个"最"字，因为一直到现在我还没有看见第二个像蔡先生那样的大教育家。

一九八八年一月八日

（摘自《三松堂全集·第十四卷》，河南人民出版社，2001 年）

蔡元培先生与五四运动 / 顾颉刚

> 蔡先生主校以后，许多学者名流来到北大，一时人才云集，面目一新。像鲁迅（周树人，教中国小说史）、钱玄同（教音韵学）、吴梅（教戏曲史）、刘半农（教新文学）等，都来到北大教书。李大钊、陈独秀和他们一起，高举科学与民主的旗帜，与封建主义思想文化展开斗争，为轰轰烈烈的五四运动开拓了前进的道路。

我一九一三年考入北京大学预科，一九一四年又考入本科中国哲学系，中间因为生病及家中人死亡等原因，屡次休学，直到一九二〇年才毕业。一九一九年五月四日，我正在家乡养病，不在北京，因此没有参加那天的游行。但五四运动前后我都在北京大学读书，参加过新文化运动，因此，对那一时期北京大学的情况，多少了解一些。我的亲身经历使我深信：北大一九一九年成为五四运动的发源地和指挥部，同蔡元培先生的办学方针有密切关系。

我考入北大的时候，听说教育部曾请严复来当校长，他怕事烦不干；继请章士钊当校长，他又因自己年轻，怕对付不了一班老教授，也不干。后来请了浙江的数学家何燏时来当校长，他干了不到一年，就被风潮赶跑了。此后一直由工科学长（相当于后来的工学院院长）胡仁源代理校长，沙滩的红楼就是由他计划建造起来的。一九一六年冬，北洋政府教育总长范源濂聘请蔡元培先生回国任北京大学校长。一九一七年初，蔡元培正式到任。他满心想把法、德两国的大学学风移到中国来。他办校最大的一个愿望就是学术自由、百家争鸣。

北京大学原名"京师大学堂"，辛亥革命后才改名北京大学。蔡元培先生来之前，校名改了，本质并无什么变化，封建主义仍然占统治地位。一九一三年我考入北大预科时，学校像个衙门，没有多少学术气氛。有的教师不学无术，一心只想当官；有的教师本身就是北洋政府的官僚，学问不大，架子却不小；有的教师死守本分，不容许有新思想；当然也有好的，如教音韵学、文学批评（《文心雕龙》）的黄侃先生，教法律史的程树德先生（他著有《九朝律考》），但不多见。学生们则多是官僚和大地主子弟。有的学生一年要花五千银元；当然，这样的豪富子弟数量不多，大约不过两三人。至于一年花千把银元的人就多了，少说也有好几十。像我这样一年从家里只能拿二三百银元来上学的，就是穷学生了，在学校里简直没有地位。一些有钱的学生，带听差、打麻将、吃花酒、捧名角，对读书毫无兴趣。那时的北大有一种坏现象：一些有钱的教师和学生，吃过晚饭后就坐洋车奔"八大胡同"（和平门外韩家潭一带）。所以妓院中称"两院一堂"是最好的主顾（"两院"指参议院、众议院，"一堂"指京师大学堂）。这种坏现象是从清末保留下来的。那时在学生中还流行一种坏风气，就是"结十兄弟"。何谓"结十兄弟"？就是十个气味相投的学生结拜作兄弟，毕业后大家钻营作官。谁的官大，其他九人就到他手下当科长、当秘书，捞个一官半职，"有福同享"。这个官如果是向军阀或大官僚花钱买来的，那么钻营费由十人分摊。这样的学校哪能出人才？只能培养出一批贪官污吏！蔡元培先生来长校之前，北大搞得乌烟瘴气，哪里像个什么"最高学府"？我当时比较注意读书，暇时看看京戏，就算是好学生了。

一九一七年初，蔡元培先生来北大，逐步使北大发生了巨大的、质的变化。他到校第一天，校工们排队在门口恭恭敬敬地向他行礼，他一反以前历任校长目中无人、不予理睬的惯例，脱下自己头上的礼帽，郑重其事地向校工们回鞠了一个躬，这就使校工和学生们大为惊讶。他到校不久，就向全校发表演说，倡导教育救国论，号召学生们踏踏实实地研究学问，不要追求当官。蔡先生自己虽然在前清中过举人、进士，点过翰林，但他后来到欧洲德、法两国留学，接受了西方自由、平等、博爱的思想。他一到任，就着手采用西方国家大学的教育方针和制度，来代替北京大学那一套封建主义的腐朽东西。他最注意的是文科，认为文科的任务是该用新思想代替旧思想的。他到校之后就断然聘请《新青年》主编陈独秀当文科学长（相当于文学院院长），以后还陆续聘请了一批有真才实学和有新思想、希望改变旧社会的人来任教。

我在一九一七年的日记中曾经记叙当时的蔡先生：

其一："蔡孑民先生来长吾校，锐意图新，将以农、工、商三科与原有的专科学校合并，大学本科，独留文、理、法三科，文科在沙滩，理科在景山东街，法科在北河沿，对于哲学门尤为注重。文科学长自夏仲彝去，改聘《新青年》杂志主编陈独秀。"（二月）

其二："先生之为人，诚实恳挚，无丝毫虚伪。……其言讷讷也，如不能出诸口；然至讨论学理之时，则又滔滔不绝。"（八月）

蔡先生的办学方针是"思想自由，兼容并包"。他提倡学术民主，主张不论什么学派，只要持之有故，言之成理，就应允许其存在；不同主张的教员，无分新旧，应允许其自由讲学，让学生自由进行鉴别和选择。五四运动前夕，蔡元培和林琴南曾经发生过一次有名的公开辩论，轰动了全国。林写信给蔡，攻击蔡主办北京大学以来"覆孔孟，铲伦常"，"尽废古书，引用土语为文学"。蔡于一九一九年三月十八日写了一封公开信答复林琴南，阐明了自己的办学方针：

> 对于学说，仿世界各大学通例，循"思想自由"原则，取兼容并包主义。……无论为何种学派，苟其言之成理，持之有故，尚不达自然淘汰之命运者，虽彼此相反，而悉听其自由发展。
>
> 对于教员，以学诣为主。……例如复辟主义，民国所排斥也，本校教员中，有拖长辫而持复辟论者，以其所授为英国文学，与政治无涉，则听之。筹安会之发起人，清议所指为罪人者，本校教员中有其人，以其所授为古代文学，与政治无涉，则听之。嫖、赌、娶妾等事，本校进德会所戒也，教员中间有喜作侧艳之诗词，以纳妾、挟妓为韵事，以赌为消遣者，苟其功课不荒，并不诱学生而与之堕落，则姑听之。夫人才至为难得，若求全责备，则学校殆难成立。且公私之间，自有天然界限。譬如：公曾译有《茶花女》、《迦茵小传》、《红礁画桨录》等小说，而亦曾在各学校讲授古文及伦理学，使有人诋公为以此等小说体裁讲文学、以挟妓、奸通、争有夫之妇讲伦理者，宁值一笑欤？

在蔡先生这种办学方针指引下，那时北大不但聘请左派和激进派人士李大钊、陈独秀当教授，请西服革履的章士钊、胡适当教授，还聘身穿马褂、拖着一条长辫的复辟派人物辜鸿铭来教英国文学，甚至连赞助袁世凯称帝和筹安会发起人之一的刘师培，也登上了北大教坛。蔡先生主校以后，许多学者名流来到北大，一时人才云集，面目一新。像鲁迅（周树人，教中国小说史）、钱玄同（教音韵学）、吴梅（教戏曲史）、刘半农（教新文学）等，都来到北大教书。李大钊、陈独秀和他们一起，高举科学与民主的旗帜，与封建主义思想文化展开斗争，为轰轰烈烈的五四运动开拓了前进的道路。

蔡元培为了贯彻自己的办学方针，还采取了一系列的有力措施。例如，在他的提倡下，学校成立了各种学会（最有名的有"少年中国学会"，由李大钊、邓中夏主持）、社团（如"新潮社"等）、研究会（如"马克思主义研究会"、"新闻研究会"、"书法研究会"、"画法研究会"等），还有"静坐会"等体育组织。蔡先生还亲自主持成立了一个"进德会"，师生都可入会，条件是：不嫖、不赌、不娶妾。学校还开音乐会，办体育运动会，允许成立学生自治会。总之，是要努力把学生的注意力引导到研究学问、研究大事上来，让学生有正当的文体活动，有健康的、高尚的爱好和情操。因为各类学术政治团体纷纷成立，校内经常举办讲演会、辩论会，思考和讨论之风盛行，师生都活跃了起来。无论在教师还是学生中，都有左、中、右，有共产主义者、三民主义者、国家主义者、无政府主义者，有立宪派，甚至有帝制派、复古派（如中文系里的"国故派"），真是五花八门，无奇不有。从那以后，学生们打麻将、吃花酒的越来越少，研究学问和关心国家前途命运的越来越多。在蔡先生的主持下，北大名副其实地成了国内首屈一指的高等学府了。

蔡先生当时声望很高，但不轻视青年人。记得我当时作为一名学生，曾经向蔡提出：北大"中国哲学系"应改为"哲学系"，以便包括世界各国的哲学。蔡先生不因人废言，接受了我这个青年人的建议，后来就在北大成立了"哲学系"，讲授中国以及世界各国的哲学史和哲学流派。另一个例子：梁漱溟比我小半岁，投考北大未被录取[①]，他在《东方杂志》发表了一篇讲佛教哲学的文章，蔡先生看了认为是"一家之言"，就破格请梁漱溟来北大任教，讲印度哲学。

蔡先生当校长期间做的最骇人听闻的事是开放女禁。那时有一个勇敢的女生王兰（王昆仑的姐姐）向蔡先生请求入学，蔡就让她到北大当了旁听生。这件触动了封建主义神经末梢的小事，当时轰动了全北大、全北京。此后招生时，就允许女生和男生一样地应考了。

那时，由陈独秀等主编的《新青年》办得非常吸引人，畅销全国，李大钊同志等在《新青年》上发表了许多文章，为五四运动作了思想准备。我们学生组织了"新潮社"，由"新潮社"办了一个杂志，名叫《新潮》，与《新青年》相呼应。《新潮》的影响也很大，一出版即在一星期内销完，以致再版和三版。那年头，办杂志要赔钱，我们通过文科学长陈独秀向蔡元培先生请求帮助，蔡就决定由教育经费拨款支持办了这个刊物。我参加了《新潮》的发起和编辑工作。创刊时，主编是傅斯年。一九一九年底，傅斯年出国留学，由罗家伦主编。第二年，罗出国，由我接编。我办了三期，因为北洋军阀政府不发学校经费，学校便不能再给补贴，经费不足；再加上印了不少《新潮丛书》一时卖不出去，积压了资金，才办不下去，停了刊。先后参加过《新潮》编辑工作的还有孙伏园、俞平伯、周作人、康白情、

---

① 此事不确，见梁漱溟《纪念蔡元培先生》一文自辩。——编者注

何思源等。《新潮》停刊后，当时主管行政财务的干事李小峰，把《新潮丛书》摆在家门口的地摊上卖，大概卖了不少钱。后来他开了一家书店，取北京大学和《新潮》杂志的前一个字，叫"北新书店"。

北京大学的变化影响到了北京其他一些高等院校。如北高师、女师、法政专门、俄文专修、高工、高农等，也仿效北大的样子，成立了一些社团组织，有时还和北大合搞一些活动。

一九一九年五月四日，北京各校五千名学生游行示威，有三十二名学生被捕，关在北河沿，其中北京大学就有二十名。蔡元培先生本人虽然在五四当天没有参加游行，但他的同情是在学生一边的。他曾经以北大校长的名义营救被捕者，以身家作保要求北洋反动政府释放被捕的学生。五四运动得到广大的工人、商人、学生的拥护，他们举行罢工、罢市、罢课以示支持。北洋军阀的头头儿们害怕弄得不可收拾，过几天就把抓去的学生释放了。

蔡元培先生在当时的情况下能有这样开明的态度，是有一定的思想基础的。一九一九年二月，他曾经发表过一篇题为《劳工神圣》的讲演（载《新潮》第一卷第二号）①，这篇讲演颇能代表他的思想，特抄录于下：

诸君！此次世界大战争，协约国竟得最后胜利，可以消灭种种黑暗的主义，发展种种光明的主义。我昨日曾经说过，可见此次战争的价值了。但是我们四万万同胞，直接加入的，除了在法国的十五万华工，还有什么人？

这不算怪事。此后的世界，全是劳工的世界呵！

---

① 《劳工神圣》为蔡元培 1918 年 11 月 16 日在北京天安门举行庆祝协约国胜利大会上的演说词，曾刊于 1918 年 11 月 27 日出版的 260 号《北京大学日刊》上，文字亦与顾氏引文略有出入。——编者注

我说的劳工，不但是金工、木工等等。凡用自己的劳力，作成有益他人的事业，不管他用的是体力，是智力，都是劳工。所以农是种植的工；商是转运的工；学校教员、著作家、发明家是教育的工。我们都是劳工。我们要自己认识劳工的价值！劳工神圣！我们不要羡慕那凭借遗产的纨绔儿，不要羡慕那领干修的咨议顾问，不要羡慕那出售选举票的议员。他们虽然奢侈点，但是良心上不及我们的平安多了。我们要认识我们的价值！劳工神圣！

固然蔡先生有勇气，同学们也有勇气，可是北洋军阀的势力也很大。五月四日学生游行示威之后，段祺瑞的有力助手、陆军次长徐树铮就命令他的部队把大炮架在景山上，炮口对准北大示威。在这样严酷的压迫下，蔡先生只好剃掉了留长的胡子，混上了火车，又到了欧洲，校务由他的秘书长蒋梦麟维持了下去。

（摘自《追忆蔡元培》，生活·读书·新知三联书店，2009年）

纪念蔡元培先生：
为蔡先生逝世两周年作 / 梁漱溟

> 蔡先生除了他意识到办大学需要如此之外，更要紧的乃在他天性上具有多方面的爱好，极广博的兴趣。意识到此一需要而后兼容并包，不免是人为的（伪的）；天性上喜欢如此，方是自然的（真的）。有意的兼容并包是可学的，出于性情之自然是不可学的。有意兼容并包，不一定兼容并包得了；唯出于真爱好，而后人家乃乐于为他所包容，而后尽复杂却维系得住。——这方是真器局、真度量。

　　民国三一年二月自香港返桂林，《文化杂志》以时届蔡先生逝世二周年，嘱为纪念之文。愚于蔡先生逝世之初，曾为一文发表于重庆《大公报》，大意申论中国近二三十年之新机运，蔡先生实开之，今不重述。今只述蔡先生的伟大兼及愚个人知遇之感于此。

　　蔡先生一生的成就，不在学问，不在事功，而只在开出一种风气，酿成一大潮流，影响到全国，收果于后世。这当然非他一人之力，而是运会来临，许多人都参与其间的。然而数起来，却必要以蔡先生居首。

我说运会是指历史演到那时，刚好是上次大战将了，好多旧东西于此结束，而人类一新机运于此初步展开。在社会人生、在经济、在政治，种种上面都苗露新潮流，与十八九世纪所谓近代潮流者不同。而中国呢，刚好在感受近代潮流引发第一度革命之后，反动的袁氏帝制运动、清室复辟运动，此伏彼起，新旧势力相搏之际。蔡先生即于袁倒黎继、南北统一内阁之下，应教育总长范静生先生之请，出任北京大学校长。范先生原是蔡先生做民国第一任教育总长时引为次长的，两公之相得，自不待言。而况蔡先生以清朝翰林为革命巨子，新旧资望备于一身。此时欲从扩演近代潮流之中，更进而输入最新潮流，使许多新意识在中国社会一面深刻化，一面普遍化，俾克服旧势力于无形，实在除蔡先生能肩负此任务外，更无他人具有这气力的了。

这还不单是说蔡先生能得政府和教育界的支持，蔡先生的资望品概能服人而已，更要紧的乃在蔡先生的器局识见，恰能胜任愉快。从世界大交通东西密接以来，国人注意西洋文化多在有形的实用的一面，而忽于其无形的超实用的地方。虽然关涉政治制度社会礼俗的，像是"自由"、"平等"、"民主"一类观念，后来亦经输入，仍不够深刻，仍没有探到文化的根本处。唯独蔡先生富于哲学兴趣，恰是游心乎无形的超实用的所在。讲到他的器局、他的识见为人所不及，便从这里可见。因其器局大，识见远，所以对于主张不同、才品不同的种种人物，都能兼容并包，右援左引，盛极一时。后来其一种风气的开出，一大潮流的酿成，亦正孕育在此了。

关于蔡先生兼容并包之量，时下论者多能言之。但我愿指出说明的：蔡先生除了他意识到办大学需要如此之外，更要紧的乃在他天性上具有多方面的爱好，极广博的兴趣。意识到此一需要而后兼容并包，不免是人为的（伪的）；天性上喜欢如此，方是自然的（真的）。有意的兼容并包是可学的，出于性情之自然是不可学的。有意兼容并包，不一定兼容并包得了；唯出于真爱好，而后人家乃乐于为他所包容，而后尽复杂却维系得住。——这方是真器局、真度量。譬如在蔡先生包容中，当时发生最大作用的人，第一要数陈独秀先生，次则胡适之先生，且不论他们两位学问深浅如何，但都有一种本领就是能以自己把握得的一点意思度与众人。胡先生额脑明爽，凡所发挥，人人易晓，当时的新文化运动自不能不归功于他。然未若陈先生之精辟广悍，每发一论，辟易千人。实在只有他才能掀起思想界的大波澜。两位先生固然同得到蔡先生的支持，却是胡先生为人和易平正，原不须蔡先生怎样费力支持。陈先生就不同了。在校内得罪人不少，在校外引起的反对更多。而且细行不检，予人口实。若非得蔡先生出大力气支持，便不得存立住。若问蔡先生何以能这般出大力气支持他呢？就为蔡先生虽知他有种种短处，而终竟对他的为人抱有真爱好，对他的言论主张具有真的同意和同情。——不是蔡先生，换任何一人都不会支持他，而在蔡先生若不是真爱他、真同情他，亦不会支持他的。

胡先生的白话文运动是当时新文化运动的主干。然未若新人生思想之更属新文化运动的灵魂。此则唯借陈先生对于旧道德的勇猛进攻，乃得引发开展。自清末以来数十年，中西文化的较量斗争，至此乃追究到最后，乃彻见根底。尽管现在人们看他两位已经过时，不复能领导后进。然而今日的局面、今日的风气（不问是好是坏）却是那时他们打开来的，虽甚不喜之者亦埋没不得。自然，说起当时人物并不止陈、胡二位。例如李守常（大钊）、顾孟馀、陶孟和、周树人、周作人、钱玄同、高一涵诸先生皆其著者，俱亦各有各的神通。所有陈、胡以及各位先生任何一人的工作，蔡先生皆未必能作，然他们诸位若没有蔡先生，却不得聚拢在北大，更不得机会发抒。聚拢起来，而且使其各得发抒，这毕竟是蔡先生独有的伟大。从而近二三十年中国的新机运亦就不能不说蔡先生实开之了。

这时，我个人固然同在蔡先生聚拢包容之中，然论这运会却数不到我，因我不是属于这新派的一伙；同时旧派学者中亦数不到我，那是自有辜汤生（鸿铭）、刘申叔（师培）、黄季刚（侃）、陈伯弢（汉章）、马夷初（叙伦）等等诸位先生。我只是在当时北京大学内得到培养的一个人，而不是在当时北大得到发抒的一个人。于此，我们又可以说，蔡先生的伟大非止能聚拢许多人，更且能培养许多人。除了许多学生不说，如我这样虽非学生而实受培养者盖亦不少也。

我到北大任讲席，始于民国六年，而受聘则在其前一年，即蔡先生初接任校长之时。蔡先生之知我，是因我有《究元决疑论》之作，发表于上海《东方杂志》（约在民国五年夏连载于六、七、八三期，后来收入东方文库为一单行本）。此论之作盖兴感于黄远庸先生之惨死。那时我在北京得到远庸从上海写给我的信，同时读到他的忏悔录（渡美舟中作，发表于《东方杂志》），随亦听到他在美国被刺的讯息。此论发挥印度出世思想，指示人生唯一的路在皈依佛法。原稿寄给章行严（士钊）先生。适章先生奔走倒袁离沪，为蒋竹庄先生（维乔）所得，付《东方杂志》刊出。不久袁倒黎继，蔡先生即应范公之请，由海外返国。我以自十几岁爱好哲学，很早读到蔡先生的《哲学要领》一类著作，久慕先生而未一深谈（民国元年我为新闻记者，蔡先生为阁员，见过几面），特因范公介绍晋谒先生于其家，不料一见面，先生就说要请我到北大任教的话。

记得有一天，蔡先生约我与陈仲甫先生（独秀）相会于校长室，提出请我担任印度哲学一门课程（陈先生新聘为文科学长，相当今所谓文学院院长）。我说："我何曾懂得什么印度哲学呢？印度宗派那么多，我只领会一点佛家思想而已。要我教，我是没得教的呀！"蔡先生回答："你说你不懂印度哲学，但又有哪一个人真懂得呢？谁亦不过知道一星半点，横竖都差不多。我们寻不到人，就是你来吧！"我总不敢冒昧承当。先生又申说："你不是喜好哲学吗？我自己喜好哲学，我们还有一些喜好哲学的朋友，我此番到北大，就想把这些朋友，乃至求知中的朋友，都引来一起共同研究，彼此切磋。你怎可不来呢？你不要是当老师来教人，你当是来共同学习好了。"他这几句话打动了我，我只有应承下来。

虽则答应了，无奈我当时分不开身。当时我正为司法总长张镕西先生（耀曾）担任司法部秘书。同时任秘书者有沈衡山先生（钧儒）。沈先生多为张公照料外面周旋应付之事，我则为掌理机要函电。倒袁者本以西南各省为主，张公实代表西南滇川两粤而入阁。正在南北初统一，政治上往来机密函电极多，我常常忙到入夜。我既于此门功课夙无准备，况且要编出讲义，如何办得来？只得转推许季上先生（丹）为我代课。

及至次一年，经过张勋复辟之役，政府改组，镕西先生下野，我亦去职，南游入湘。十月间，在衡山的北军王汝贤等部溃走长沙，大掠而北，我亦不得安居，随着溃兵难民退达武汉，就回北京了。因感于内战为祸之烈，写了一篇《吾曹不出如苍生何》，呼吁有心人出来组织"国民息兵会"，共同制止内战，养成民主势力。自己印刷数千册，到处分送与人。恰这时许先生大病，自暑假开学便缺课。蔡先生促我到校接替，于是才到北大。

我在北大前后共七年，即自民国六年至十三年（从新思潮的酝酿、五四运动的爆发，到国民党改组）。中间曾因脑病求去两次，皆经蔡先生恳切挽劝而留住，其详不烦说了。七年之间从蔡先生和诸同事、诸同学所获益处，直接间接、有形无形，数之难尽。总之，北京大学实在培养了我。论年辈，蔡先生长于我廿八九岁，我只算得一个学生。然七年之间，与先生书信往返中，先生总称我"漱溟先生"，我未尝辞，亦未尝自称晚生后学。盖在校内原为校长、教员的关系，不敢不自尊，且以成蔡先生之谦德。后来离校，我每次写信，便自称晚学了。

近年，四川报纸有传我初投考北大，未见录取，后乃转而被聘为教授等，非事实。从上面所述可以看出（那时蔡先生以讲师聘我，亦非教授）。不过，我初到北大时，实只二十四岁，与诸同学年齿相若，且有比我大两岁者。如今日名教授冯友兰、顾颉刚、孙本文、朱谦之诸君皆当日相聚于课堂的。更有少时与我为同学友，而其时却正求学于北大的，如雷国能（在法科）如张申府（崧年，在理科）诸兄是。

当时蔡先生为什么引我到北大，且再三挽留我呢？我既不属新派（外间且有目我为陈、胡的反对派者），又无旧学，又非有科学专长的啊！此即上文所说，蔡先生具有多方面的爱好，极广博的兴趣之故了。他或者感觉到我富于研究兴趣，算个好学深思的人，放在大学里总是好的；同时呢，他对于我讲的印度哲学、中国文化等等自亦颇感兴味，不存成见。这就是一种气度，这一气度完全由他富于哲学兴趣相应而具来的。换言之，若胸怀意识太偏于实用，或有独断固执脾气的人，便不会如此了。这气度为大学校长所必要的。老实说，这于一个为政于国的人有时亦同属必要吧！

由于蔡先生爱好哲学，又请来有哲学兴趣的教员，亦就开发了学生们的哲学兴趣。在我眼见的七年中，哲学系始终是最重要的一个学系。当其盛时，比任何一学系的学生都多。除了注册选修哲学课程者外，其他学生自由来听讲的亦很多。校外的人（例如琉璃厂高师的学生、太仆寺街法专的学生，还有些不是学生的人）经常来听讲者亦颇有之。注册部所安排的教室每不合用，就为按照注册人数，这间教室本可以容纳下，而临时实到听讲的人数却加多，甚至加多达一倍，非掉换大教室不可。依我自己的经验，当民国十二及十三年上半年，我讲儒家思想时，必须用第二院大讲堂才行，通常听讲人数总在二百左右。到课程结束，举行考试时的试卷，亦有九十多本。此即正式注册的学生了。闻人言，近年（指抗战前和抗战中）南北各大学哲学系学生少得可怜，几乎没有人愿入哲学系。此固一时一地风气不同，然亦可见蔡先生当年倡导总算成功。

若问蔡先生何以能有这种种成功——他能罗致人才，能造成学风，能影响到全国大局，使后之言历史者不能不看作划时代的大节目。其成功之由果何在？我可以告诉你：此无他，他只是有他的真好恶。何谓真好恶？儒书上指点得明白："如好好色，如恶恶臭"便是。有真好恶，而后他的一言一动不论做什么事，总有一段真意行乎其间。这样，他便能打动人。人或者甘心愿跟着他走，或随着他，有一段鼓舞于衷而不自知。朱晦庵尝说的一句话："是真虎乃有风"，正谓此。他不要笼络天下人，他更不想强制天下人听他的。一切威迫利诱的手段，他都不用，然而天下人却自为他所带动。他毕竟成功了，毕竟不可磨灭地成功了。反之，那玩手段的欺人自欺、亦或自觉得一世之雄，却每每白费力，落得一场空。这亦就是儒书上"不诚无物"一句话了。

总之，我所了解的蔡先生，其伟大在于一面有容，一面率真。他之有容，是率真的有容；他之率真，是有容的率真。更进一层说：坦率真诚，休休有容，亦或者是伟大人物之所以为伟大吧。

今者距新思潮之风动全国既二十年，距余之离开北大既十七八年，距蔡先生之身故既满两年，而余亦寝寝五十之年矣。自顾尚无所成就以答蔡先生之知遇，以报北京大学之培养。窃不敢妄自菲薄，将致力于新文化运动之建设的工作，无使蔡先生之精神徒如过去新思潮所表现者而止，而更有其最后之成果焉。是则区区心愿之所在也。因纪念蔡先生，并志于此以自励。

附记

此文写于民国三十一年，即一九四二年。一九七〇年忽于乱纸堆中发现吾手稿原迹，计经二十有八年矣。既审视其不无可存，则重为抄录一通，复就回忆所及五十年前之往事附记于其后。

文中说蔡先生有多方面之爱好，极广博之兴趣，其可征之事例甚多。今试举其一，尔时（约在一九二七年），京中有蜀人张克成先生宣讲佛家唯识论著于广济寺，任人听讲。蔡先生时出任北大校事非久，竟然拨冗偕友几次往听。其实，张先生信佛虽笃，却不通唯识，其错解可笑，愚著《唯识述义》曾指出之。然蔡先生之好学岂可及耶？

文中说北大哲学系尔时之盛况，曾及一九二三一一九二四年愚讲儒家思想时来听者之多。却须知听众非尽属思想上的同调，为求学习而来者。愚曾闻有反对派来听。（注：同学中有彭基相、余文伟以我为唯心主义，夙示反对，倡言"我听听他荒谬到什么地步"）此正见出当时思想自由活泼之气象，凡哲学界所以成其盛况者讵不在此耶？

一九七〇年十一月三日记

又文中"他不要笼络天下人，他更不想强制天下人听他的，……反之那玩手段的自欺欺人，亦或自觉得一世之雄，却每每白费力，落得一场空。这亦就是儒书上'不诚无物'一句话了。"盖有感于当时执政者蒋介石而发。时当抗日战争中期，百事望之于蒋，而误于蒋，深有慨于心也。

同年十一月八日又记

此文纪念蔡先生兼及当年愚受任北大哲学系讲席之事，因回忆往昔同学盛况如次，计同班同学有孙本文、顾颉刚、冯友兰、黄文弼、朱自清诸君。其时我二十四岁，论年齿彼此大致均相若。班上唯一年长者为谭鸣谦，即是后来革命运动中出名的谭平山其人，他年近三十矣。同学诸友固远不止此数，此举其后来学问上各有造诣，且均为大学的名教授，我此一时偶尔回忆中者数人而已。

一九八四二月五日漱溟识

我以民国六年受聘于北京大学，民国十三年辞离北大，计首尾七年。七年之间所熟识交好者初不止于哲学系诸同学，而泛及于其他系科，如罗常培、罗庸皆国文系，如陈政则德文系，如叶麐则理科，如黄艮庸则在预科，朱谦之（自由听课，不属任何学系）、王恩洋（旁听生）、谷源瑞则属哲学系。后因在国民参政会任秘书而特别相熟，至如王星贤（英文系）虽在学校时不相知，而晚年来过从颇密，十分契合。

一九八四年二月五日再识

（摘自《忆往谈旧录：梁漱溟回忆录》，中国文史出版社，2012年）

记蔡孑民先生 / 林语堂 [①]

> 蔡先生是我所敬爱钦佩的一个人，在革命元老中，我认为他比较真正认识西方思想。他书真正看，而思路通达。对西方思想有真认识，是不容易，否则班门弄斧，人云亦云而已。所以以他的道德文章，来长北大，再配没有，当然使北大发出异样的光辉。

那天讲到北大教授所办《现代评论》与《语丝》，那五四以后时代的北大，时涌现眼前。你想在北洋军阀之下，鸡犬登仙，五花八门，无奇不有，这正是宇宙大好文章，讽刺文学大好题材。张恨水《春明外史》，便是写此一时代北京的人物及景色。你想，一面有曹锟、李彦青、吴大头猪仔议员，带辫子的张勋之流，镭鼓登场；一面有新文学运动，胡适之、蔡元培、陈独秀等，在野激起思想怒潮。这混乱中是有生命的，一点也不沉寂。当时实有意想不到、令人啼

---

① 本文原载于 1965 年 4 月 9 日台湾《新生报》。——编者注

笑皆非的事实。于今看来，委实有趣。

谁也知道，那时北大是全国思想革命的大本营。而北大之所以能够如此，是在蔡先生主北大思想自由、兼容并包的政策。那时的北大前进者有胡适之、陈独秀、钱玄同、刘半农等，复古者有林琴南、辜鸿铭等，而全国思潮的潮流交错，就在北大自身反映出来。此外三沈两马（士远、兼士、尹默、幼渔、叔平等）主持国学方面，在思想上是前进的，方法上是比较科学的。他们大半是章太炎的学生，钱玄同也是。单就刊物而论，《现代评论》、《语丝》而外，还有《猛进》，是徐炳昶、李宗侗等所办的。那时王国维、梁启超，还没出来讲学，他们在清华讲学，还是较后一段。但梁任公在北平，有时《晨报副刊》文人的聚餐或郊游，他及林长民也出现。女的有林长民的女儿徽音[①]，她已与梁任公的大少爷思成订婚，但是林小姐也是志摩的好友，志摩又是林长民的好友。听说志摩与其有小楷情书往来，我没看见。志摩这个人，可谓绝无仅有，文如其人，而人亦如其文。才华英发，天真烂漫。又一位相当伟大的怪杰，便是辜汤生（鸿铭）。中国英文作家，到如今无出其右者，真的，那时实在热闹。

蔡先生是我所敬爱钦佩的一个人，在革命元老中，我认为他比较真正认识西方思想。他书真正看，而思路通达。对西方思想有真认识，是不容易，否则班门弄斧，人云亦云而已。所以以他的道德文章，来长北大，再配没有，当然使北大发出异样的光辉。

但是人有所不知者，以为蔡孑民只是个"好好先生"。人家叫他"有求必应"。凡是谁做一本书，求他作序或题签，他没有不答应。

---

① 现写作"徽因"。——编者注

求他八行书①荐事，他也拿起笔来给你推荐。而部长院长，看见蔡先生八行书，知是他写的，可以不理，蔡夫人说，蔡先生这人真容易伺候。饭烧好也吃，烧焦了也吃。其实蔡先生软中带硬，外圆内方，其可不计较者，他不计较；大处出入，却不肯含糊。我们不应忘记他在戊戌政变以后在上海办《苏报》的一时期。

讲到五四运动，蔡先生给我极深的印象。那运动是发源于反对凡尔赛会议将山东出卖的事。我想陆徵祥后来以中国出席代表、内阁总理，退而做和尚，其中也有看破世情的感慨。那时全国舆论沸腾。《新潮》傅斯年、罗家伦之出现，就在这个时期。那时我在清华教书。北京诸大学教职员在清华开会。会场当然不少激昂慷慨，是可忍孰不可忍的陈词滥调。但激昂演说便如何，不外发个通电罢了。那时蔡先生雍容静穆的起立，声音低微的说："我们这样抗议，有什么用处？应该全体总辞职。"那天晚上，蔡校长实行主张，一人静悄悄的乘津浦铁路火车南下了。

还有一件给我极深的印象，那是初次见他。那时我编汉字索引制，对《康熙字典》首发第一炮攻击。这篇文章有钱玄同跋及蔡先生序，由《新青年》发表。后来诸新索引法，皆不出此范围。我当然求蔡先生的序。那时我未入北大，在清华教书，因此事去见蔡先生。最使我触目的，是北大校长候客室当中玻璃架内，陈列一些炸弹、手榴弹，我心里想，此人未可以外貌求之，还是个遽伯玉吧。

世上的事常不可解。后来蔡先生在上海，长中央研究院，我充英文总编辑，其实没做什么事。那时杨杏佛实际负责办理院务。不知何故，拉我去当总编辑，当有别因。杨杏佛实在有一目十行、双

---

① 旧式信笺每页八行，故用"八行书"代称信件。——编者注

管齐下的天才，可以一面跟你谈话，一面挥毫不停的写信。后来因丁玲失踪事，杨杏佛遇刺。这时有所谓民权大同盟，真是莫名其妙。那时开会列席，无非是蔡先生、杨杏佛、鲁迅、宋庆龄及共产小姐Anges Smedley[1] 与我数人而已。你想保障人权，蔡先生那有不赞成？我那有不赞成？其实我们蒙在鼓里，给人家利用。后来"牛兰事件"[2]发生，共产小姐及宋庆龄仆仆长途坐火车到南京去极力营救，我才恍然大悟。活到老，学到老。

人权保障，完全不是那回事。后来杨杏佛遇刺，民权大同盟也就此告终。

共产小姐，尤其是外国的共产小姐，真是要命。萧伯纳来上海，他就拉宋庆龄以笔会的名义包办。我所认识两位外国共产小姐，都是美国人。Anges Smedley 是不好的，Rayna Proh Me（瑞娜·罗默）[3]是好的。两位都是宋庆龄好友。Vincent Shean（文森特·希恩）[4] 在《个人史》（*Personal History*）书中，曾极力表彰后者之为人。

还有一件极妙的事。伦敦举行伯灵敦中国名画展览，派两三位代表来南京上海监选故宫博物院名画。蔡先生当然与其事。外国代表中有一位是法国汉学大家伯希和。你说他不通，他倒算通。妙在我们四五人在一室一室巡行观览时，伯希和滔滔不绝的表示

---

[1] 艾格尼丝·史沫特莱，杰出的国际主义战士、社会活动家、美国著名作家、卓越的新闻记者，中国人民的老朋友。——编者注

[2] 牛兰，本名为雅各布·马特耶维奇·鲁德尼克（Hilaire Noulens）。1928 年春，牛兰夫妇被"共产国际"派往上海，以商人身份作掩护，建立共产国际联络部中国联络站。1931 年 6 月被国民党当局逮捕，共产国际发起了声势浩大的公开营救。最终夫妇俩于 1939 年返回苏联。——编者注

[3] 美国记者，长期致力于中国的革命事业，1927 年死在莫斯科。——编者注

[4] 美国记者、作家，其所著介绍中国第一次革命战争的《个人史》获得第一届美国国家图书奖。——编者注

其内行。这张宋画，看绢色不错，那张徽宗的鹅，无疑是真的，墨色如何，印张如何。蔡先生却一声不响，不表示意见，只有口口客气说"是的，是的"。后来伯希和忽然怕了不说，若有所觉，不知在蔡先生面前出丑没有。这是中国人涵养反映外人卖弄的一幅绝妙图画。

三月廿七日于纽约

（摘自《追忆蔡元培》，生活·读书·新知三联书店，2009年）

辜鸿铭：旷世怪杰，语不惊人死不休

辜鸿铭（1857—1928），字汤生。祖籍福建省同安县，生于南洋英属马来西亚槟榔屿。学博中西，号称"清末怪杰"，是晚清时代精通西洋科学、语言兼及东方华学的中国第一人。他翻译了中国"四书"中的三部——《论语》、《中庸》和《大学》，创获甚巨；并著有《中国的牛津运动》（原名《清流传》）和《中国人的精神》（原名《春秋大义》）等英文书，热衷向西方人宣传东方的文化和精神，并产生了重大的影响。

谈辜鸿铭 / 周作人 [①]

> 辜鸿铭早年留学英国，在那有名的苏格兰大学毕业，归国后有一时也是断发西装革履，出入于湖广总督衙门（依据传说如此，真伪待考）。可是后来却不晓得什么缘故变成那一副怪相，满口"春秋大义"，成了十足的保皇派了。但是他似乎只是广泛的主张要皇帝，与实际运动无关，所以洪宪帝制与宣统复辟两回事件里都没有他的关系。

北大顶古怪的人物，恐怕众口一词的要推辜鸿铭了吧。他是福建闽南人，大概先代是华侨吧，所以他的母亲是西洋人，他生得一副深眼睛高鼻子的洋人相貌，头上一撮黄头毛，却编了一条小辫子，冬天穿枣红宁绸的大袖方马褂，上戴瓜皮小帽；不要说在民国十年前后的北京，就是在前清时代，马路上遇见这样一位小城市里的华装教士似的人物，大家也不免要张大了眼睛看得出神的吧。尤其妙

---

① 本文节选自《北大感旧录一》一文。——编者注

的是那包车的车夫，不知是从哪里乡下去特地找了来的，或者是徐州辫子兵的余留亦未可知，也是一个背拖大辫子的汉子，正同课堂上的主人是好一对，他在红楼的大门外坐在车兜上等着，也不失为车夫队中一个特出的人物。

辜鸿铭早年留学英国，在那有名的苏格兰大学毕业，归国后有一时也是断发西装革履，出入于湖广总督衙门。（依据传说如此，真伪待考。）可是后来却不晓得什么缘故变成那一副怪相，满口"春秋大义"，成了十足的保皇派了。但是他似乎只是广泛的主张要皇帝，与实际运动无关，所以洪宪帝制与宣统复辟两回事件里都没有他的关系。他在北大教的是拉丁文等功课，不能发挥他的正统思想，他就随时随地想要找机会发泄。我只在会议上遇到他两次，每次总是如此，有一次是北大开文科教授会讨论功课，各人纷纷发言，蔡校长也站起来预备说话，辜鸿铭一眼看见首先大声说道："现在请大家听校长的吩咐！"这是他原来的语气，他的精神也就充分地的表现在里边了。又有一次是五四运动时，六三事件以后，大概是一九一九年的六月五日左右吧，北大教授在红楼第二层临街的一间教室里开临时会议。除应付事件外有一件是挽留蔡校长，各人照例说了好些话，反正对于挽留是没有什么异议的，问题只是怎么办，打电报呢，还是派代表南下。辜鸿铭也走上讲台，赞成挽留校长，却有他自己的特别理由，他说道："校长是我们学校的皇帝，所以非得挽留不可。"《新青年》的反帝反封建的朋友们有好些都在坐，但是因为他是赞成挽留蔡校长的，所以也没有人再来和他抬杠。可是他后边的一个人出来说话，却于无意中闹了一个大乱子，也是很好笑的一件事。这位是理教科教授，姓丁，是江苏省人，本来能讲普通话，可是这回他一上讲台去，说了一大串叫人听了难懂，而且又非常难过的单句。那时天气本是炎热，

057

时在下午，又在高楼上一间房里，聚集了许多人，大家已经很是烦躁的了，这丁先生的话是字字可以听得清，可是几乎没有两个字以上连得起来的，只听得他单调的断续的说，我们，今天，今天，我们，北大，北大，我们，如是者约略有一两分钟，不，或者简直只有半分钟也说不定，但是人们仿佛觉得已经很是长久，在热闷的空气中，听了这单调的断续的单语，有如在头顶上滴着屋漏水，实在令人不容易忍受。大家正在焦躁，不知道怎么办才好的时候，忽然的，教室的门开了一点，有人伸头进来把刘半农叫了出去。不久就听到刘君在门外顿足大声骂道："混账！"里边的人都愕然出惊，丁先生以为在骂他，也便匆匆的下了讲台，退回原位去了。这样会议就中途停顿，等到刘半农进来报告，才知道是怎的一回事，这所骂的当然并不是丁先生，却是法科学长王某，他的名字忘记了，仿佛其中有一个祖字，六三的那一天，北京的中小学生都列队出来讲演，援助五四被捕的学生，北京政府便派军警把这些中小学生一队队的捉了来，都监禁在北大法科校舍内。各方面纷纷援助，赠送食物，北大方面略尽地主之谊，预备茶水食料之类，也就在法科支用了若干款项。这数目记不清楚了，大约也不会多，或者是一二百元吧；北大教授会决定请学校核销此款，归入正式开销之内。可是法科学长不答应，于是事务员跑来找刘半农，因为那时他是教授会的干事负责人，刘君听了不禁发起火来，破口大喝一声。后来大概法科方面也得了着落，而在当时解决了丁先生的纠纷，其功劳实在也是很大的。因为假如没有他这一喝，会场里说不定会要发生严重的结果。看那时的形势，在丁先生一边暂时并无自动停止的意思，而这样的讲下去，听的人又忍受不了，立刻就得有铤而走险的可能。当日刘文典也在场，据他日后对人说，其时若不因了刘半农的一声喝而停止讲话，他就要奔上讲台去，先打一个耳光，随后再叩头谢罪，因为他实在再也忍受不下去了。——关于丁君因说话受窘的事，此外也有些传闻，然而那是属于"正人君子"所谓的"流言"，所以似乎也不值得加以引用了。

（摘自《知堂回想录》，北京十月文艺出版社，2013 年）

作者简介

周作人（1885—1967），浙江绍兴人。早年留学日本，1917年后任教于北京大学，参加《新青年》的编辑，是五四新文化运动的主要发起人之一。著有《自己的园地》、《雨天的书》、《知堂回想录》等。

记辜鸿铭 / 胡适

> 辜鸿铭向来是反对我的主张的，曾经用英文在杂志上驳我；
> 有一次为了我在《每周评论》上写的一段短文，他竟对我说，
> 要在法庭控告我。然而在见面时，他对我总很客气。

民国十年十月十三夜，我的老同学王彦祖先生请法国汉学家戴弥微先生（Mon Demiéville）在他家中吃饭，陪客的有辜鸿铭先生、法国的 × 先生、徐墀先生，和我；还有几位，我记不得了。这一晚的谈话，我的日记里留有一个简单的记载，今天我翻看旧日记，想起辜鸿铭的死，想起那晚上的主人王彦祖也死了，想起十三年之中人事变迁的迅速，我心里颇有不少的感触。所以我根据我的旧日记，用记忆来补充他，写成这篇辜鸿铭的回忆。

辜鸿铭向来是反对我的主张的，曾经用英文在杂志上驳我；有一次为了我在《每周评论》上写的一段短文，他竟对我说，要在法庭控告我。然而在见面时，他对我总很客气。

这一晚他先到了王家，两位法国客人也到了；我进来和他握手时，

他对那两位外国客说：Here comes my learned enemy！大家都笑了。

入座之后，戴弥微的左边是辜鸿铭，右边是徐墀。大家正在喝酒吃菜，忽然辜鸿铭用手在戴弥微的背上一拍，说："先生，你可要小心！"戴先生吓了一跳，问他为什么，他说，"因为你坐在辜疯子和徐颠子的中间！"大家听了，哄堂大笑，因为大家都知道，"Cranky Hsü"和"Crazy Ku"的两个绰号。

一会儿，他对我说："去年张少轩（张勋）过生日，我送了他一副对子，上联是'荷尽已无擎雨盖'——下联是什么？"我当他是集句的对联，一时想不起好对句，只好问他："想不出好对句，你对的什么？"他说："下联是'菊残犹有傲霜枝'。"我也笑了。

他又问："你懂得这副对子的意思吗？"我说："'菊残犹有傲霜枝'当然是张大帅和你老先生的辫子了。'擎雨盖'是什么呢？"他说："是清朝的大帽。"我们又大笑。

他在席上大讲他最得意的安福国会选举时他卖票的故事，这个故事我听他亲口讲好几次了，每回他总添上一点新花样，这也是老年人说往事的普通毛病。

安福部当权时，颁布了一个新的国会选举法，其中有一部分的参议员是须由一种中央通儒院票选的，凡国立大学教授，凡在国外大学得学位的，都有选举权。于是许多留学生有学士、硕士、博士文凭的，都有人来兜买。本人不必到场，自有人拿文凭去登记投票。据说当时的市价是每张文凭可卖二百元。兜买的人拿了文凭去，还可以变化发财。譬如一张文凭上的姓名是 Wu Ting，第一次可报"武定"，第二次可报"丁武"，第三次可报"吴廷"，第四次可说是江浙方音的"丁和"。这样办法，原价二百元的，就可以卖八百元了。

辜鸿铭卖票的故事确是很有风趣的。他说："×××来运动我投他一票，我说，我的文凭早就丢了。他说：'谁不认得你老人家？只要你亲自来投票，用不着文凭。'我说：'人家卖两百块钱一票，我老辜至少要卖五百块。'他说：'别人两百，你老人家三百。'我说：'四百块，少一毛钱不来，还得先付现款，不要支票。'他要还价，我叫他滚出去。他只好说：'四百块钱依你老人家。可是投票时务必请你到场。'

　　"选举的前一天，×××果然把四百元钞票和选举入场证都带来了，还再三叮嘱我明天务必到场。等他走了，我立刻出门，赶下午的快车到了天津，把四百块钱全报效在一个姑娘——你们都知道，她的名字叫一枝花——的身上了。两天工夫，钱花光了，我才回北京来。

　　"×××听说我回来了，赶到我家，大骂我无信义。我拿起一根棍子，指着那个留学生小政客，说：'你瞎了眼睛，敢拿钱来买我！你也配讲信义！你给我滚出去！从今天以后不要再上我门来！'

　　"那小子看见我的棍子，真个乖乖的逃出去了。"

　　说完了这个故事，他回过头来对我说："你知道有句俗话：'监生拜孔子，孔子吓一跳。'我上回听说××的孔教会要去祭孔子，我编了一首白话诗：

　　　监生拜孔子，孔子吓一跳。
　　　孔会拜孔子，孔子要上吊。

　　"胡先生，我的白话诗好不好？"

　　一会儿，辜鸿铭指着那两位法国客人大发议论了。他说："先生们，不要见怪，我要说你们法国人真有点不害羞！怎么把一个文学博士的名誉学位送给×××先生，你的《××报》上还登出

×××的照片来，坐在一张书桌边，桌上堆着一大堆书，题做'×大总统著书之图'！呃，呃，真羞煞人！我老辜向来佩服你们贵国——La belle France！现在真丢尽了你们的 La belle France 的脸了！你们要是送我老辜一个文学博士，也还不怎样丢人！可怜的班乐卫先生，他把博士学位送给×××，呃？"

那两位法国客人听了老辜的话，都很感觉不安，那位《××报》的主笔尤其脸红耳赤，他不好不替他的政府辩护一两句。辜鸿铭不等他说完，就打断他的话，说：

"Monsieur，你别说了。有一个时候，我老辜得意的时候，你每天来看我，我开口说一句话，你就说：'辜先生，您等一等。'你就连忙摸出铅笔和日记本子来，我说一句，你就记一句，一个字也不肯放过。现在我老辜倒霉了，你的影子也不上我门上来了。"

那位法国记者，脸上更红了。我们的主人觉得空气太紧张了，只好提议大家散坐。

上文说起辜鸿铭有一次要在法庭控告我，这件事我也应该补叙一笔。

在民国八年八月间，我在《每周评论》第三十三期登出了一段随感录：

> 现在的人看见辜鸿铭拖着辫子，谈着"尊王大义"，一定以为他是向来顽固的。却不知辜鸿铭当初是最先剪辫子的人。当他壮年时，衙门里拜万寿，他坐着不动。后来人家谈革命了，他才把辫子留起来。辛亥革命时，他的辫子还没有养全，拖带着假发接的辫子，坐着马车乱跑，很出风头。这种心理很可研究。当初他是"立异以为高"，如今竟是"久假而不归了"。

这段话是高而谦先生告诉我的，我深信高而谦先生不说谎话，所以我登在报上。那一期出版的一天，是一个星期日，我在北京西车站同一个朋友吃晚饭。我忽然看见辜鸿铭先生同七八个人也在那里吃饭。我身边恰好带了一张《每周评论》，我就走过去，把报送给辜先生看。他看了一遍，对我说："这段记事不很确实。我告诉你我剪辫子的故事。我的父亲送我出洋时，把我托给一位苏格兰教士，请他照管我。但他对我说：'现在我完全托了×先生，你什么事都应该听他的话。只有两件事我要叮嘱你：第一，你不可进耶稣教；第二，你不可剪辫子。'我到了苏格兰，跟着我的保护人，过了许多时。每天出门，街上小孩子总跟着我叫喊：'瞧呵，支那人的猪尾巴！'我想着父亲的教训，忍着侮辱，终不敢剪辫。那个冬天，我的保护人往伦敦去了，有一天晚上我去拜望一个女朋友。这个女朋友很顽皮，她拿起我的辫子来赏玩，说中国人的头发真黑得可爱。我看她的头发也是浅黑的，我就说：'你要肯赏收，我就把辫子剪下来送给你。'她笑了，我就借了一把剪子，把我的辫子剪下来送了给她。这是我最初剪辫子的故事。可是拜万寿，我从来没有不拜的。"他说时指着同坐的几位老头子，"这几位都是我的老同事。你问他们，我可曾不拜万寿牌位？"

　　我向他道歉，仍回到我们的桌上。我远远的望见他把我的报纸传给同坐客人看。我们吃完了饭，我因为身边只带了这一份报，就走过去向他讨回那张报纸。大概那班客人说了一些挑拨的话，辜鸿铭站起来，把那张《每周评论》折成几叠，向衣袋里一插，正色对我说："密斯忒胡，你在报上毁谤了我，你要在报上向我正式道歉。你若不道歉，我要向法庭控告你。"

　　我忍不住笑了。我说："辜先生，你说的话是开我玩笑，还是恐吓我？你要是恐吓我，请你先去告状；我要等法庭判决了才向你正式道歉。"我说了，点点头，就走了。

后来他并没有实行他的恐吓。大半年后，有一次他见着我，我说："辜先生，你告我的状子进去了没有？"他正色说："胡先生，我向来看得起你；可是你那段文章实在写得不好！"

（摘自《中国现当代著名作家文库》，河南人民出版社，1994年）

辜鸿铭先生轶事 / 梁实秋 [1]

> 先生喜征逐之乐，顾不修边幅，既垂长辫，而枣红袍与天青褂上之油腻，尤可鉴人，粲者立于其前，不须揽镜，即有顾影自怜之乐。

辜鸿铭先生以茶壶譬丈夫，以茶杯譬妻子，故赞成多妻制，诚怪论也。

先生之怪论甚多，常告人以姓辜之故，谓始祖实为罪犯。又言始祖犯罪，不足引以为羞；若数典忘祖，方属可耻云。

先生深于英国文学之素养。或叩以养成之道，曰：先背熟一部名家著作作根基。又言今人读英文十年，开目仅能阅报，伸纸仅能修函，皆由幼年读一猫一狗式之教科书，是以终其身只有小成。先生极赞成中国私塾教授法，以开蒙未久，即读四书五经，尤须背诵如流水也。

---

[1] 本文原载于上海《时事新报·青光》，1927 年 7 月 12 日。——编者注

先生之书法，极天真烂漫之致，别字虽不甚多，亦非极少。盖先生生于异国，学于苏格兰，比壮年入张之洞幕，始沉潜于故邦载籍云。

先生好选《诗经》中成句，译英文诗，虽未能天衣无缝，亦颇极传神之妙，惜以古衣冠加于无色民族之身上耳，先生以"情"译Poetry，以"理"译Philosophy，以"事"译History，以"物"译Science，以"阴阳"译Physic，以"五行"译Chemistry，以"红福"译Juno，以"清福"译Minerva，以"艳福""译Venus，于此可见其融合中外之精神。

先生喜征逐之乐，顾不修边幅，既垂长辫，而枣红袍与天青褂上之油腻，尤可鉴人，絮者立于其前，不须揽镜，即有顾影自怜之乐。先生对于妓者颇有同情，恒操英语曰：Prostitude者，Destitude也。（意谓卖淫者卖穷也。）

先生多情而不专，夫人在一位以上。尝娶日妇，妇死哭之悲，悼亡之痛，历久不渝。先生尝患贫，顾一闻丐者呼号之声，立即拔关而出，界以小银币一二枚，勃谿之声，尝因之而起。

先生操多种方言，通几国文字；日之通士，尤敬慕先生，故日本人所办之英文报纸，常发表先生忠君爱国之文字。文中畅引中国经典，滔滔不绝，其引文之长，令人兴喧宾夺主之感，顾趣味弥永，凡读其文者只觉其长，并不觉其臭。

一九二七年

（摘自《雅舍忆旧》，江苏人民出版社，2014年）

辜鸿铭/林语堂[1]

在举国趋新若鹜之时，彼则扬言尊礼；在民国时期，彼偏言尊君，偏留辫子；在崇尚西洋文明之时，彼力斥此西洋文化之非。细读其文，似非无高深见解，或缺诚意，然其持之过甚，乃由愤嫉而来。愤嫉原非坏事，比哈饭遗矢人云亦云者高一层；然试以精神分析言之，亦是一种压迫之反动而已。

少时在约翰大学图书馆，读到辜鸿铭著 *Papers from a Viceroy's Yamen*[2]，见其文字犀利，好作惊人语，已深喜其矫健。时陈友仁办《北京英文日报》*Peking Gazette*，亦约辜按月撰稿四篇，下课时每阅读二氏之文以为乐。不及一两月，辜即因故脱离不复作，并记得有牢骚文字见于报上。实则辜为人落落寡合，愈援助之人愈

---

① 本文原载于《人间世》，1934 年第 12 期。——编者注。

② 中文译名《尊王篇》。该书于 1901 年在上海出版，乃是辜鸿铭自义和团运动以来，陆陆续续发表于《日本邮报》等报刊上的系列英文政论文章结集而成的合集。——编者注

挨其骂。若曾借他钱，救他穷困，则尤非旦夕待其批颊不可，盖不如此不足见其倔强也。且辜主人治，陈主法治，思想固不相谋。后老袁称帝，陈在"天威咫尺"之下，直言无隐，力斥其非，总是与辜一般番仔脾气，辜生长槟榔屿，而陈生长西印度 Trinidad[①] 也。二人皆有洋气，有洋气，即有骨气。吾前曾言孙中山亦有洋气，即指此。此种蛮子骨气，江浙人不大懂也。二氏又皆长英文，陈即直头盎格罗撒孙学者，其思想意见毫无中国官僚气味，故与国人亦少能气味相投。孙中山则深得中国博大气质，辜只是狂生，而能深谈儒道精义。辜作中文吾未尝见，若孙中山一手好字，亦可见其相当造诣。辜陈二氏皆长英文，而实非仅长英文，盖其思想议论，超一人等，故能发挥淋漓，此二氏之文之所以有魄力也。世人言文人，总想到文字，大误特误。试思梁任公《新民丛报》之势力，在其文彩乎，抑在其所代表之议论乎？陈独秀、胡适之之文学革命宣传力量，在其文胜过林琴南乎？抑在其所代表之新潮思想乎？有其思想，必有其文字。世之冒冒失失以文言文者亦可以省矣。至于文字，辜陈皆未尝不漂亮，乃执以 best English tradition 衡之，腊丁名词仍是太多，英国口语仍是太少。二氏又有一相同之点。辜在思想上，陈在政治上，最善大言不惭，替吾国争面子。英人读之而喜，而惊，而敬，故其名亦大。善说 Yes，Sir 之英文学生，大可不读二氏之书，因道不同，学亦无用也。辜之文，纯为维多利亚中期之文、其所口口声声引据亦 Matthew Arnold，Carlye，Ruskin 诸人，而其文体与 Arnold 尤近。此由二事可见，（一）好重叠。比如在《春秋大义》一文，有此数句：

---

① 特立尼达岛，位于西印度群岛最西南部。——编者注

We have now found the inspiration the living emotion that is in religion, but this inspiration or living emotion in religion is not only found in religion I mean Church religion. This inspiration or living emotion is known to everyone who…in fact,this inspiration or living emotion that is in religion is found… This inspiration or living emotion in religion,I say,is found not only in religion.

（二）好用 I say 二字。

二

辜鸿铭善诙谐。其诙谐，系半由目空一切，半由好拆字。例如他说："今日世界所以扰攘不安，非由于军人，乃由于大学教授与衙门吏役。大学教授是半受教育，而衙门吏役是不受教育的人，所以治此两种人之病只在给以真正教育。"其好拆字，可见于将德谟克拉西拼为 democrazy（德谟疯狂），又在其鄙恶新潮文学文中，将陀斯托斯基拆为 Desto—Whiskey。在中文上，亦复如此。他解妾字为立女，妾者靠手也（elbow—rest），所以供男人倦时作手靠也。辜曾向二位美国女子作此说。女子驳曰："岂有此理？如此说，女子倦时，又何尝不可将男人作手靠？男人既可多妾多手靠，女子何以不可多夫乎？"言下甚为得意，以为辜辞穷理屈矣。不意辜回答曰："否否。汝曾见一个茶壶配四只茶杯，但世上岂有一个茶杯配四个茶壶者乎？"

实则辜鸿铭之幽默起源于其倔强之本性及其愤世嫉俗之见解。在举国趋新若鹜之时，彼则扬言尊礼；在民国时期，彼偏言尊君，偏留辫子；在崇尚西洋文明之时，彼力斥此西洋文化之非。细读其文，似非无高深见解，或缺诚意，然其持之过甚，乃由愤嫉而来。愤嫉原非坏事，比喈饭遗矢人云亦云者高一层；然试以精神分析言之，亦是一种压迫之反动而已。辜既愤世俗之陋，必出之以过激之辞，然在此过激辞气，便可看出其精神压迫来。想彼原亦只欲替中国人争面子出出气而已。故其言曰："The disorder and confusion in China today is only a functional derangement,,whereas the anarchy in Europe and America is really an organic disorder" "今日中国变乱病在失调（作用上的）而已，而欧美之无政府状态，乃在残缺（器官上的）。"又曰："中国虽有盗贼贪官污吏，然中国的社会整个是道德的，西洋社会是不道德的。"夫以德化民，以政教民，孔道理论上何尝不动听？西洋法律观念之呆板及武力主义之横行，专恃法律军警以言治，何尝无缺憾？然中国无法治，人治之弊，辜不言，中国虽言好铁不打钉，而盗贼横行，丘八抢城，淫奸妇女，辜亦不言。《春秋大义》诚一篇大好文章，向白人宣孔教，白人或者过五百年后亦可受益，而谓中国不需法治，不需军警，未免掩耳盗铃。因有此种见地，故说来甚是好听，骂人亦甚痛快。其言英人则曰流氓崇拜（指商人之操政治实权），引 Ruskin 之言而詈之曰鼠曰猪（rats and swine）。其言现代民国之中国人，亦曰顽石不灵、神经错乱之民国华人（imbecile,demented Republican Chinaman）。一人愤世嫉俗至此，开口骂人，自然痛快。

余谓儒家之弊，正在蔑视法律，以君子治国，殊不知一国之中，那里有这许多君子可为部长，为院长，为所长，为县长，为校长乎？君子不够分配，而放小人于位，以君子之道待之，国欲不乱，其可得乎？既为君子，则不必监察也，君子横征暴敛，不必得百姓同意，凭其良心可也；君子营私舞弊，不必看其账簿，听其逍遥可也；君子勾结外敌，不必立法院通过，听其自订条约可也。

向来中国政治只是一笔糊涂君子账。君子有德政，则为之竖牌坊，君子犯法，则不拘之下狱。是犹一商人公司，以君子之道待经理，无查账，无报告，卷款亦不追究。此种公司谁敢投资乎？不意辜氏正以此为中国政治哲学之优点。其言曰："中国所以不需宪法，一则因中国人民有廉耻观念——有极高的道德标准，二则因中国政府系创立于道德的基础，而非创立于'商业'的基础。"好听固然好听，然吾甚不愿为此公司股东也。今则不愿为股东，亦非投资不可。

三

辜氏个人尊君态度，世人颇欲得一解释。在 *The Story of a Chinese Oxford Movement*[①] 文中有一段关系文字，并录于此。

> 袁世凯的行为，连盗跖贼徒之廉耻义气且不如。袁世凯原奉命出山以扶清室。既出，乃背忠弃义，投降革命党，百般狡计，使其士兵失了忠君之心，然后拥兵自卫，成为民国总统。……袁世凯不但毁弃中国民族之忠义观念，并且毁弃中国之政教，即中国之文明。
>
> 许多外人笑我痴心忠于清室。但我之忠于清室，非仅忠于吾家世受皇恩之王室——乃忠于中国之政教，即系忠于中国之文明。

呜呼，辜作洋文，讲儒道，耸动一世，辜亦一怪杰矣。其旷达

---

① 中文名为《中国牛津运动之内情》。——编者注

自喜，睥睨中外，诚近于狂。然能言顾其行，潦倒以终世，较之奴颜婢膝以事权贵者，不亦有人畜之别乎？

（摘自《幽默大师：名人笔下的林语堂 林语堂笔下的名人》，东方出版中心，1998 年）

梁启超：才大如海，革命功臣

梁启超（1873—1929），字卓如，一字任甫，号任公，又号饮冰室主人。中国近代思想家、政治家、教育家、史学家、文学家。戊戌变法（百日维新）领袖之一、中国近代维新派代表人物。倡导新文化运动，支持五四运动。曾倡导文体改良的"诗界革命"和"小说界革命"。其著作合编为《饮冰室合集》。

无穷的恩惠（节选） / 胡适①

> 梁先生的文章，明白晓畅之中，带着浓挚的热情，使读的人不能不跟着他走，不能不跟着他想。有时候，我们跟他走到一点上，还想往前走，他倒打住了，或是换了方向走了。在这种时候，我们不免感觉一点失望。但这种失望也正是他的大恩惠。

我在澄衷一年半，看了一些课外的书籍。严复译的《群己权界论》，像是在这时代读的。严先生的文字太古雅，所以少年人受他的影响没有梁启超的影响大。梁先生的文章，明白晓畅之中，带着浓挚的热情，使读的人不能不跟着他走，不能不跟着他想。有时候，我们跟他走到一点上，还想往前走，他倒打住了，或是换了方向走了。在这种时候，我们不免感觉一点失望。但这种失望也正是他的大恩惠。因为他尽了他的能力，把我们带到了一个

---

① 本文标题为编者所加。

境界，原指望我们感觉不满足，原指望我们更朝前走。跟着他走，我们固然得感谢他；他引起了我们的好奇心，指着一个未知的世界叫我们自己去探寻，我们更得感谢他。

我个人受了梁先生无穷的恩惠。现在追想起来，有两点最分明。第一是他的《新民说》，第二是他的《中国学术思想变迁之大势》。梁先生自号"中国之新民"，又号"新民子"，他的杂志也叫做《新民丛报》，可见他的全副心思贯注在这一点。"新民"的意义是要改造中国的民族，要把这老大的病夫民族改造成一个新鲜活泼的民族。他说：

> 未有四肢已断，五脏已瘵，筋脉已伤，血轮已涸，而身犹能存者；则亦未有其民愚陋怯弱涣散、混浊而国犹能立者。……苟有新民，何患无新制度，无新政府，无新国家！（《新民说·叙论》）

他的根本主张是：

> 吾思之，吾重思之，今日中国群治之现象殆无一不当从根柢处摧陷廓清，除旧而布新者也。（《新民说》）

说得更沉痛一点：

> 然则救危亡求进步之道将奈何？曰，必取数千年横暴混浊之政体，破碎而斋粉之，使数千万如虎如狼如蝗如蛹如蛆如蛆之官吏失其社鼠城狐之凭借，然后能涤荡肠胃以上于进步之途也！必取数千年腐败柔媚之学说，廓清而辟

辟之，使数百万如蠹鱼如鹦鹉如水母如畜犬之学子毋得摇
笔弄舌舞文嚼字，为民贼之后援，然后能一新耳目以行进
步之实也！而其所以达此目的之方法有二：一曰无血之破
坏，二曰有血之破坏。……中国如能为无血之破坏乎？吾
馨香而祝之。中国如不得不为有血之破坏乎？吾衰绖而哀
之。（《新民说·论进步》）

我们在那个时代读这样的文字，没有一个人不受他的震荡感动
的。他在那时代（我那时读的是他在壬寅癸卯做的文字）主张最激
烈，态度最鲜明，感人的力量也最深刻。他很明白的提出一个革命
的口号：

破坏亦破坏，不破坏亦破坏！（同上）

后来他虽然不坚持这个态度了，而许多少年人却冲上前去，可
不肯缩回来了。

《新民说》的最大贡献在于指出中国民族缺乏西洋民族的许多
美德。梁先生很不客气的说：

五色人相比较，白人最优。以白人相比较，条顿人最优。
以条顿人相比较，盎格鲁撒逊人最优。（《叙论》）

他指出我们所最缺乏而最须采补的是公德，是国家思想，是进
取冒险，是权利思想，是自由，是自治，是进步，是自尊，是合群，
是生利的能力，是毅力，是义务思想，是尚武，是私德，是政治能力。
他在这十几篇文字里，抱着满腔的血诚，怀着无限的信心，用他那

支"笔锋常带情感"的健笔，指挥那无数的历史例证，组织成那些能使人鼓舞、使人掉泪、使人感激奋发的文章。其中如《论毅力》等篇，我在二十五年后重读，还感觉到他的魔力。何况在我十几岁最容易受感动的时期呢？

《新民说》诸篇给我开辟了一个新世界，使我彻底相信中国之外还有很高等的民族、很高等的文化；《中国学术思想变迁之大势》也给我开辟了一个新世界，使我知道《四书》、《五经》之外中国还有学术思想。梁先生分中国学术思想史为七个时代：

（一）胚胎时代——春秋以前
（二）全盛时代——春秋末及战国
（三）儒学统一时代——两汉
（四）老学时代——魏晋
（五）佛学时代——南北朝、唐
（六）儒佛混合时代——宋、元、明
（七）衰落时代——近二百五十年

我们现在看这个分段，也许不能满意。（梁先生自己后来也不满意，他在《清代学术概论》里已不认近二百五十年为衰落时代了。）但在二十五年前，这是第一次用历史眼光来整理中国旧学术思想，第一次给我们一个"学术史"的见解。所以我最爱读这篇文章。不幸梁先生做了几章之后，忽然停止了，使我大失望。甲辰以后，我在《新民丛报》上见他续作此篇，我高兴极了。但我读了这篇长文，终感觉不少的失望。第一，他论"全盛时代"，说了几万字的绪论，却把"本论"（论诸家学说之根据及其长短得失）全搁下了，只注了一个"阙"字。他后来只补作了《子墨子学说》一篇，其余各家始终没有补。第二，"佛学时代"一章的本论一节也全没有做。第三，他把第六个时代（宋、元、明）整个搁起不提。这一部学术思想史中间阙了三个最要紧的部分，使我眼巴巴的望了几年。我在那失望的时期，自己忽发野心，心想："我将来若能替梁任公先生补作这几章阙了的中国学术思想史，岂不是很光荣的事业？"我越想越高兴，虽然不敢告诉人，却真打定主意做这件事了。

（摘自《四十自述》，中国文史出版社，2013 年）

纪念梁任公先生 [①] / 梁漱溟

> 当任公先生全盛时代，广大社会俱感受他的启发，接受他的领导。其势力之普遍，为其前后同时任何人物——如康有为、严几道、章太炎、章行严、陈独秀、胡适之等等——所赶不及。我们简直没有看见过一个人可以发生像他那样广泛而有力的影响。

今天为梁任公先生逝世第十四周年，友人张旭光、周之风诸君提议撰写纪念文。去年，漱自香港返桂，尝应友人嘱写有蔡孑民先生逝世二周年纪念文一篇。愚往昔既同受知于蔡、梁两先生，则兹于纪念梁先生之文，自不容辞。纪念蔡先生文中曾指出蔡先生之伟大处，复自道其知遇之感。今为此文，大致亦同。

---

① 本文原载于 1943 年 1 月《扫荡报》。——编者注

怎样认识任公先生的伟大

欲知任公先生的伟大，须同其前后同时人物作一比较。例如蔡先生即其前后同时人物之一。两位同于近五十年的中国有最伟大之贡献，而且，其贡献同在思想学术界，特别是同一引进新思潮，冲破旧罗网，推动了整个国家大局。然而，奇怪的是任公少于蔡先生八岁，论年辈应稍后，而其所发生之影响却在前。就在近五十年之始，便是他工作开始之时。在距今四十年前，在思想界已造成了整个是他的天下。在距今三十五年前后的中国政治全为立宪运动所支配，而这一运动即以他为主。当他的全盛时代，年长的蔡先生却默默无闻（蔡先生诚早露头角，但对广大社会而言则是如此）。蔡先生从五四运动打出来他的天下，那是距今二十四年的事。欧战以后的新思潮于此输入（特别是反资本主义潮流），国民革命于此种其因。所以他的影响到大局政治，不过是近二十年的事。

当任公先生全盛时代，广大社会俱感受他的启发，接受他的领导。其势力之普遍，为其前后同时任何人物——如康有为、严几道、章太炎、章行严、陈独秀、胡适之等等——所赶不及。我们简直没有看见过一个人可以发生像他那样广泛而有力的影响。康氏原为任公之师，任公原感受他的启发，接受他的领导。但是不数年间，任公的声光远出康氏之上，而掩盖了他。但须注意者，他这一段时期并不甚长。像是他登台秉政之年（民国二年、民国六年两度），早已不是他的时代了。再进到五四运动以后，他反而要随着那时代潮流走了。民国八九年后，他和他的一班朋友蒋百里、林长民、蓝志先、张东荪等，放弃政治活动，组织"新学会"，出版《解放与改造》，及共学社丛书，并在南北各大学中讲学，完全是受蔡先生在北京大学开出来的新风气所影响。

因此，论到所给予社会影响之久暂比较上，任公每又不如其他的人。所以有人评论他几句话：

> 其出现如长彗烛天，如琼花照世，不旋踵而光沉响绝，政治学术两界胥不发生绵续之影响。——此正任公之特异处。（《思想与时代》第13期陈伯庄通讯）

这是很对的。我们由是可以明白诸位先生虽都是伟大的，然而其所以伟大却各异，不可马虎混同。任公的特异处，在感应敏速，而能发皇于外，传达给人。他对于各种不同的思想学术极能吸收，最善发挥，但缺乏含蓄深厚之致，因而亦不能绵历久远。像是当下不为人所了解，历时愈久而价值愈见者，就不是他所有的事了。这亦就是为何他三十岁左右便造成他的天下，而蔡先生却要待到五十多岁的理由。他给中国社会的影响，在空间上大过蔡先生，而在时间上将不及蔡先生，亦由此而定。

从前韩信和汉高祖各有卓越的天才，一个善将兵，一个善将将。蔡、梁两先生比较，正复相似。蔡先生好比汉高祖，他不必要自己东征西讨，却能收合一批英雄，共图大事；任公无论治学和行文，正如韩信将兵，多多益善。自己冲锋陷阵，所向无前。他给予人们的影响是直接的，为蔡先生所不及。

任公为人富于热情，亦就不免多欲。有些时天真烂漫，不失其赤子之心。其可爱在此，其伟大亦在此。然而缺乏定力，不够沉着，一生遂多失败。

任公先生的生平得失

吾人纪念前贤，亦许应当专表彰他的功德。无奈我想念起任公先生来，总随着有替他抱憾抱悔之心。任公学术上的成就，量过于质，限于篇幅，不能悉数。今就其在政治上得失说一说。

清季政治上有排满革命和君主立宪两大派。任公一度出入其间，而大体上站在立宪一面，且为其领袖。固然最后革命派胜利，而国人政治思想之启发，仍得力于他者甚多，间接帮助了辛亥革命者甚大。国人应念其功，他自己亦可引以为慰。

民国成立，宋钝初（教仁）想实行政党内阁，正与任公夙怀合符。当时曾约定以全力助宋，可惜宋氏被刺，两派合作机会遂失。加以袁世凯方面种种笼络，民党方面种种刺激，卒成组织进步党对抗国民党之局。更进而有熊希龄受袁命组阁，隐然由进步党执政之局。末了，就陷于副署袁氏解散国会命令之重大责任，而不能逃。国会既散，政党根据全失，熊阁当然亦站不住。政治脱轨，大局败坏，任公于此悔恨不及。这是他政治生活第一度失败。自然当日之事，由各方造成，任公不独尸其咎。却是《春秋》责备贤者，贤者引咎自责，不能不如此。

由任公先生之知悔，遂在袁氏帝制时，有奋起倒袁之举。在倒袁运动上，先生尽了最大力量。假如说创建民国是革命派的首功，那么，这次再造共和，却不得不让他的一派居首功了。当日事实自有史家载之史乘，兹不多述。这是任公先生的政治活动对于国家第一度伟大不磨之贡献。

可惜，在倒袁中忽遭父丧。袁倒后，先生治丧持服，未得出面秉政。于是种下了民国六年佐段（祺瑞）登台之事。在这里面还夹着一段反对康（有为）、张（勋）复辟。信有如任公几十年前所说

"吾爱吾师，吾尤爱真理"者，可算作他第二度对于国家的贡献。

复辟既败，共和三造，段、梁携手执政，居然又有几分进步党内阁气概。此固为任公登台应有之阵容。但千不该，万不该，不肯恢复国会，而另造新国会，以致破坏法统，引起护法之役，陷国家于内战连年。这是他政治生活第二度严重失败，这次责任别无可诿，与前次不同。我们末学只有替他老先生惋惜，而他的政治生涯亦于此告终。

总论任公先生一生成就，不在学术，不在事功，独在他迎接新世运，开出新潮流，撼动全国人心，达成历史上中国社会应有之一段转变。这是与我纪念蔡先生文中所说：蔡先生所成就者非学术、非事功，而在其酿成一种潮流，推动大局，影响后世，正复相同的。

我个人对任公先生的感念

我早年是感受任公先生启发甚深之一人。论年纪，我小于先生二十岁。当他二十几岁举办《时务报》、《清议报》之时，我固不能读他的文章。即在他三十岁创刊《新民丛报》亦还不行。直待我十五岁，好像《新民丛报》已停刊，我寻到壬寅、癸卯、甲辰三整年六巨册《新民丛报》和《新小说》全年一巨册（约共五六百万字以上），又《立宪派与革命派之论战》一厚本（任公与汪精卫、胡汉民等往复辩难所有文章之辑合本）才得饱读。当时寝馈其中者约三四年。十八岁时，《国风报》出版，正好接着读下去。这是比我读五年中学更丰富而切实的教育。虽在今日，论时代相隔三十年以上，若使青年们读了还是非常有用的。可惜今日仅存《饮冰室集》[①]，而原报

---

① 实为《饮冰室文集》。——编者注

殆不可得。那其中还有旁人许多文章和新闻时事等记载，约占十之八，亦重要。至今想来，我还认为是我的莫大幸福。

蔡先生著作无多，我读到亦不多，在精神上却同深向往。民国五年曾因范静生（源廉）先生介绍而拜见蔡先生。但对任公先生则未曾求见。因我先父多年佩服任公，当他从海外返国，亲往访四次未得一见，两度投书亦无回答，我更不敢冒昧。到民国九年，任公渐渐知道我。一日忽承他偕同蒋百里、林宰平两先生移尊枉步访我于家，由此乃时常往还。民国十四年我编印先父遗书既成，送他一部。书中有先父自记屡访不遇，投书不答之事，而深致其慨叹。我写信特指出这段话，请他看。他回信痛哭流涕数百言，深自咎责，嘱我于春秋上祭时，为他昭告说"启超没齿不敢忘先生（指我父）之教"。盖先父于慨叹其慢士之余，仍以救国大任期望于他也。此事在先父若有知，当为心快。而在我为人子者，当然十分感激他（任公先生此一回信附后）。

十八年春上，我在广州闻任公先生逝世之讯，心中好大难过。念相交以来，过承奖爱，时时商量学问，虚心咨访（先生著作关于佛教者恒以初稿见示，征问意见），而我未有以报。第一，他奔走国事数十年，所以求中国之问题之解决者甚切，而于民族出路何在，还认不清。第二，他自谓服膺儒家，亦好谈佛学，在人生问题上诚为一个热心有志之士，而实没有弄明白。我于此两大问题渐渐若有所窥，亟思以一点心得，当面请正。岂料先生竟作古人，更无从见面谈心，只有抱恨无穷而已。今为此文，虽时间又过去十多年，还是不胜其追怀与感念！

一九四三年一月

附：任公先生十四年答漱溟信

漱溟宗兄惠鉴：

读报知巨川先生遗文已裒辑印布，正思驰书奉乞，顷承惠简先施，感喜不可言罄。读简后，更检《伏卵录》中一段敬读，乃知先生所以相期许者如此其厚，而启超之所以遇先生者，乃如彼其无状！今前事浑不省记，而断不敢有他辞自讳饰其罪。一言蔽之，学不鞭辟近里，不能以至诚负天下之重，以致虚骄慢士，日侪于流俗人而不自觉，岂唯昔者，今犹是也。自先生殉节后，启超在报中读遗言，感涕至不可仰，深自懊恨并世有此人，而我乃不获一见。（后读兄著述而喜之，亦殊不知兄即先生之嗣；宰平相告，乃知之，故纳交之心益切。）岂知先生固尝辱教至四五，而我乃偃蹇自绝如此耶！《伏卵录》中相教之语虽不多，正如晦翁所谓一棒一条痕，一掴一掌血，其所以嘉惠启超者实至大。末数语，盖犹不以启超为不可教，终不忍绝之；先生德量益使我知勉矣！愿兄于春秋絜祀时，得间为我昭告，为言：启超没齿不敢忘先生之教，力求以先生之精神拯天下溺，斯即所以报先生也。遗书尚未全部精读，但此种俊伟坚卓的人格感化，吾敢信其片纸只字皆关世道。其效力即不见于今，亦必见于后。吾漱溟其益思所以继述而光大之，则先生固不死也！校事草创，课业颇忙。又正为亡妻莹葬，益卒卒日不暇给。草草敬复奉谢，不宣万一。启超再拜。十月一日。

（摘自《忆往谈旧录：梁漱溟回忆录》，中国文史出版社，2012年）

记梁任公先生的一次演讲 / 梁实秋

> 先生博闻强记，在笔写的讲稿之外，随时引证许多作品，大部分他都能背诵得出。有时候，他背诵到酣畅处，忽然记不起下文，他便用手指敲打他的秃头，敲几下之后，记忆力便又畅通，成本大套的背诵下去了。他敲头的时候，我们屏息以待，他记起来的时候，我们也跟着他欢喜。

梁任公先生晚年不谈政治，专心学术。大约在民国十年左右，清华学校请他作第一次的演讲，题目是《中国韵文里表现的情感》。我很幸运的有机会听到这一篇动人的演讲。那时候的青年学子，对梁任公先生怀着无限的景仰，倒不是因为他是戊戌政变的主角，也不是因为他是云南起义的策划者，实在是因为他的学术文章对于青年确有启迪领导的作用。过去也有不少显宦，以及叱咤风云的人物，莅校讲话。但是他们没有能留下深刻的印象。

任公先生的这一篇讲演稿，后来收在《饮冰室文集》里。他的讲演是预先写好的，整整齐齐的写在宽大的宣纸制的稿纸上面，他的书法很是秀丽，用浓墨写在宣纸上，十分美观。但是读他这篇文章和听他这篇讲演，那趣味相差很多，犹之乎读剧本与看戏之迥乎不同。

我记得清清楚楚，在一个风和日丽的下午，高等科楼上大教堂里坐满了听众，随后走进了一位短小精悍秃头顶宽下巴的人物，穿着肥大的长袍，步履稳健，风神潇洒，左右顾盼，光芒四射，这就是梁任公先生。

他走上讲台，打开他的讲稿，眼光向下面一扫，然后是他的极简短的开场白，一共只有两句，头一句是："启超没有什么学问——，"眼睛向上一翻，轻轻点一下头："可是也有一点喽！"这样谦逊同时又这样自负的话是很难得听到的。他的广东官话是很够标准的，距离国语甚远，但是他的声音沉着而有力，有时又是宏亮而激亢，所以我们还是能听懂他的每一字，我们甚至想如果他说标准国语其效果可能反要差一些。

我记得他开头讲一首古诗，箜篌引：

> 公无渡河。
> 公竟渡河！
> 渡河而死，
> 其奈公何！

这四句十六字，经他一朗诵，再经他一解释，活画出一出悲剧，其中有起承转合，有情节，有背景，有人物，有情感。我在听先生这篇讲演后约二十余年，偶然获得机缘在茅津渡候船渡河。但见黄沙弥漫，黄流滚滚，景象苍茫，不禁哀从衷来，顿时忆起先生讲的这首古诗。

先生博闻强记，在笔写的讲稿之外，随时引证许多作品，大部分他都能背诵得出。有时候，他背诵到酣畅处，忽然记不起下文，他便用手指敲打他的秃头，敲几下之后，记忆力便又畅通，成本大套的背诵下去了。他敲头的时候，我们屏息以待，他记起来的时候，我们也跟着他欢喜。

　　先生的讲演，到紧张处，便成为表演。他真是手之舞足之蹈之，有时掩面，有时顿足，有时狂笑，有时太息。听他讲到他最喜爱的《桃花扇》，讲到"高皇帝，在九天，不管……"那一段，他悲从衷来，竟痛哭流涕而不能自已。他掏出手巾拭泪，听讲的人不知有几多也泪下沾巾了！又听他讲杜氏讲到"剑外忽传收蓟北，初闻涕泪满衣裳……"，先生又真是于涕泗交流之中张口大笑了。

　　这一篇讲演分三次讲完，每次讲过，先生大汗淋漓，状极愉快。听过这讲演的人，除了当时所受的感动之外，不少人从此对于中国文学发生了强烈的爱好。先生尝自谓"笔锋常带情感"，其实先生在言谈讲演之中所带的情感不知要更强烈多少倍！

　　有学问，有文采，有热心肠的学者，求之当世能有几人？于是我想起了从前的一段经历，笔而记之。

（摘自《追忆梁启超》生活·读书·新知三联书店，2009年）

胡适：身行万里半天下，眼高四海空无人

胡适（1891—1962），安徽徽州绩溪人。原名嗣穈，学名洪骍，字希疆，后改名胡适，字适之，笔名天风、藏晖等。现代著名学者、诗人、历史学家、文学家、哲学家。曾任中华民国驻美大使（1938—1942）、北京大学校长、台湾"中央研究院"院长等职。著有《白话文学史》、《胡适文存》、《尝试集》、《中国哲学史大纲》等。

站在胡适之先生墓前 / 季羡林

> 我同适之先生，虽然学术辈分不同、社会地位悬殊，想来接触
> 是不会太多的。但是，实际上却不然，我们见面的机会非常多。
> 他待人亲切和蔼，见什么人都是笑容满面，对教授是这样，对
> 职员是这样，对学生是这样，对工友也是这样，从来没见他摆
> 当时颇为流行的名人架子、教授架子。我作为一个年轻的后辈，
> 在他面前，决没有什么局促之感，经常如坐春风中。

我现在站在胡适之先生墓前。他虽已长眠地下，但是他那典型
的"我的朋友"式的笑容，仍宛然在目。可我最后一次见到这个笑容，
却已是五十年前的事了。

1948 年 12 月中旬，是北京大学建校五十周年的纪念日。此时，
解放军已经包围了北平城，然而城内人心并不惶惶。北大同仁和学
生也并不惶惶；而且，不但不惶惶，在人们的内心中，有的非常殷切，
有的还有点狐疑，都在期望着迎接解放军。适逢北大校庆大喜的日
子，许多教授都满面春风，聚集在沙滩子民堂中，举行庆典。记得

作为校长的适之先生，做了简短的讲话，满面含笑，只有喜庆的内容，没有愁苦的调子。正在这个时候，城外忽然响起了隆隆的炮声。大家相互开玩笑说："解放军给北大放礼炮哩！"简短的仪式完毕后，适之先生就辞别了大家，登上飞机，飞往南京去了。我忽然想到了李后主的几句词："最是仓皇辞庙日，教坊犹唱别离歌，垂泪对宫娥。"我想改写一下，描绘当时适之先生的情景："最是仓皇辞校日，城外礼炮声隆隆，含笑辞友朋。"我哪里知道，我们这一次会面竟是最后一次。如果我当时意识到这一点的话，我是含笑不起来的。

从此以后，我同适之先生便天各一方，分道扬镳，"世事两茫茫"了。听说，他离开北平后，曾从南京派来一架专机，点名接走几位老朋友，他亲自在南京机场恭候。飞机返回以后，机舱门开，他满怀希望地同老友会面。然而，除了一两位以外，所有他想接的人都没有走出机舱。据说——只是据说，他当时大哭一场，心中的滋味恐怕真是不足为外人道也。

适之先生在南京也没有能呆多久，"百万雄师过大江"以后，他也逃往台湾。后来又到美国去住了几年，并不得志，往日的辉煌犹如春梦一场，它不复存在。后来又回到台湾。最初也不为当局所礼重。往日"总统"候选人的迷梦，也只留下了一个话柄，日子过得并不顺心。后来，不知怎样一来，他被选为"中央研究院"的院长，算是得到了应有的礼遇，过了几年舒适称心的日子。适之先生毕竟是一书生，一直迷恋于《水经注》的研究，如醉如痴，此时又得以从容继续下去。他的晚年可以说是差强人意的。可惜仁者不寿，猝死于宴席之间。死后哀荣备至。"中央研究院"为他建立了纪念馆，包括他生前的居室在内，并建立了胡适陵园，遗骨埋葬在院内的陵园。今天我们参拜的就是这个规模宏伟极为壮观的陵园。

我现在站在适之先生墓前，鞠躬之后，悲从中来，心内思潮汹涌，如惊涛骇浪，眼泪自然流出。杜甫有诗："焉知二十载，重上君子堂。"我现在是"焉知五十载，躬亲扫陵墓。"此时，我的心情也是不足为外人道也。

我自己已经到望九之年，距离适之先生所呆的黄泉或者天堂乐园，只差几步之遥了。回忆自己八十多年的坎坷又顺利的一生，真如一部二十四史，不知从何处说起了。

积八十年之经验，我认为，一个人生在世间，如果想有所成就，必须具备三个条件：才能、勤奋、机遇。行行皆然，人人皆然，概莫能外。别的人先不说了，只谈我自己。关于才能一项，再自谦也不能说自己是白痴。但是，自己并不是什么天才，这一点自知之明，我还是有的。谈到勤奋，我自认还能差强人意，用不着有什么愧怍之感。但是，我把重点放在第三项上：机遇。如果我一生还能算得上有些微成就的话，主要是靠机遇。机遇的内涵是十分复杂的，我只谈其中恩师一项。韩愈说："古之学者必有师。师者所以传道、授业、解惑也。"根据老师这三项任务，老师对学生都是有恩的。然而，在我所知道的世界语言中，只有汉文把"恩"与"师"紧密地嵌在一起，成为一个不可分割的名词。这只能解释为中国人最懂得报师恩，为其他民族所望尘莫及。

我在学术研究方面的机遇，就是我一生碰到了六位对我有教导之恩或者知遇之恩的恩师。我不一定都听过他们的课，但是，只读他们的书也是一种教导。我在清华大学读书时，读过陈寅恪先生所有的已经发表的著作，旁听过他的"佛经翻译文学"，从而种下了研究梵文和巴利文的种子。在当了或滥竽了一年国文教员之后，由于一个天上掉下来的机遇，我到了德国哥廷根大学。正在我入学后的第二个学期，瓦尔德施密特先生（Waldschmidt）调到哥廷根大学任印度学的讲座教授。当我在教务处前看到他开基础梵文的通告时，我喜极欲狂。"踏破铁鞋无觅处，得来全不费工夫。"难道这不是天赐的机遇吗？最初两个学期，选修梵文的只有我一个外国学生。然而教授仍然照教不误，而且备课充分，讲解细致。威仪俨然，一丝不苟。几乎是我一个学生垄断课堂，受益之大，自可想见。二战爆发，瓦尔德施密特先生被征从军。已经退休的原印度讲座教授西克，虽已年逾八旬，毅然又走上讲台，教的依然是我一个中国学生。西克先生不久就告诉我，他要把自己平生的绝招全传授给我，包括《梨俱吠陀》、《大疏》、《十王子传》，还有他费了二十年的时间才解读了的吐火罗文，在吐火罗文研究领域中，他是世界最高权威。我并非天才，六七种外语早已塞满了我那渺小的脑袋瓜，我并不想再塞进吐火罗文。然而像我的祖父一般的西克先生，告诉我的是他的决定，一点征求意见的意思都没有。我唯一能走的道路就是：敬谨遵命。现在回忆起来，冬天大雪之后，在研究所上过课，天已近黄昏，积雪白皑皑地拥满十里长街。雪厚路滑，天空阴暗，地闪雪光，路上阒静无人，我搀扶着老爷子，一步高，一步低，送他到家。我没有见过自己的祖父，现在我真觉得，我身边的老人就是我的祖父。他为了学术，不惜衰朽残年，不顾自己的健康，想把衣钵传给我这个异国青年。此时我心中思绪翻腾，感激与温暖并在，担心与爱怜奔涌。我真不知道是置身何地了。

　　二战期间，我被困德国，一呆就是十年。二战结束后，听说寅恪先生正在英国就医。我连忙给他写了一封致敬信，并附上发表在哥廷根科学院集刊上用德文写成的论文，向他汇报我十年学习的成绩。很快就收到了他的回信，问我愿不愿意到北大去任教。北大为全国最高学府，名扬全球；但是，门坎一向极高，等闲难得进人。现在竟有一个天赐的机遇落到我头上来，我焉有不愿意之理！我立即回信同意。寅恪先生把我推荐给了当时北大校长胡适之先生，代理校长傅斯年先生，文学院长汤用彤先生。寅恪先生在学术界有极高的声望，一言九鼎。北大三位领导立即接受。于是我这个三十多岁的毛头小伙子，在国内学术界尚无藉藉名，公然堂而皇之地走进了北大的大门。唐代中了进士，就"春风得意马蹄疾，一日看遍长安花"。我虽然没有一日看遍北平花，但是，身为北大正教授兼东方语言文学系系主任，心中有点洋洋自得之感，不也是人之常情吗？

在此后的三年内，我在适之先生和锡予（汤用彤）先生领导下学习和工作，度过了一段毕生难忘的岁月。我同适之先生，虽然学术辈分不同，社会地位悬殊，想来接触是不会太多的。但是，实际上却不然，我们见面的机会非常多。他那一间在孑民堂前东屋里的狭窄简陋的校长办公室，我几乎是常客。作为系主任，我要向校长请示汇报工作，他主编报纸上的一个学术副刊，我又是撰稿者，所以免不了也常谈学术问题，最难能可贵的是他待人亲切和蔼，见什么人都是笑容满面，对教授是这样，对职员是这样，对学生是这样，对工友也是这样。从来没见他摆当时颇为流行的名人架子、教授架子。此外，在教授会上，在北大文科研究所的导师会上，在北京图书馆的评议会上，我们也时常有见面的机会。我作为一个年轻的后辈，在他面前，决没有什么局促之感，经常如坐春风中。

适之先生是非常懂得幽默的，他决不老气横秋，而是活泼有趣。有一件小事，我至今难忘。有一次召开教授会，杨振声先生新收得了一幅名贵的古画，为了想让大家共同欣赏，他把画带到了会上，打开铺在一张极大的桌子上，大家都啧啧称赞。这时适之先生忽然站了起来，走到桌前，把画卷了起来，作纳入袖中状，引得满堂大笑，喜气洋洋。

这时候，印度总理尼赫鲁派印度著名学者师觉月博士来北大任访问教授，还派来了十几位印度男女学生来北大留学，这也算是中印两国间的一件大事。适之先生委托我照管印度老少学者。他多次会见他们，并设宴为他们接风。师觉月作第一次演讲时，适之先生亲自出席，并用英文致欢迎词，讲中印历史上的友好关系，介绍师觉月的学术成就，可见他对此事之重视。

适之先生在美国留学时，忙于对西方，特别是对美国哲学与文化的学习，忙于钻研中国古代先秦的典籍，对印度文化以及佛教还没有进行过系统深入的研究。据说后来由于想写完《中国哲学史》，为了弥补自己的不足，开始认真研究中国佛教禅宗以及中印文化关系。我自己在德国留学时，忙于同梵文、巴利文、吐火罗文以及佛典拼命，没有余裕来从事中印文化关系史的研究。回国以后，迫于没有书籍资料，在不得已的情况下，开始注意中印文化交流史的研究。在解放前的三年中，只写过两篇比较像样的学术论文：一篇是《浮屠与佛》，一篇是《列子与佛典》。第一篇讲的问题正是适之先生同陈援庵先生争吵到面红耳赤的问题。我根据吐火罗文解决了这个问题。两老我都不敢得罪，只采取了一个骑墙的态度。我想，适之先生不会不读到这一篇论文的。我只到清华园读给我的老师陈寅恪先生听。蒙他首肯，介绍给地位极高的《中央研究院史语所集刊》发表。第二篇文章，写成后我拿给了适之先生看，第二天他就给我写了一封信，信中说："《生经》一证，确凿之至！"可见他是连夜看完的。他承认了我的结论，对我无疑是一个极大的鼓舞。这一次，我来到台湾，前几天，在大会上听到主席李亦园院士的讲话，中间他讲到，适之先生晚年任"中央研究院"院长时，在下午饮茶的时候，他经常同年轻的研究人员坐在一起聊天。有一次，他说：做学问应该像北京大学的季羡林那样。我乍听之下，百感交集。适之先生这样说一定同上面两篇文章有关，也可能同我们分手后十几年中我写的一些文章有关。这说明，适之先生一直到晚年还关注着我的学术研究。知己之感，油然而生。在这样的情况下，我还可能有其他任何的感想吗？

在政治方面，众所周知，适之先生是不赞成共产主义的。但是，我们不应忘记，他同样也反对三民主义。我认为，在他的心目中，世界上最好的政治就是美国政治，世界上最民主的国家就是美国。这同他的个人经历和哲学信念有关。他们实验主义者不主张什么"终极真理"。而世界上所有的"主义"都与"终极真理"相似，因此他反对。他同共产党并没有任何深仇大恨。他自己说，他一辈子没有写过批判共产主义的文章，而反对国民党的文章则是写过的。我可以讲两件我亲眼看到的小事。解放前夕，北平学生动不动就示威游行，比如"沈崇事件"、反饥饿反迫害等等，背后都有中共地下党在指挥发动，这一点是人所共知的，适之先生焉能不知！但是，每次北平国民党的宪兵和警察逮捕了学生，他都乘坐他那辆当时北平还极少见的汽车，奔走于各大衙门之间，逼迫国民党当局非释放学生不可。他还亲笔给南京驻北平的要人写信，为了同样的目的。据说这些信至今犹存。我个人觉得，这已经不能算是小事了。另外一件事是，有一天我到校长办公室去见适之先生，一个学生走进来对他说：昨夜延安广播电台曾对他专线广播，希望他不要走，北平解放后，将任命他为北大校长兼北京图书馆的馆长。他听了以后，含笑对那个学生说："人家信任我吗？"谈话到此为止。这个学生的身份他不能不明白。但他不但没有拍案而起，怒发冲冠，态度依然亲切和蔼。小中见大，这些小事都是能够发人深思的。

适之先生以青年暴得大名，誉满士林。我觉得，他一生处在一个矛盾中，一个怪圈中：一方面是学术研究，一方面是政治活动和社会活动。他一生忙忙碌碌，倥偬奔波，作为一个"过河卒子"，勇往直前。我不知道，他自己是否意识到身陷怪圈。当局者迷，旁观者清，我认为，这个怪圈确实存在，而且十分严重。那么，我对这个问题有什么看法呢？我觉得，不管适之先生自己如何定位，他一生毕竟是一个书生，说不好听一点，就是一个书呆子。也举一件小事。有一次，在北京图书馆开评议会，会议开始时，适之先生匆匆赶到，首先声明，还有一个重要会议，他要早退席，会议开着开着就走了题，有人忽然谈到《水经注》。一听到《水经注》，适之先生立即精神抖擞，眉飞色舞，口若悬河。一直到散会，他也没有退席，而且兴致极高，大有挑灯夜战之势。从这样一个小例子中不也可以小中见大吗？

我在上面谈到了适之先生的许多德行，现在笼统称之为"优点"。我认为，其中最令我钦佩，最使我感动的却是他毕生奖掖后进。"平生不解掩人善，到处逢人说项斯。"他正是这样一个人。这样的例子是举不胜举的。中国是一个很奇怪的国家，一方面有我上面讲到的只此一家的"恩师"；另一方面却又有老虎拜猫为师学艺，猫留下了爬树一招没教给老虎，幸免为徒弟吃掉的民间故事。二者显然是有点矛盾的。适之先生对青年人一向鼓励提挈。四十年代，他在美国哈佛大学遇到当时还是青年的学者周一良和杨联升等，对他们的天才和成就大为赞赏。后来周一良回到中国，倾向进步，参加革命，其结果是众所周知的。杨联升留在美国，在二三十年的长时间内，同适之先生通信论学，互相唱和。在学术成就上也是硕果累累，名扬海外。

我同适之先生在子民堂庆祝会上分别，从此云天渺茫，天各一方，再没有能见面，也没有能互通音信。我现在谈一谈我的情况和大陆方面的情况。我同绝大多数的中老年知识分子和教师一样，怀着绝对虔诚的心情，向往光明，向往进步。觉得自己真正站起来了，大有飘飘然羽化而登仙之感，有点忘乎所以了。我从一个最初喊什么人万岁都有点忸怩的低级水平，一踏上"革命"之路，便步步登高，飞驰前进；再加上天纵睿智，虔诚无垠，全心全意，投入造神运动中。常言道："众人拾柴火焰高。"大家群策群力，造出了神，又自己膜拜，完全自觉自愿，决无半点勉强。对自己则认真进行思想改造。原来以为自己这个知识分子，虽有缺点，并无罪恶；但是，经不住社会上根红苗壮阶层的人士天天时时在你耳边聒噪："你们知识分子身躯脏，思想臭！"西方人说："谎言说上一千遍就成为真理。"此话就应在我们身上，积久而成为一种"原罪"感，怎样改造也没有用，只有心甘情愿地居于"老九"的地位，改造，改造，再改造，直改造得懵懵懂懂，"两涘渚崖之间，不辨牛马"。然而涅槃难望，苦海无边，而自己却仍然是膜拜不息。通过无数次的运动一直到十年浩劫自己被关进牛棚被打得一佛出世二佛升天，皮开肉绽，仍然不停地膜拜，其精诚之心真可以惊天地泣鬼神了。改革开放以后，自己脑袋里才裂开了一点缝，"觉今是而昨非"，然而自己已快到耄耋之年，垂垂老矣，离开鲁迅在《过客》一文讲到的长满了百合花的地方不太远了。

至于适之先生，他离开北大后的情况，我在上面已稍有所涉及；总起来说，我是不十分清楚的，也是我无法清楚的。到了一九五四年，从批判俞平伯先生的《红楼梦研究》的资产阶级唯心论起，批判之火终于烧到了适之先生身上。这是一场缺席批判。适之远在重洋之外，坐山观虎斗。即使被斗的是他自己，反正伤不了他一根毫毛，他乐得怡然观战。他的名字仿佛已经成一个稻草人，浑身是箭，一个不折不扣的"箭垛"，大陆上众家豪杰，个个义形于色，争先恐后，万箭齐发，适之先生兀自巍然不动。我幻想，这一定是一个非常难得的景观。在浪费了许多纸张和笔墨、时间和精力之余，终成为"竹篮打水一场空",乱哄哄一场闹剧。

适之先生于一九六二年猝然逝世,享年已经过了古稀,在中国历代学术史上,这已可以算是高龄了,但以今天的标准来衡量,似乎还应该活得更长一点。中国古称"仁者寿",但适之先生只能说是"仁者不寿"。当时在大陆上"左"风犹狂,一般人大概认为胡适已经是被打倒在地的人,身上被踏上了一千只脚,永世不得翻身了。这样一个人的死去,有何值得大惊小怪!所以报纸杂志上没有一点反应。我自己当然是被蒙在鼓里,毫无所知。十几二十年以后,我脑袋里开始透进点光的时候,我越想越不是滋味,曾写了一篇短文:《为胡适说几句话》,我连"先生"二字都没有勇气加上,可是还有人劝我以不发表为宜。文章终于发表了,反应还差强人意,至少没有人来追查我,我心里一块石头落了地。最近几年来,改革开放之风吹绿了中华大地,知识分子的心态有了明显的转变,身上的枷锁除掉了,原罪之感也消逝了。被泼在身上的污泥浊水逐渐清除了,再也用不着天天夹着尾巴过日子了。这种思想感情上的解放,大大地提高了他们的积极性,愿意为祖国的繁荣富强贡献自己的力量。出版界也奋起直追,出版了几部《胡适文集》。安徽教育出版社雄心最强,准备出版一部超过两千万字的《胡适全集》。我可是万万没有想到,主编这一非常重要的职位,出版社竟垂青于我。我本不是胡适研究专家,我诚惶诚恐,力辞不敢应允。但是出版社却说,现在北大曾经同适之先生共过事而过从又比较频繁的人,只剩下我一个人了。铁证如山,我只能"仰"(不是"俯")允了。我也想以此报知遇之恩于万一。我写了一篇长达一万七千字的总序,副标题是:还胡适以本来面目。意思不过是想拨乱反正,以正视听而已。前不久,又有人邀我在《学林往事》中写一篇关于适之先生的文章,理由同前,我也应允而且从台湾回来后抱病写完。这一篇文章的副标题是：毕竟一书生。原因是，前一个副标题说得太满，我哪里有能力还适之先生以本来面目呢？后一个副标题是说我对适之先生的看法，是比较实事求是的。

我在上面谈了一些琐事和非琐事，俱往矣，只留下了一些可贵的记忆。我可真是万万没有想到，到了望九之年，居然还能来到宝岛，这是以前连想都没敢想的事。到了台北以后，才发现，五十年前在北平结识的老朋友，比如梁实秋、袁同礼、傅斯年、毛子水、姚从吾等等，全已作古。我真是"访旧全为鬼，惊呼热衷肠"了。天地之悠悠是自然规律，是人力所无法抗御的。

我现在站在适之先生墓前，心中浮想联翩，上下五十年，纵横数千里，往事如云如烟，又历历如在目前。中国古代有俞伯牙在钟子期墓前摔琴的故事，又有许多在至友墓前焚稿的故事。按照这个旧理，我应当把我那新出齐了的《文集》搬到适之先生墓前焚掉，算是向他汇报我毕生科学研究的成果。但是，我此时虽思绪混乱，但神志还是清楚的，我没有这样做。我环顾陵园，只见石阶整洁，盘旋而上，陵墓极雄伟，上覆巨石，墓志铭为毛子水亲笔书写，墓后石墙上嵌有"德艺双隆"四个大字，连同墓志铭，都金光闪闪，炫人双目。我站在那里，蓦抬头，适之先生那有魅力的典型的"我的朋友"式的笑容，突然显现在眼前，五十年依稀缩为一刹那，历史仿佛没有移动。但是，一定神儿，忽然想到自己的年龄，历史毕竟是动了。可我一点也没有颓唐之感。我现在大有"老骥伏枥，志在千里"之感。我相信，有朝一日，我还会有机会，重来宝岛，再一次站在适之先生的墓前。

一九九九年五月二日写毕

102

后记：

文章写完了。但是对开头处所写的一九四八年十二月在子民堂庆祝建校五十周年一事，脑袋里终究还有点疑惑。我对自己的记忆能力是颇有一点自信的，但是说它是"铁证如山"，我还没有这个胆量。怎么办呢？查书。我的日记在"文革"中被抄家时丢了几本，无巧不成书，丢的日记中正巧有一九四八年的。于是又托高鸿查胡适日记，没能查到。但是，从当时报纸上的记载中得知胡适于十二月十五日已离开北平，到了南京，并于十七日在南京举行北大校庆五十周年庆祝典礼，发言时"泣不成声"云云。可见我的回忆是错了。又一个"怎么办呢？"一是改写，二是保留不变。经过考虑，我采用了后者。原因何在呢？我认为，已经发生过的事情是一个现实，我脑筋里的回忆也是一个现实，一个存在形式不同的现实。既然我有这样一段回忆，必然是因为我认为，如果适之先生当时在北平，一定会有我回忆的那种情况，因此我才决定保留原文，不加更动。但那毕竟不是事实，所以写了这一段"后记"，以正视听。

一九九九年五月十四日

（摘自《季羡林谈师友》，当代中国出版社，2006 年）

作者简介

季羡林（1911—2009），山东省聊城市临清人，东方学大师、语言学家、文学家、国学家、佛学家、史学家、教育家和社会活动家。早年留学国外，通英、德、梵、巴利文，能阅俄、法文，尤精于吐火罗文，其著作汇编成《季羡林文集》。

胡适先生二三事 / 梁实秋

> 胡先生最爱写的对联是"大胆的假设，小心的求证；认真的作事，严肃的作人。"我常惋惜，大家都注意上联，而不注意下联。这一联有如双翼，上联教人求学，下联教人作人，我不知道胡先生这一联发生了多少效果。

胡先生是安徽徽州绩溪县人，对于他的乡土念念不忘，他常告诉我们他的家乡的情形。徽州是个闭塞的地方。四面皆山，地瘠民贫，山地多种茶，每逢收茶季节茶商经由水路从金华到杭州到上海求售，所以上海的徽州人特多，号称徽帮，其势力一度不在宁帮之下。四马路一带就有好几家徽州馆子。民国十七八年间，有一天，胡先生特别高兴，请努生、光旦和我到一家徽州馆吃午饭。上海的徽州馆相当守旧，已经不能和新兴的广东馆四川馆相比，但是胡先生要我们去尝尝他的家乡风味。

我们一进门，老板一眼望到胡先生，便从柜台后面站起来笑脸相迎，满口的徽州话，我们一点也听不懂。等我们扶着栏杆上楼的时候，老板对着后面厨房大吼一声。我们落座之后，胡先生问我们是否听懂了方才那一声大吼的意义。我们当然不懂，胡先生说："他是在喊：'绩溪老倌，多加油啊！'"原来绩溪是个穷地方，难得吃油大，多加油即是特别优待老乡之意。果然，那一餐的油不在少。有两个菜给我的印象特别深，一个是划水鱼，即红烧青鱼尾，鲜嫩无比，一个是生炒蝴蝶面，即什锦炒生面片，非常别致。缺点是味太咸，油太大。

徽州人聚族而居，胡先生常夸说，姓胡的、姓汪的、姓程的、姓吴的、姓叶的，大概都是徽州，或是源出于徽州。他问过汪精卫、叶恭绰，都承认他们祖上是在徽州。努生调侃地说："胡先生，如果再扩大研究下去，我们可以说中华民族起源于徽州了。"相与拊掌大笑。

吾妻季淑是绩溪程氏，我在胡先生座中如遇有徽州客人，胡先生必定这样的介绍我："这是梁某某，我们绩溪的女婿，半个徽州人。"他的记忆力特别好，他不会忘记提起我的岳家早年在北京开设的程五峰斋，那是一家在北京与胡开文齐名的笔墨店。

胡先生酒量不大，但很喜欢喝酒。有一次他的朋友结婚，请他证婚，这是他最喜欢做的事，筵席只预备了两桌，礼毕入席，每桌备酒一壶，不到一巡而壶罄。胡先生大呼添酒，侍者表示为难。主人连忙解释，说新娘是 Temperance League（节酒会）的会员。胡先生从怀里掏出现洋一元交付侍者，他说："不干新郎新娘的事，这是我们几个朋友今天高兴，要再喝几杯。赶快拿酒来。"主人无可奈何，只好添酒。

事实上胡先生从不闹酒。二十年春，胡先生由沪赴平，道出青岛，我们请他到青岛大学演讲，他下榻万国疗养院。讲题是《山东在中国文化里的地位》，就地取材，实在高明之至，对于齐鲁文化的变迁，儒道思想的递嬗，讲得头头是道，亹亹不倦，听众无不欢喜。当晚青大设宴，有酒如渑，胡先生赶快从袋里摸出一只大金指环给大家传观，上面刻着"戒酒"二字，是胡太太送给他的。

胡先生交游广，应酬多，几乎天天有人邀饮，家里可以无需开伙。徐志摩风趣的说："我最羡慕我们胡大哥的肠胃，天天酬酢，肠胃居然吃得消！"其实胡先生并不欣赏这交际性的宴会，只是无法拒绝而已。二十年六月二十一日胡先生写信给我，劝我离开青岛到北大教书，他说："你来了，我陪你喝十碗好酒！"

胡先生住上海极司菲尔路的时候，有一回请《新月》一些朋友到他家里吃饭，菜是胡太太亲自做的——徽州著名的"一品锅"。一只大铁锅，口径差不多有二尺，热腾腾的端了上桌，里面还在滚沸，一层鸡，一层鸭，一层肉，点缀着一些蛋反饺，紧底下是罗卜白菜。胡先生详细介绍这一品锅，告诉我们这是徽州人家待客的上品，酒菜、饭菜、汤，都在其中矣。对于胡太太的烹调的本领，他是赞不绝口的。他认为另有一样食品也是非胡太太不办的，那就是蛋炒饭——饭里看不见蛋而蛋味十足，我虽没有品尝过，可是我早就知道其作法是把饭放在搅好的蛋里拌匀后再下锅炒。

胡先生不以书法名，但是求他写字的人太多，他也喜欢写。他作中国公学校长的时候，每星期到吴淞三两次，我每次遇见他都是看到他被学生们里三层外三层的密密围绕着。学生要他写字，学生需要自己备纸和研好的墨。他未到校之前，桌上已按次序排好一卷一卷的宣纸，一盘一盘的墨汁。他进屋之后就伸胳膊挽袖子，挥毫落纸如云烟，还要一面和人寒暄，大有手挥五弦目送飞鸿之势。胡先生的字如其人，清癯消瘦，而且相当工正，从来不肯作行草，一横一捺都拖得很细很长，好象是伸胳膊伸腿的样子。不象瘦金体，没有那一份劲逸之气，可是不俗。胡先生说起蔡孑民先生的字，也是瘦骨嶙峋，和一般人点翰林时所写的以黑大圆光著名的墨卷迥异其趣，胡先生曾问过他，以他那样的字何以能点翰林，蔡先生答说："也许是因为当时最流行的是黄山谷的字体罢！"

胡先生最爱写的对联是"大胆的假设，小心的求证；认真的作事，严肃的作人。"我常惋惜，大家都注意上联，而不注意下联。这一联有如双翼，上联教人求学，下联教人作人，我不知道胡先生这一联发生了多少效果。这一联教训的意味很浓，胡先生自己亦不讳言他喜欢用教训的口吻。他常说："说话而教人相信，必须斩钉截铁，咬牙切齿，翻来复去的说。《圣经》里便是时常使用 Verily, Verily 以及 Thou shalt……等等的字样。"胡先生说话并不武断，但是语气永远是非常非常坚定的。

赵瓯北的一首诗，"李杜诗篇万口传，至今已觉不新鲜。江山代有才人出，各领风骚数百年"，也是胡先生所爱写的，显然是因为这首诗的见解颇合于提倡新文学者的口味。

胡先生到台湾后，有一天我请他到师大讲演，讲的是《中国文学的演变》，以六十八高龄的人犹能谈上两个钟头而无倦色。在休息的时间，《中国语文》月刊请他题字，他题了三十多年前的旧句："山风吹散了窗纸上的松影，吹不散我心头的人影"。

胡先生毕生服膺科学，但是他对于中医问题的看法并不趋于极端，和傅斯年先生一遇到孔庚先生便脸红脖子粗的情形大不相同。（傅斯年先生反对中医，有一次和提倡中医的孔庚先生在国民参政会席上相对大骂几乎要挥老拳。）胡先生笃信西医，但也接受过中医治疗。

十四年二月孙中山先生病危，从医院迁出，住进行馆，改试中医，由适之先生偕名医陆仲安诊视。这一段经过是大家知道的。陆仲安初无藉藉名，徽州人，一度落魄，住在绩溪会馆所以才认识胡先生，偶然为胡先生看病，竟奏奇效，故胡先生为他揄扬，名医之名不胫而走。事实上陆先生亦有其不平凡处，盛名固非幸致。十五六年之际，我家里有人患病即常延陆来诊。陆先生诊病，无模棱两可语，而且处方下药分量之重令人惊异。药必须要到同仁堂去抓，否则不悦。每服药必定是大大的一包，小一点的药锅便放不进去。贵重的药更要大量使用。他的理论是：看准了病便要投以重剂猛攻。后来在上海有一次胡先生请吃花酒，我发现陆先生亦为席上客，那时候他已是大腹便便、仆仆京沪道上专为要人治病的名医了。

胡先生左手背上有一肉瘤隆起，医师劝他割除，他就在北平协和医院接受手术，他告诉我医师们动手术的时候，动用一切应有的设备，郑重其事的为他解除这一小患，那份慎重将事的态度使他感动。又有一次乘船到美国去开会，医师劝他先割掉盲肠再作海上旅行，以免途中万一遭遇病发而难以处治，他欣然接受了外科手术。

我没看见过胡先生请教中医或服中药，可是也不曾听他说过反对中医中药的话。

胡先生从来不在人背后说人的坏话，而且也不喜欢听人在他面前说别人的坏话。有一次他听了许多不相干的闲话之后喟然而叹曰："来说是非者，便是是非人！"相反的，人有一善，胡先生辄津津乐道，真是口角春风。徐志摩给我的一封信里有"胡圣潘仙"一语，是因为胡先生向有"圣人"之称，潘光旦只有一条腿可跻身八仙之列，并不完全是戏谑。

但是誉之所至，谤亦随之。胡先生到台湾来，不久就出现了《胡适与国运》匿名小册，（后来匿名者显露了真姓名）胡先生夷然处之，不予理会。胡先生兴奋的说，大陆上印出了三百万字清算胡适思想，言外之意《胡适与国运》太不成比例了。胡先生返台定居，本来是落叶归根非常明智之举，但也不是没有顾虑。首先台湾气候并不适宜。一九五七年十一月廿五日给陈之藩先生的信就说，"请胸部大夫检查两次X光照片都显示肺部有弱点（旧的、新的）。此君很不赞成我到台湾的'潮冷'又'潮热'的气候去久住。"但是一九五六年十一月十八日给赵元任夫妇的信早就说过："我现在的计划是要在台中或台北……为久居之计，不管别人欢迎不欢迎，讨厌不讨厌，我在台湾是要住下去的。（我也知道一定有人不欢迎我长住下去。）"可见胡先生决意来台定居，医生的意见也不能左右他，不欢迎他的人只好写写《胡适与国运》罢了。

　　一九六〇年七月十日胡先生在西雅图举行"中美文化合作会议"发表的一篇讲演，是很重要的文献，原文是英文的，同年七月廿一、廿二、廿三，台湾的《中央日报》有中文译稿。在这篇讲演里胡先生历述中国文化之演进的大纲，结论是"我相信人道主义及理性主义的中国传统，并未被毁灭，且在所有情形下不能被毁灭！"大声疾呼，为中国文化传统作狮子吼，在座的中美听众一致起立欢呼鼓掌，久久不停，情况是非常动人。事后有一位美国学者称道这篇演讲具有"邱吉尔作风"。我觉得像这样的言论才算得是宏扬中国文化。当晚，在旅舍中胡先生取出一封复印信给我看，是当地主人华盛顿大学校长欧地嘉德先生特意复印给胡先生看的。这封信是英文的，是中国人写的英文，起草的人是谁不问可知，是写给欧地嘉德的，具名连署的人不下十余人之多，其中有"委员"、有"教授"，有男有女。信的主旨大概是说：胡适是中国文化的叛徒，不能代表中国文化，此番出席会议未经合法推选程序，不能具有代表资格，特予郑重否认云云。我看过之后交还了胡先生，问他怎样处理，胡先生微笑着说："不要理他！"我不禁想起《胡适与国运》。

胡先生在师大讲演中国文学的变迁，弹的还是他的老调。我给他录了音，音带藏师大文学院英语系。他在讲词中提到律诗及平剧，斥为"下流"。听众中喜爱律诗及平剧的人士大为惊愕，当时面面相觑，事后议论纷纷。我告诉他们这是胡先生数十年一贯的看法，可惊的是他几十年后一点也没有改变。中国律诗的艺术之美，平剧的韵味，都与胡先生始终无缘。八股、小脚、鸦片，是胡先生所最深恶痛绝的，我们可以理解，律诗与平剧似乎应该属于另一范畴。

　　胡先生对于禅宗的历史下过很多功夫，颇有心得，但是对于禅宗本身那一套奥义并无好感。有一次朋友宴会饭后要大家题字，我偶然的写了"无门关"的一偈，胡先生看了很吃一惊，因此谈起禅宗，我提到日本铃木大拙所写的几部书，胡先生正色说："那是骗人的，你不可信他。"

　　　　（摘自《回忆胡适》，社会科学文献出版社，2000 年）

略谈胡适之 / 梁漱溟

> 胡适先生功劳很大，提倡语体文，促进新文化运动，这是他的功劳。他的才能是擅长写文章，讲演浅而明，对社会很有启发性。他的缺陷是不能深入；他写的《中国哲学史大纲》只有卷上，卷下就写不出来。因为他对佛教找不见门径，对佛教的禅宗就更无法动笔，只得做一些考证；他想从佛法上研究，但著名的六祖慧能不识字，在寺里砍柴、舂米，是个卖力气的人，禅宗不立语言文字，胡先生对此就无办法。

一九一七年，我与胡适前后相差两个月到北京大学。那年胡适二十六岁，我二十五岁，他长我一岁。当时他正是才华最盛的时候。他最早开始用白话文写文章，提出《文学改良刍议》八项主张，倡议用语体文，这是开放性的。从前一讲学问，写文章，都用文言文，他打破了这一点，这是他的功劳。当时很多人表示反对，其中有两个知名人物，一个是林琴南，再一个是章士钊。但不久，使用白话文的人还是越来越多了。蔡元培先生在北大的办学方针是开放的，不受任何拘束，一般都称赞他执行的兼容并包办学方针，这个人态度好，能够广罗人才，我就是被他"兼容并包"的一个人。我进北大讲的是冷门，没有人讲，我讲的是印度哲学。印度是东方古老文明国，佛教在印度是后起的一个教派，但它在印度的消失也很早。中国有名的玄奘法师虽然赶上，但已是接近尾声。佛教传到中国来，玄奘起了很积极的作用，他一生艰苦卓绝。我很喜欢钻研佛教，也算是玄奘这一派。

刚才我讲了，胡适先生功劳很大，提倡语体文，促进新文化运动，这是他的功劳。他的才能是擅长写文章，讲演浅而明，对社会很有启发性。他的缺陷是不能深入；他写的《中国哲学史大纲》只有卷上，卷下就写不出来。因为他对佛教找不见门径，对佛教的禅宗就更无法动笔，只得做一些考证；他想从佛法上研究，但著名的六祖慧能不识字，在寺里砍柴、舂米，是个卖力气的人，禅宗不立语言文字，胡先生对此就无办法。

胡适喜欢谈墨子，梁启超同样也喜欢谈。墨子很了不起，他的书有《经上》、《经下》，墨子书保存有古代科学内容，许多是自然科学。人们开始不懂，后来才慢慢明白他说的是甚么。墨子的书传下来却是放在道藏中。《韩非子》的《显学篇》讲到，儒分为八，墨分为三，后来大都失传了。儒家传下来的只是《荀子》和《孟子》。

胡适为人有个弱点，就是怕共产党。五四时期，北大出现陈独秀、李大钊，还有顾孟馀等人，他们都讲社会主义学说，有好几派，有人讲英国的基尔特主义，有人讲法国的工团主义。学生中的思想也有很多派，有很多出名人物，如傅斯年、许德珩等等。毛泽东那时也在北大，他是旁听生。傅斯年创办的刊物是《新潮》，还有个刊物是《国故》。"国故派"里就有名教授黄侃。北大还有"三沈"

（沈兼士、沈尹默、沈士远），"二马"（马叙伦、马裕藻），"二周"（周树人、周作人）等等。当时人才济济，因为蔡先生爱才，奖励后进。我现在已是九十四岁，离那时很远了，但是对当时经常讲的那几个字——兼容并包，至今记忆犹新。

一九八七年四月十二日

（摘自《忆往谈旧录：梁漱溟回忆录》，中国文史出版社，2012年）

我不大懂胡适 / 金岳霖

> 哲学中本来是有世界观和人生观的。我回想起来胡适是有人生观，可是，没有什么世界观的。看来对于宇宙，时空，无极，太极这样一些问题，他根本不去想；看来他头脑里也没有本体论和认识论或知识论方面的问题。他的哲学仅仅是人生哲学。

　　我认识的人不多，当中有些还是应该研究研究。胡适就是其中之一。我不大懂他。我想，他总是一个有很多中国历史知识的人，不然的话，他不可能在那时候的北大教中国哲学史。顾颉刚和傅斯年这样的学生，都是不大容易应付的。

　　这位先生我确实不懂。我认识他很早的时候，有一天他来找我，具体的事忘了。我们谈到 necessary 时，他说："根本就没有什么必需的或必然的事要做。"我说："这才怪，有事实上的必然，有心理上的必然，有理论上的必然……"我确实认为他一定有毛病。他是搞哲学的呀！

还有一次，是在我写了那篇《论手术论》之后。谈到我的文章，他说他不懂抽象的东西。这也是怪事。他是哲学史教授呀！

哲学中本来是有世界观和人生观的。我回想起来胡适是有人生观，可是，没有什么世界观的。看来对于宇宙，时空，无极，太极……这样一些问题，他根本不去想；看来他头脑里也没有本体论和认识论或知识论方面的问题。他的哲学仅仅是人生哲学。对这个哲学的评价不是我的回忆问题。

按照我的记忆，胡绳同志告诉我说，他和毛主席曾谈到世界观和人生观的问题。毛主席说对资产阶级，这二者是有分别的。对无产阶级，情况不同。无产阶级从自在的阶级转变为自为的阶级以后，世界观就是它的人生观，它没有独立于革命的世界观的人生观了。这是很重要的指导思想，现在也仍然是。

一九四四年，赵元任，杨步伟，饶树人同我都在纽约胡适家里，讨论胡适到哈佛大学去讲学的事。赵主张胡租住一所有设备并可找临时厨师的房子，为期三个月。胡适说三个月不到。赵说，那就找一个人顶替房子。我说，这样一个人不好找。赵问为什么？我说，一个人总要替自己打算一番。赵说"替自己打算为什么不行"。我说，"他大概会认为太……"，说到这里，我作难说姿态。赵追问"太"什么？我说，"太伊于胡底了呀！"我们四个人都大笑。赵特别笑的厉害，说好得很，完全是临时想出来的。胡适没有笑。

在国外留学，写中国题目论文的始作俑者很可能是胡适。他写的博士论文好像是《在中国的逻辑发展史》[①]。在论文考试中，学校

---

① 胡适的博士论文标题是《中国古代哲学方法之进化史》。1992 年由上海亚东图书馆刊行的英文本底稿的标题是 *The development of the logical method in Ancient China*，并有中文标题《先秦名学史》。1983 年上海学林出版社以《先秦名学史》书名出版了中译文。——编者注

还请了一位懂中国历史的、不属于哲学系的学者^①参加。这位学者碰巧是懂天文的，他问胡适："中国历史记载是在什么时候开始准确的？"胡适答不出来。那位考官先生说："《诗经》上的记载'十月之交，率日辛卯，日有食之'，是正确的记载，从天文学上已经得到了证实"。这个情节是我听来的，不是胡适告诉我的。虽然如此，我认为很可能是真的。

（摘自《金岳霖回忆录》，北京大学出版社，2011 年）

---

① 这位学者可能是 Professor Frederich Hirth。——编者注

回忆中的胡适先生 / 冰心 ①

> 作为"五四"时代的大学生，胡适先生是我们敬仰的"一代
> 大师"。他提倡白话文，写白话诗以及许多文哲方面的研究
> 的文章，还引进了西方的学术思想，他创始了当时一代的白
> 话文风。我们都在报刊上寻读胡适先生的作品，来研究欣赏。
> 同时自己也开始用白话来写作。

　　作为"五四"时代的大学生，胡适先生是我们敬仰的"一代
大师"。他提倡白话文，写白话诗以及许多文哲方面的研究的文章，
还引进了西方的学术思想，他创始了当时一代的白话文风。我们
都在报刊上寻读胡适先生的作品，来研究欣赏。同时自己也开始
用白话来写作。

　　我和胡适先生没有个人的接触，也没有通过信函。只记得二十
年代初期，我是燕大女校学生自治会的宣传股长，我的任务中有：

---

① 本文原载于《新文学史料》，1991 年第 4 期。——编者注

当校方邀请教育界名人来演讲时，我就当大会的主持人，我在台上介绍过胡适先生，鲁迅先生，金陵女大吴贻芳校长各位名人，请柬是校方送的，我在讲台介绍过后，就在演讲者身后台上坐下，演讲完了，我又带头鼓掌致谢，和名人们并没有个人谈话。

胡适先生是美国留学生，燕大的美籍教师们和他特别熟识，称他为胡适博士，而不是"先生"。在一九八九年香港出版的英文《译丛》三十二期上有"冰心专号"一栏，里面有燕大美籍教师鲍贵思女士在她的《春水》译本里曾引用的一段胡适先生对我的作品的评价。我请北京第一外国语学院的杨立民教授代译如下：

"（当时）大多数的白话文作家都在探索一种适合于这种新的语言形式的风格，但他们当中很多人的文字十分粗糙，有些甚至十分鄙俗。但冰心女士曾经受过中国历史上伟大诗人的作品的熏陶，具有深厚的古文根底，因此她给这一新形式带来了一种柔美和优雅，既清新，又直截。""不仅如此，她还继承了中国传统对自然的热爱，并在她写作技巧上善于利用形象，因此使她的风格既朴实无华又优美高雅。"

一九二八年冬，文藻和我在上海我的父母家里举行了简单的订婚仪式，那仪式是我的表兄刘放园先生一手操办的。我记得在红帖上，女方的介绍人是张君劢先生（他的夫人王世瑛是我的好友），男方的介绍人却是胡适先生。我不知道文藻和胡先生是否相识，但刘放园表兄做过北京《晨报》的编辑，同这些名人都是熟悉的。我不记得那天张、胡两位是否在座，这张红帖也已经找不到了！

我最清楚的是在一九三一年，燕京大学庆祝建校十年的时候，我给校长住宅取名为"临湖轩"，那块青色的匾，是胡适先生写的，下面还有署名，大概也是我通过燕大的美籍教师请他写的。如今那块匾也不在了，虽然当燕大校友们在那里庆祝校庆时，仍称它为"临湖轩"。

人民文学出版社现代文学编辑室的张小鼎先生送来一本台湾出版的《国文天地》六卷第七期"海峡两岸论胡适"专号，让我写一篇纪念胡适先生百岁诞辰的文章。从这本杂志里我才详细地知道了胡适先生的生平，并知道胡适先生是在一九六二年二月二十四日在台湾"中央研究院"的酒会上因心脏病突发而逝世，并葬在台北南港旧庄墓园。这已是二十九年前的事了！我为他没有在故乡地下安眠，而感到惋惜。

一九九一年三月二十六晨

（摘自《冰心全集·第八卷》，海峡文艺出版社，2012年）

作者简介

冰心（1900－1999），原名谢婉莹，福建长乐人。中国诗人，现代作家，翻译家，儿童文学作家，社会活动家，散文家。著有《超人》、《寄小读者》等，译著有《飞鸟集》、《印度童话集》、《吉檀迦利》等。

陈寅恪：独立之精神，自由之思想

　　陈寅恪（1890—1969），字鹤寿，生于湖南长沙。中国现代最负盛名的集历史学家、古典文学研究家、语言学家、诗人于一身的百年难见的人物，与叶企孙、潘光旦、梅贻琦一起被列为清华百年历史上的"四大哲人"。先后任职任教于清华大学、西南联大、广西大学、燕京大学、中山大学等。著有《隋唐制度渊源略论稿》、《唐代政治史述论稿》、《元白诗笺证稿》、《金明馆丛稿》、《柳如是别传》、《寒柳堂记梦》等。

怀念陈寅恪先生/冯友兰

> 寅恪先生博闻强记，研究所及，极为广泛，在文、史、哲三方面，均能有所树立；中年以后，集中精力研究历史。中国封建的历史学，大都是大人物纪传的总集，和一些"断烂朝服"的汇编，寅恪先生用近代史学的方法，研究他所掌握的丰富史料，使中国的历史学远远超过封建时代的水平，他是中国近代历史学的创始人或其中极少数人之一。

三十年代，余之《中国哲学史》（两卷本）完成时，清华拟将其列入《清华大学丛书》，请陈寅恪先生审查其学术水平，看其是否合乎标准。寅恪先生曾先后写《审查报告》两篇，其第二篇末尾，曾言及寅恪先生自身之学术工作、思想状况："寅恪平生为不古不今之学，思想囿于咸丰、同治之世，议论近乎（曾）湘乡（张）南皮之间。"其言简明扼要，为研究寅恪先生之最原始资料。

"不古不今之学"是说他研究唐史。寅恪先生博闻强记，研究所及，极为广泛，在文、史、哲三方面，均能有所树立；中年以后，集中精力研究历史。中国封建的历史学，大都是大人物纪传的总集，和一些"断烂朝服"的汇编，寅恪先生用近代史学的方法，研究他所掌握的丰富史料，使中国的历史学远远超过封建时代的水平，他是中国近代历史学的创始人或其中极少数人之一。关于这一点，我不多说，因为并世的历史学家当能知之更深，言之更详。

寅恪先生的下文说"思想囿于咸丰、同治之世，议论近乎（曾）湘乡（张）南皮之间"。什么是"咸丰、同治之世"的思想？什么是"湘乡、南皮之间"的议论？咸丰、同治之间的主要思想斗争，还是曾国藩和太平天国之间的名教和反名教的斗争。曾国藩认为，太平天国叛乱是名教中的"奇变"。他所谓名教，就其广义说，就是中国传统文化。他认为，太平天国是用西方的基督教毁灭中国的传统文化。这就是所谓"咸丰、同治之世"的思想。曾国藩也是主张引进西方的科学和工艺，但是要使之为中国传统文化服务。这就是封建历史家所说的"同治维新"的主体。张之洞用八个字把这个思想概括起来，即"中学为体，西学为用"，这就是所谓"湘乡、南皮之间"的议论。

据传说，俞樾应会试考试，试卷中有一句诗"花落春仍在"，大为曾国藩所赏识，得以中式，俞樾因名其所居曰"春在堂"。俞樾的这句诗，专从留恋景光的眼光看，故不失为佳句；但照我的臆测，曾国藩之所以赏识这句诗，当亦别有所感："西学为用"，中学的地盘必有许多为西学占据者，此乃"花落"也；但"中学为体"，则乃"春仍在"也。诗无达诂，"花落春仍在"这句诗，可以作为"中学为体，西学为用"那句话的寓言。

我于一九二〇年到美国哥伦比亚大学毕业生院做研究生，同学中传言：哈佛大学的中国留学生中有一奇人陈寅恪，他性情孤僻，很少社交，所选功课大都是冷门。我心仪其人，但未之见。我于一九二六年应燕京大学之聘，定居北京，是时寅恪先生任清华大学国学研究院导师，始得相见；又因工作关系，得与王静安（国维）先生接触。其后不久，静安先生自沉于颐和园湖水中，其志事世人鲜能明者。清华国学研究院师生为立一纪念碑，寅恪先生为作碑文，以明其志，又以余哀作《颐和园词》，其立场、观点、感情、词藻，与静安先生所作之《颐和园词》如出一手。

越二十年，一九四八年间，中国人民解放军解放全国之势已成，北京将先全国而得解放之局已定，国民党政府派大员乘专机到北京，拟接各大学教授往南京，无应之者。十二月中，解放军从南口攻入北京郊区，国民党军队退入清华大学，以为据点，盖欲以清华为城社，使解放军投鼠忌器，不敢进攻。清华师生愤起斗争，迫使国民党军队撤出清华，退至白石桥、动物园一线。清华师生正庆幸清华得以保全，而寅恪先生不辞而别，罄室行矣。消息传出，朋友俱感突然，复疑先生南京不去，北京不留，此行将何适乎？后闻其乘火车南下，知其将避世于香港。又闻其到广州后，为朋友所劝阻，止于岭南大学，未出国门，然亦不复回清华，亦不复返北京矣。中华人民共和国成立，中国科学院授以历史研究所所长之职；人民政协全国委员会举为常务委员。寅恪先生迄未来京，盖其所争，非个人一己之名位也。

静安先生与寅恪先生为研究、了解中国传统文化之两大学者，一则自沉，一则突走，其意一也。静安先生闻国民革命军将至北京，以为花落而春意亡矣；不忍见春之亡，故自沉于水，一瞑不视也。寅恪先生见解放军已至北京，亦以为花落而春意亡矣，故突然出走，常往不返也。其义亦一也。一者何？仁也。爱国家，爱民族，爱文化，此不忍见之心所由生也。不忍，即仁也。孔子门人问于孔子曰："伯夷、叔齐怨乎？"孔子回答说："求仁而得仁，又何怨。"静安先生、寅恪先生即当代文化上之夷齐也。

余于七十年代起，重写《中国哲学史》，起自春秋，迄于现代，号曰《新编》，以别于旧作。全书已接近完成，安得起寅恪先生于九泉，为吾书作第三次之审查耶？噫！

一九八八年十一月十一日

（摘自《三松堂全集·第十三卷》，河南人民出版社，2001年）

回忆陈寅恪先生 / 季羡林

> 读他的文章，听他的课，简直是一种享受，无法比拟的享受。
> 在中外众多学者中，能给我这种享受的，国外只有亨利希·吕
> 德斯，在国内只有陈师一人。

别人奇怪，我自己也奇怪：我写了这样多的回忆师友的文章，独独遗漏了陈寅恪先生。这究竟是为什么呢？对我来说，这是事出有因，查亦有据的。我一直到今天还经常读陈先生的文章，而且协助出版社出先生的全集。我当然会时时想到寅恪先生的。我是一个颇为喜欢舞笔弄墨的人，想写一篇回忆文章，自是意中事。但是，我对先生的回忆，我认为是异常珍贵的，超乎寻常地神圣的。我希望自己的文章不要玷污了这一点神圣性，故而迟迟不敢下笔。到了今天，北大出版社要出版我的《怀旧集》，已经到了非写不行的时候了。

要论我同寅恪先生的关系，应该从六十五年前的清华大学算起。我于一九三〇年考入国立清华大学，入西洋文学系（不知道从什么

时候起改名为外国语文系）。西洋文学系有一套完整的教学计划，必修课规定得有条有理，完完整整。但是给选修课留下的时间是很富裕的。除了选修课以外，还可以旁听或者偷听。教师不以为忤，学生各得其乐。我曾旁听过朱自清、俞平伯、郑振铎等先生的课，都安然无恙，而且因此同郑振铎先生建立了终生的友谊。但也并不是一切都一帆风顺。我同一群学生去旁听冰心先生的课。她当时极年轻，而名满天下。我们是慕名而去的。冰心先生满脸庄严，不苟言笑。看到课堂上挤满了这样多学生，知道其中有"诈"，于是威仪俨然地下了"逐客令"："凡非选修此课者，下一堂不许再来！"我们悚然而听，憬然而退，从此不敢再进她讲课的教室。四十多年以后，我同冰心重逢，她已经变成了一个慈祥和蔼的老人，由怒目金刚一变而为慈眉菩萨。我向她谈起她当年"逐客"的事情，她已经完全忘记，我们相视而笑，有会于心。

就在这个时候，我旁听了寅恪先生的"佛经翻译文学"。参考书用的是《六祖坛经》，我曾到城里一个大庙里去买过此书。寅恪师讲课，同他写文章一样，先把必要的材料写在黑板上，然后再根据材料进行解释，考证，分析，综合，对地名和人名更是特别注意。他的分析细入毫发，如剥蕉叶，愈剥愈细愈剥愈深，然而一本实事求是的精神，不武断，不夸大，不歪曲，不断章取义。他仿佛引导我们走在山阴道上，盘旋曲折，山重水复，柳暗花明，最终豁然开朗，把我们引上阳关大道。读他的文章，听他的课，简直是一种享受，无法比拟的享受。在中外众多学者中，能给我这种享受的，国外只有亨利希·吕德斯（Heinrich Lüders），在国内只有陈师一人。他被海内外学人公推为考证大师，是完全应该的。这种学风，同后来滋害流毒的"以论代史"的学风，相差不可以道里计。然而，茫茫士林，难得解人，一些鼓其如簧之舌惑学人的所谓"学者"，骄纵跋扈，不禁令人浩叹矣。寅恪师这种学风，影响了我的一生。后来到德国，读了吕德斯教授的书，并且受到了他的嫡传弟子瓦尔德施密特（Waldschmidt）教授的教导和熏陶，可谓三生有幸，可惜自己的学殖瘠茫，又限于天赋，虽还不能论无所收获，然而犹如细流比沧海，空怀仰止之心，徒增效颦之恨。这只怪我自己，怪不得别人。

　　总之，我在清华四年，读完了西洋文学系所有的必修课程，得到了一个学士头衔。现在回想起来，说一句不客气的话：我从这些课程中收获不大。欧洲著名的作家，什么莎士比亚、歌德、塞万提斯、莫里哀、但丁等等的著作都读过，连现在忽然时髦起来的《尤利西斯》和《追忆似水年华》等等也都读过。然而大都是浮光掠影，并不深入。给我留下深远影响的课反而是一门旁听课和一门选修课。前者就是在上面谈到的寅恪师的"佛经翻译文学"；后者是朱光潜先生的"文艺心理学"，也就是美学。关于后者，我在别的地方已经谈过，这里就不再赘述了。

　　在清华时，除了上课以外，同陈师的接触并不太多。我没到他家去过一次。有时候，在校内林荫道上，在熙往攘来的学生之流中，有时会见到陈师去上课。身着长袍，朴素无华，肘下夹着一个布包，里面装满了讲课时用的书籍和资料。不认识他的人，恐怕大都把他看成是琉璃厂某一个书店的到清华来送书的老板，决不会知道，他就是名扬海内外的大学者。他同当时清华留洋归来的大多数西装革履、发光鉴人的教授，迥乎不同。在这一方面，他也给我留下了毕生难忘的印象，令我受益无穷。离开了水木清华，我同寅恪先生有一个长期的别离。我在济南教了一年国文，就到了德国哥廷根大学。到了这里，我才开始学习梵文、巴利文和吐火罗文。在我一生治学的道路上，这是一个极关重要的转折点。我从此告别了歌德和莎士比亚，同释迦牟尼和弥勒佛打起交道来。不用说，这个转变来自寅恪先生的影响。真是无巧不成书，我的德国老师瓦尔德施密特教授同寅恪先生在柏林大学是同学，同为吕德斯教授的学生。这样一来，我的中德两位老师同出一个老师的门下。有人说："名师出高徒"。我的老师和太老师们不可谓不"名"矣，可我这个徒却太不"高"了。忝列门墙，言之汗颜。但不管怎样说，这总算是一个中德学坛上的嘉话吧。

我在哥廷根十年，正值二战，是我一生精神上最痛苦然而在学术上收获却是最丰富的十年。国家为外寇侵入，家人数年无消息，上有飞机轰炸，下无食品果腹。然而读书却无任何干扰。教授和学生多被征从军。偌大的两个研究所：印度学研究所和汉学研究所，都归我一个人掌管。插架数万册珍贵图书，任我翻阅。在汉学研究所深深的院落里，高大阴沉的书库中，在梵学研究所古老的研究室中，阒无一人。天上飞机的嗡嗡声与我腹中的饥肠辘辘声相应和。闭目则浮想联翩，神驰万里，看到我的国，看到我的家。张目则梵典在前，有许多疑难问题，需要我来发复。我此时恍如遗世独立，苦欤？乐欤？我自己也回答不上来了。

经过了轰炸的炼狱，又经过了饥饿，到了一九四五年，在我来到哥廷根十年之后，我终于盼来了光明，东西法西斯垮台了。美国兵先攻占哥廷根，后为英国人来接管。此时，我得知寅恪先生在英国医目疾。我连忙写了一封长信，向他汇报我十年来学习的情况，并将自己在哥廷根科学院院刊及其刊物上发表的一些论文寄呈。出乎我意料地迅速，我得了先生的复信，也是一封长信，告诉我他的近况，并说不久将回国。信中最重要的事情是说，他想向北大校长胡适，代校长傅斯年，文学院长汤用彤几位先生介绍我到北大任教，我真是喜出望外，谁听到能到最高学府去任教而会不引以为荣呢？我于是立即回信，表示同意和感谢。

这一年深秋，我终于告别了住了整整十年的哥廷根，怀着"客树回望成故乡"的心情，一步三回首地到了瑞士。在这个山明水秀的世界公园里住了几个月，一九四六年春天，经过法国和越南的西贡，又经过香港，回到了上海，在克家的榻榻米上住了一段时间。从上海到了南京，又睡到了长之的办公桌上。这时候，寅恪先生也已从英国回到了南京。我曾谒见先生于俞大维官邸中。谈了谈阔别十多年以来的详细情况，先生十分高兴，叮嘱我到鸡鸣寺下中央研究院去拜见北大代校长傅斯年先生，特别嘱咐我带上我用德文写的论文，可见先生对我爱护之深以及用心之细。

这一年的深秋，我从南京回到上海，乘轮船到了秦皇岛，又从秦皇岛乘火车回到了阔别十二年的北京（当时叫北平）。由于战争关系，津浦路早已不通，回北京只能走海路，从那里到北京的铁路由美国少爷兵把守，所以还能通车。到了北京以后，一片"落叶满长安"的悲凉气象。我先在沙滩红楼暂住。随即拜见了汤用彤先生。按北大当时的规定，从海外得到了博士学位回国的人，只能任副教授，在清华叫做专任讲师，经过几年的时间，才能转向正教授。我当然不能例外，而且心悦诚服，没有半点非分之想。然而过了大约一周的光景，汤先生告诉我，我已被聘为正教授，兼东方语言文学系的系主任。这真是石破天惊，大大地出我意料。我这个当一周副教授的纪录，大概也可以进入吉尼斯世界纪录了吧。说自己不高兴，那是谎言，那是矫情。由此也可以看出老一辈学者对后辈的提携和爱护。

不记得是在什么时候，寅恪师也来到北京，仍然住在清华园。我立即到清华去拜见。当时从北京城到清华是要费一些周折的，宛如一次短途旅行。沿途几十里路全是农田。秋天青纱帐起，还真有绿林人士拦路抢劫的。现在的年轻人很难想象了。但是，有寅恪先生在，我决不会惮于这样的旅行。在三年之内，我颇到清华园去过多次。我知道先生年老体弱，最喜欢当年住北京的天主教外国神甫亲手酿造的栅栏红葡萄酒，我曾到今天市委党校所在地当年神甫们的静修院的地下室中去买过几次栅栏红葡萄酒，又长途跋涉送到清华园，送到先生手中，心里颇觉安慰。几瓶酒在现在不算什么，但是在当时通货膨胀已经达到了钞票上每天加一个零还跟不上物价飞速提高的速度的情况下，几瓶酒已非同小可了。

有一年的春天，中山公园的藤萝开满了紫色的花朵，累累垂垂，紫气弥漫，招来了众多的游人和蜜蜂。我们一群弟子们，记得有周一良、王永兴、汪篯等，知道先生爱花。现在虽患目疾，迹近失明；但据先生自己说，有些东西还能影影绰绰看到一团影子。大片藤萝花的紫光，先生或还能看到。而且在那种兵荒马乱、物价飞涨、人命微浅、朝不虑夕的情况下，我们想请先生散一散心，征询先生的意见，他怡然应允。我们真是大喜过望，在来今雨轩藤萝深处，找到一个茶桌，侍先生观赏紫藤。先生显然兴致极高。我们谈笑风生，尽欢而散。我想，这也许是先生在那样的年头里最愉快的时刻。

还有一件事，也给我留下了毕生难忘的回忆。在解放前夕，政府经济实已完全崩溃。从法币改为银元券，又从银元券改为金圆券，越改越乱，到了后来，到粮店买几斤粮食，携带的这币那券的重量有时要超过粮食本身。学术界的泰斗、德高望重、被著名的史学家郑天挺先生称之为"教授的教授"的陈寅恪先生也不能例外。到了冬天，他连买煤取暖的钱都没有，我把这情况告诉了已经回国的北大校长胡适之先生。胡先生最尊重最爱护确有成就的知识分子。当年他介绍王静庵先生到清华国学研究院去任教，一时传为佳话。寅恪先生在《王观堂先生挽词》中有几句诗："鲁连黄鹞绩溪胡，独为神州惜大儒。学院遂闻传绝业，园林差喜适幽居。"讲的就是这一件事。现在却轮到适之先生再一次"独为神州惜大儒"了，而这个"大儒"不是别人，竟是寅恪先生本人。适之先生想赠寅恪先生一笔数目颇大的美元，但是，寅恪先生却拒不接受。最后寅恪先生决定用卖掉藏书的办法来取得适之先生的美元。于是适之先生就派他自己的汽车——顺便说一句，当时北京汽车极为罕见，北大只有校长的一辆——让我到清华陈先生家装了一车西文关于佛教和中亚古代语言的极为珍贵的书。陈先生只收二千美元。这个数目在当时虽不算少，然而同书比起来，还是微不足道的。在这一批书中，仅一部《圣彼得堡梵德大词典》市价就远远超过这个数目了。这一批书实际上带有捐赠的性质。而寅恪师对于金钱的一介不取的狷介性格，由此也可见一斑了。

在这三年内，我同寅恪师往来颇频繁。我写了一篇论文：《浮屠与佛》，首先读给他听，想听听他的批评意见。不意竟得到他的赞赏。他把此文介绍给《中央研究院史语所集刊》发表。这个刊物在当时是最具权威性的刊物，简直有点"一登龙门，声价十倍"的威风。我自然感到受宠若惊。差幸我的结论并没有瞎说八道，几十年以后，我又写了一篇《再谈浮屠与佛》，用大量的新材料，重申前说，颇得到学界同行们的赞许。

在我同先生来往的几年中，我们当然会谈到很多话题。谈治学时最多，政治也并非不谈但极少。寅恪先生决不是一个"闭门只读圣贤书"的书呆子，他继承了中国"士"的优良传统：天下兴亡，匹夫有责。从他的著作中也可以看出，他非常关心政治。他研究隋唐史，表面上似乎是满篇考证，骨子里谈的都是成败兴衰的政治问题，可惜难得解人。我们谈到当代学术，他当然会对每一个学者都有自己的看法。但是，除了对一位明史专家外，他没有对任何人说过贬低的话。对青年学人，只谈优点，一片爱护青年学者的热忱，真令人肃然起敬。就连那一位由于误会而对他专门攻击，甚至说些难听的话的学者，陈师也从来没有说过半句褒贬的话。先生的盛德由此可见。鲁迅先生从来不攻击年轻人，差堪媲美。

时光如电，人事沧桑，转眼就到了一九四八年年底。解放军把北京城团团包围住。胡适校长从南京派来了专机，想接几个教授到南京去，有一个名单。名单上有名的人，大多数都没有走，陈寅恪先生走了。这又成了某一些人探讨研究的题目：陈先生是否对共产党有看法？他是否对国民党留恋？根据后来出版的浦江清先生的日记，寅恪先生并不反对共产主义，他反对的仅是苏联牌的共产主义。在当时，这也许是一个怪想法，甚至是一个大逆不道的想法。然而到了今天，真相已大白于天下，难道不应该对先生的睿智表示敬佩吗？至于他对国民党的态度，最明显地表现在他对蒋介石的态度上。一九四〇年，他在《庚辰暮春重庆夜宴归作》这一首诗中写道："食蛤那知天下事，看花愁近最高楼。"吴宓先生对此诗作注说："寅恪赴渝，出席中央研究院会议，寓俞大维妹丈宅。已而蒋公宴请中央研究院到会诸先生。寅恪于座中初次见蒋公，深觉其人不足为，有负厥职，故有此诗第六句。"按即"看花愁近最高楼"这一句。寅恪师对蒋介石，也可以说是对国民党的态度表达得不能再清楚明白了。然而，几年前，一位台湾学者偏偏寻章摘句，说寅恪先生早有意到台湾去。这真是天下一大怪事。

到了南京以后，寅恪先生又辗转到了广州，从此留在那里没有动。他在台湾有很多亲友，动员他去台湾者，恐怕大有人在，然而他却岿然不为所动。其中详细情况，我不得而知。我们国家许多领导人，包括周恩来、陈毅、陶铸、郭沫若等等，对陈师礼敬备至。他同陶铸和老革命家兼学者的杜国庠，成了私交极深的朋友。在他晚年的诗中，不能说没有欢快之情，然而更多的却是抑郁之感。现在回想起来，他这种抑郁之感能说没有根据吗？能说不是查实有据吗？我们这一批老知识分子，到了今天，都已成了过来人。如果不昧良心说句真话，同陈师比较起来，只能说我们愚钝，我们麻木，此外还有什么话好说呢？

一九五一年，我奉命随中国文化代表团，访问印度和缅甸。在广州停留了相当长的时间，准备将所有的重要发言稿都译为英文。我当然不会放过这个机会的。我到岭南大学寅恪先生家中去拜谒。相见极欢，陈师母也殷勤招待。陈师此时目疾虽日益严重，仍能看到眼前的白色的东西。有关领导，据说就是陈毅和陶铸，命人在先生楼前草地上铺成了一条白色的路，路旁全是绿草，碧绿与雪白相映照，供先生散步之用。从这一件小事中，也可以看到我们国家对陈师尊敬之真诚了。陈师是极富干感情的人，他对此能无所感吗？

然而，世事如白云苍狗，变幻莫测。解放后不久，正当众多的老知识分子兴高采烈、激情未熄的时候，华盖运便临到头上。运动一个接着一个，针对的全是知识分子。批完了《武训传》，批俞平伯，批完了俞平伯，批胡适，一路批，批，批，斗，斗，斗，最后批到了陈寅恪头上。此时极大规模的、遍及全国的反右斗争还没有开始。老年反思，我在政治上是个蠢才。对这一系列的批和斗，我是心悦诚服的，一点没有感到其中有什么问题。我虽然没有明确地意识到，在我灵魂深处，我真认为中国老知识分子就是"原罪"的化身，批是天经地义的。但是，一旦批到了陈寅恪先生头上，我心里却感到不是味。虽然经人再三动员，我却始终没有参加到这一场闹剧式的大合唱中去。我不愿意厚着面皮，充当事后的诸葛亮，我当时的认识也是十分模糊的；但是，我毕竟没有行动。现在时过境迁，在四十年之后，想到我没有出卖我的良心，差堪自慰，能够对得起老师在天之灵了。

可是，从那以后，直到老师于一九六九年在空前浩劫中被折磨得离开了人世，将近二十年中，我没能再见到他。现在我的年龄已经超过了他在世的年龄五年，算是寿登耄耋了。现在我时常翻读先生的诗文。每读一次，都觉得有新的收获。我明确意识到，我还未能登他的堂奥。哲人其萎，空余著述。我却是进取有心，请益无人，因此更增加了对他的怀念。我们虽非亲属，我却时有风木之悲。这恐怕也是非常自然的吧。

　　我已经到了望九之年，虽然看样子离开为自己的生命划句号的时候还会有一段距离，现在还不能就作总结；但是，自己毕竟已经到了日薄西山、人命危浅之际，不想到这一点也是不可能的。我身历几个朝代，忍受过千辛万苦。现在只觉得身后的路漫长无边，眼前的路却是越来越短，已经是很有限了。我并没有倚老卖老，苟且偷安，然而我却明确地意识到，我成了一个"悲剧"人物。我的悲剧不在于我不想"不用扬鞭自奋蹄"，不想"老骥伏枥，志在千里"，而是在"老骥伏枥，志在万里"。自己现在承担的或者被迫承担的工作，头绪繁多，五花八门，纷纭复杂，有时还矛盾重重，早已远远超过了自己的负荷量，超过自己的年龄。这里面，有外在原因，但主要是内在原因。清夜扪心自问：自己患了老来疯了吗？你眼前还有一百年的寿命吗？可是，一到了白天，一接触实际，件件事情都想推掉，但是件件事情都推不掉，真仿佛京剧中的一句话："马行在夹道内，难以回马。"此中滋味，只有自己一人能了解，实不足为外人道也。

　　在这样的情况下，我有时会情不自禁地回想自己的一生。自己究竟应该怎样来评价自己的一生呢？我虽遭逢过大大小小的灾难，像十年浩劫那样中国人民空前的愚蠢到野蛮到令人无法理解的灾难，我也不幸——也可以说是有"幸"身逢其盛，几乎把一条老命搭上；

然而我仍然觉得自己是幸运的，自己赶上了许多意外的机遇。我只举一个小例子。自从盘古开天地，不知从哪里吹来了一股神风，吹出了知识分子这个特殊的族类。知识分子有很多特点。在经济和物质方面是一个"穷"字，自古已然，于今为烈。在精神方面，是考试多如牛毛。在这里也是自古已然，于今为烈。例子俯拾即是，不必多论。我自己考了一辈子，自小学、中学、大学，一直到留学，月有月考，季有季考，还有什么全国通考，考得一塌糊涂。可是我自己在上百场国内外的考试中，从来没有名落孙山。你能说这不是机遇好吗？

但是，俗话说："一个篱笆三个桩，一个好汉三个帮。"如果没有人帮助，一个人会是一事无成的。在这方面，我也遇到了极幸运的机遇。生平帮过我的人无虑数百。要我举出人名的话，找首先要举出的，在国外有两个人，一个是我的博士论文导师瓦尔德施密特教授，另一个是教吐火罗语的老师西克教授。在国内的有四个人：一个是冯友兰先生，如果没有他同德国签订德国清华交换研究生的话，我根本到不了德国。一个是胡适之先生，一个是汤用彤先生，如果没有他们的提携的话，我根本来不到北大。最后但不是最少，是陈寅恪先生。如果没有他的影响的话，我不会走上现在走的这一条治学的道路，也同样是来不了北大。至于他为什么不把我介绍给我的母校清华而介绍给北大，我从来没有问过他，至今恐怕永远也是一个谜，我们不去谈它了。

我不是一个忘恩负义的人。我一向认为，感恩图报是做人的根本准则之一。但是，我对他们四位，以及许许多多帮助过我的师友怎样"报"呢？专就寅恪师而论，我只有努力学习他的著作，努力宣扬他的学术成就，努力帮助出版社把他的全集出全，出好。我深深地感激广州中山大学的校领导和历史系的领导，他们再三

136

举办寅恪先生学术研讨会，包括国外学者在内，群贤毕至。中大还特别创办了陈寅恪纪念馆。所有这一切，我这个寅恪先生的弟子都看在眼中，感在心中，感到很大的慰藉。国内外研究陈寅恪先生的学者日益增多。先生的道德文章必将日益发扬光大，这是毫无问题的。这是我在垂暮之年所能得到的最大的愉快。

　　然而，我仍然有我个人的思想问题和感情问题。我现在是"后已见来者"，然而却是"前不见古人"，再也不会见到寅恪先生了。我心中感到无限的空漠，这个空漠是无论如何也填充不起来了。掷笔长叹，不禁老泪纵横矣。

一九九五年十二月一日

（摘自《季羡林谈师友》，当代中国出版社，2006 年）

渊博正直的陈寅恪 / 金岳霖

> 寅恪先生不只是学问渊博而已，而且也是坚持正义、勇于斗争的人。清华那时有一个研究院，研究中国的古史。院里主要人有王国维、梁启超、陈寅恪，也有一位年轻人李济之。前些时他还在台湾，现在是否也已作古，我不知道。看来当时校长曹云祥对梁启超有不正确的看法或想法，或不久要执行的办法。陈寅恪知道了。在一次教授会上，陈先生表示了他站在梁启超一边，反对曹云祥。他当面要求曹云祥辞职。曹不久也辞职了，好像外交部派校长的办法不久也改了。

陈寅恪先生，我在纽约见过，没有谈什么。后来到柏林，见过好儿次。看样子，他也是怕冷的。我问他是如何御寒的。他说他有件貂皮背心，冬天里从来不脱。他告诉我说，前一天有一件很特别的事，一个荷兰人找他，来了之后又不说话，坐了好一会才说"孔夫子是一个伟大的人物"。陈先生连忙说"Ja Ja Ja"①。这位先生站起来敬个礼，然后就离开了。

寅恪先生的学问我不懂，看来确实渊博得很。有一天我到他那里去，有一个学生来找他，问一个材料。他说：你到图书馆去借某一本书，翻到某一页，那一页的页底有一个注，注里把所有你需要的材料都列举出来了，你把它抄下，按照线索去找其余的材料。寅恪先生记忆力之强，确实少见。

我有好几次利用了"东西、春秋"四个字在中文里的特别用法。这不是我自己想出来的。这是寅恪先生教给我的。当然他教时，材料丰富得多，涉及到宋朝语言方面的历史。我对于历史没有什么兴趣，历史上重要的东西反而忘记了。

抗战时，他不在昆明的时候多。有一短时期他也来了，当然也碰上了日本帝国主义的轰炸。离郊区不远的地方，有些人在院子里挖了一个坑，上面盖上一块很厚的木板，人则进入坑内。寅恪看来也是喜欢做对联的，他作了"见机而作，入土为安"的对联。不久以后，他好像是到英国去了一次。

寅恪先生不只是学问渊博而已，而且也是坚持正义勇于斗争的人。清华那时有一个研究院，研究中国的古史。院里主要人有王国维、梁启超、陈寅恪。也有一位年青人，李济之。前些时他还在台湾，现在是否也已作古，我不知道。看来当时校长曹云祥对梁启超有不正确的看法或想法，或不久要执行的办法。陈寅恪知道了。在一次教授会上，陈先生表示了他站在梁启超一边，反对曹云祥。他当面要求曹云祥辞职。曹不久也辞职了。好像外交部派校长的办法不久也改了。

---

① 意为"是，是，是"。——编者注

解放后，寅恪先生在广州中山大学教书。郭老（即郭沫若）曾去拜访过他。郭老回到北京后，我曾问他谈了些什么学术问题。郭老说，谈了李白，也谈了巴尔喀什湖。这在当时一定有相当重要的意义。我不知道而已，也不好问。无论如何，两个国故方面的权威学者终于会见了。这是最好不过的事体。

郭老还把他们凑出来的对联给我，对联并不好。郭老扯了一张纸写了出来给我。我摆在裤子后面小口袋里。有一次得胃溃疡，换衣裤进医院，就此丢失了。

（摘自《金岳霖回忆录》，北京大学出版社，2011 年）

鲁迅：入木三分叹为观止，嬉笑怒骂皆成文章

　　鲁迅（1881—1936），原名周樟寿，浙江绍兴人。著名的文学家、思想家、教育家，五四新文化运动的重要参与者。他不仅是中国现代文学的奠基人。在韩国、日本的思想文化领域也有极其重要的地位和影响，被誉为"二十世纪东亚文化地图上占最大领土的作家"。代表作品有《呐喊》、《彷徨》、《朝花夕拾》、《野草》、《华盖集》、《中国小说史略》等。

我对于周豫才君之追忆与略评 / 钱玄同 [1]

> 我读豫才的文章，从《河南》上的《破恶声论》等起，到最近（二十五年十月）"未名书屋"出版的《鲁迅杂文集》止，他所持论，鄙见总是或同或异，因为我是主张思想自由的，无论同意或反对，都要用自己的理智来判断他。

上

我与周豫才（树人，鲁迅。）君相识，在民元前四年戊申，那时我们都在日本东京留学。我与几个朋友请先师章太炎（炳麟）先生讲语言文字之学（音韵，说文），借日本的大成中学里一间教室开讲。过了些日子，同门龚未生（宝铨，先师之长婿）君与先师商谈，说有会稽周氏兄弟及其友数人要来听讲，但希望另设一班，先师允许即在其寓所开讲。（先师寓牛込区新小川町二丁目八番地民报社

---

① 本文原载于《文化与教育旬刊》1936 年第 106 期。——编者注

中，民报为孙中山先生所主办，即同盟会之机关报也。）豫才即与其弟启明（作人）、许季茀（寿裳）、钱均甫（家治）诸君同去听讲，我亦与未生、朱蓬仙（宗莱）、朱逖先（希祖）诸君再去听讲。周氏兄弟那时正译《域外小说集》，志在灌输俄罗斯、波兰等国之崇高的人道主义，以药我国人卑劣，阴险，自私等等龌龊心理，他们的思想超卓，文章渊懿，取材谨严，翻译忠实，故造句选辞，十分矜慎，然犹不自满足，欲从先师了解故训，以期用字妥帖。所以《域外小说集》不仅文笔雅驯，且多古言古字，与林纾所译之小说绝异。同时他在《河南》杂志做过几篇文章，我现在记得的有《文化偏至论》、《破恶声论》、《摩罗诗力说》等篇，斥那时浅薄新党之俗论，极多胜义。我那时虽已与他相识，但仅于每星期在先师处晤面一次而已，没有谈过多少话。他于民元前三年己酉回国。民国元年，他在北京教育部任佥事职。二年二月，教育部开"读书统一会"[①]，他也是会员之一，会中为了注音符号的形式问题，众论纷纷，不能解决。先师门下任会员之豫才、逖先、季茀、马幼渔（裕藻）四君及舍姪[②]钱稻孙君提议，采用先师在民元前四年所拟的一套拼音的符号（以笔画极简之古字为之），会中通过此案，把它斟酌损益，七年冬，由教育部正式颁行，就是现在推行的注音符号（黎劭西（锦熙）君所著《国语运动史纲》第五十六及七十五页中有详细的记载）。二年九月，我到北平来，从那时到民国五年，我与他常有晤面的机会。他住在南半截胡同绍兴会馆里（即《呐喊》序中之"S会馆"），他那时最喜欢买"造像记"，搜罗甚富，手自精抄，衰然成帙。民国三年，他曾用木板刻所辑的《会稽郡故书杂集》。民国六年，蔡

---

① 实为"读音统一会"。——编者注
② 同"侄"。——编者注

子民（元培）先生任北京大学校长，大事革新，聘陈仲甫（独秀）君为文科学长，胡适之（适）君及刘半农（复）君为教授。陈、胡、刘诸君正努力于新文化运动，主张文学革命。启明亦同时被聘为北大教授。我因为我的理智告诉我，"旧文化之不合理者应该被打倒"，"文章应该用白话做"，所以我是十分赞同仲甫所办的《新青年》杂志，愿意给它当一名摇旗呐喊的小卒。我认为周氏兄弟的思想，在国内是数一数二的，所以竭力怂恿他们给《新青年》写文章。民国七年一月起，就有启明的文章，那是《新青年》第四卷第一号，接着第二、三、四诸号都有启明的文章。但豫才则尚无文章送来，我常常到绍兴会馆去催促，于是他的《狂人日记》小说居然做成而登在第四卷第五号里了。自此以后豫才便常有文章送来，有论文、随感录、诗、译稿等，直到《新青年》第九卷止（民国十年下半年）。稍后（记不清正确的年代，约在民国十年到十五年），他在北大、师大、女师大等校，讲授中国小说史，著有《中国小说史略》一书。此书条理明晰，论断精当，虽编成在距今十多年以前，但至今还没有第二部书比他更好的（或与他同样好的）中国小说史出现。他著此书时所见之材料不逮后来马隅卿（廉）及孙子书（楷第）两君所见者十分之一，且为一两年中随编随印之讲义，而能做得如此之好，实可佩服。民国十三年冬，孙伏园与李小峰诸君创办《语丝》，约周氏兄弟、王品青（贵钧）、章衣萍（洪熙）、章川岛（廷谦）诸君共任撰稿，故《语丝》中豫才的文章也很不少。十四年，他又与他的几位朋友（姓名都想不起来了）共办《莽原》。此外则徐旭生（炳昶）与李玄伯（宗侗）诸君所办的《猛进》中也有豫才的文章。

下

　　十五年秋天，豫才到厦门去教书①，从那时直到现在，这十年之中，与我绝无往来。十八年五月，他到北平来过一次，因幼渔的介绍，他于二十六日到孔德学校访隅卿（隅卿那时是孔德学校的校务主任），要看孔德学校收藏的旧小说。我也在隅卿那边谈天，看见他的名片还是"周树人"三字，因笑问他，"原来你还是用三个字的名片，不用两个字的。"我意谓其不用"鲁迅"也。他说，"我的名片总是三个字的，没有两个字的，也没有四个字的"，他所谓四个字的，大概是指疑古玄同吧！我那时喜效古法，缀"号"于"名"上，朋友们往往要开玩笑，说我改姓"疑古"，其实我也没有这四个字的名片。他自从说过这句话之后，就不再与我谈话了，我当时觉得有些古怪，就走了出去。后来看见他的《两地书》中说到这事，把"钱玄同"改为"金立因"，说，"往孔德学校，去看旧书，遇金立因，胖滑有加，唠叨如故，时光可惜，默不与谈，"（第二四四页）。我想，"胖滑有加"似乎不能算做罪名，他所讨厌的大概是唠叨如故吧。不错我是爱"唠叨"的，从民国二年秋天我来到北平，至十五年秋天他离开北平，这十三年之中，我与他见面总在一百次以上，我的确很爱"唠叨"，但那时他似乎并不讨厌，因为我固"唠叨"，而他亦"唠叨"也。不知何以到了民国十八年我"唠叨如故"，他就要讨厌而"默不与谈"。但这实在算不了什么事，他既要讨厌，就让他讨厌吧。不过这以

---

① 　十四年夏天，女师大学生反对校长杨荫榆的事件发生时，豫才是女师大的教员，他是站在学生一边的，被教育总长章士钊所知，于是下令免他的佥事职。十五年，"三一八"的惨案发生以后，北政府索性"一不做，二不休"，倒行逆施，竟开出所谓知识界的过激分子五十个人的名单，要通缉他们，豫才也是其中之一人，于是他不得不离开北平，上厦门去教书。（是否真有这份名单，历史上有争议。——编者注）

后他又到北平来过一次，我自然只好回避他了。自从他上厦门去到现在，这十年中，我除了碰过他那次钉子以外，还偶然见过他几本著作（但没有完全看到），所以我近年对于他实在隔膜的很。我所做的事是关于国语与国音的，我所研究的学问是"经学"与"小学"；我反对的是遗老，遗少，旧戏，读经，新旧各种"八股"，他们所谓"正体字"，辫子，小脚，……二十年来如一日，即今后亦可预先断定，还是如此。我读豫才的文章，从《河南》上的《破恶声论》等起，到最近（二十五年十月）"未名书屋"出版的《鲁迅杂文集》止，他所持论，鄙见总是或同或异，因为我是主张思想自由的，无论同意或反对，都要用自己的理智来判断也。至于我对豫才批评，却也有可说者，（一）他治学最为谨严，无论校勘古书或翻译外籍，都以求真为职志，他辑《会稽郡故书杂集》与《古小说钩沉》，他校订《嵇康集》与《唐宋传奇集》，他著《中国小说史略》，他翻译外国小说，都同样认真，这种精神，极可钦佩，青年们是应该效法他的。（二）日前启明对我说，豫才治学，只是他自己的兴趣，绝无好名之心，所以总不大肯用自己的名字发表，如《会稽郡故书杂集》，实在是豫才辑的，序也是他做的，但是他不写"周树人"而写"周作人"，即是一例；因为如此，所以他所辑校著译的书，都很精善，从无粗制滥造的。这种"阐修"的精神，也是青年们所应该效法的。（三）他读史与观世，有极犀利的眼光，能抉发中国社会的痼疾，如《狂人日记》、《阿Q正传》、《药》等小说及《新青年》中他的《随感录》所描写所论述的皆是，这种文章，如良医开脉案，作对症发药之根据，于改革社会是有极大的用处。此三点，我认为是他的长处。但我认为他的短处也有三点，（一）多疑。他往往听了别人几句不经意的话，以为是有恶意的，甚而至于是要陷害他的，于是动了不必动的感情。（二）轻信。他又往往听了别人几句不诚意的好听话，遂认为同志，后来发觉对方的欺诈，于是由决裂而至大骂。（三）迁怒。譬如说，他本善甲而恶乙，但因甲与乙善，遂迁怒于甲而并恶之。以上所说，是我所知道的豫才的事实，我与他的关系，我个人对他的批评。此外我所不知道的，我所不能了解的，我都不敢乱说。

二十五年十月二十四日

（摘自《钱玄同文选》，四川文艺出版社，2010年）

作者简介

钱玄同（1887—1939），原名钱夏，字德潜，号疑古，浙江吴兴（现浙江湖州市）人。文字音韵学家、中国五四新文化运动的倡导者之一、著名思想家。曾主张废除汉字。代表作为《文字学音篇》。

悼鲁迅/林语堂

> 鲁迅与我相得者二次，疏离者二次，其即其离，皆出自然，非吾于鲁迅有轻轩于其间也。吾始终敬鲁迅；鲁迅顾我，我喜其知，鲁迅弃我，我亦无悔。大凡以所见相左相同，而为离合之迹，绝无私人意气存焉。

民二十五年十月十九日鲁迅死于上海。时我在纽约，第二天见 *Herald—Tribune*[①] 电信，惊愕之下，相与告友，友亦惊愕。若说悲悼，恐又不必，盖非所以悼鲁迅也。鲁迅不怕死，何为以死悼之？夫人生在世，所为何事？碌碌终日，而一旦瞑目，所可传者极渺。若投石击水，皱起一池春水，及其波静浪过，复平如镜，了无痕迹。惟圣贤传言，豪杰传事，然究其可传之事之言，亦不过圣贤豪杰所言所为之万一。孔子喋喋千万言，所传亦不过《论语》二三万言而已。

---

① 全称为 *International Herald Tribune*（《国际先驱论坛报》）。这是一份英文国际性报纸，总部设在巴黎。该报 1887 年 10 月 4 日创立，现属于纽约时报公司全额拥有。2013 年，该报更名为 *International New York Times*（《国际纽约时报》）。——编者注

始皇并六国，统天下，焚书坑儒，筑长城，造阿房，登泰山，游会稽，问仙求神，立碑刻石，固亦欲创万世之业，留传千古。然帝王之业中堕，长生之乐不到，阿房焚于楚汉，金人毁于董卓，碑石亦已一字不存，所存一长城旧规而已。鲁迅投鞭击长流，而长流之波复兴，其影响所及，翕然有当于人心，鲁迅见而喜，斯亦足矣。宇宙之大，沧海之宽，起伏之机甚微，影响所及，何可较量，复何必较量？鲁迅来，忽然而言，既毕其所言而去，斯亦足矣；鲁迅常谓文人写作，固不在藏诸名山，此语甚当。处今日之世，说今世之言，目所见，耳所闻，心所思，情所动，纵笔书之而罄其胸中，是以使鲁迅复生于后世，目所见后世之人，耳所闻后世之事，亦必不为今日之言。鲁迅既生于今世，既说今世之言，所言有为而发，斯足矣。后世之人好其言，听之；不好其言，亦听之。或今人所好在此，后人所好在彼，鲁迅不能知，吾亦不能知。后世或好其言而实厚诬鲁迅，或不好其言而实深为所动，继鲁迅而来，激成大波，是文海之波涛起伏，其机甚微，非鲁迅所能知，亦非吾所能知。但波使涛之前仆后起，循环起伏，不归沉寂，便是生命，便是长生，复奚较此波长彼波短耶？

鲁迅与我相得者二次，疏离者二次，其即其离，皆出自然，非吾于鲁迅有轻轩于其间也。吾始终敬鲁迅；鲁迅顾我，我喜其相知，鲁迅弃我，我亦无悔。大凡以所见相左相同，而为离合之迹，绝无私人意气存焉。我请鲁迅至厦门大学，遭同事摆布迫逐，至三易其厨，吾尝见鲁迅开罐头在火酒炉上以火腿煮水度日，是吾失地主之谊，而鲁迅对我绝无怨言，是鲁迅之知我。《人世间》出，左派不谅吾之文学见解，吾亦不肯牺牲吾之见解以阿附，初闻鸦叫自为得道之左派，鲁迅不乐，我亦无可如何。鲁迅诚老而愈辣，而吾则向慕儒家之明性达理，鲁迅党见愈深，我愈不知党见为何物，宜其刺刺不相入也。然吾私心终以长辈事之，至于硁硁小人之捕风捉影挑拨离间，早已置之度外矣。

鲁迅与其称为文人，无如号为战士。战士者何？顶盔披甲，持矛把盾交锋以为乐。不交锋则不乐，不披甲则不乐，即使无锋可交，无矛可持，拾一石子投狗，偶中，亦快然于胸中，此鲁迅之一副活形也。德国诗人海涅语人曰，我死时，棺中放一剑，勿放笔，是足以语鲁迅。

鲁迅所持非丈二长矛，亦非青龙大刀，乃炼钢宝剑，名宇宙锋。是剑也，斩石如棉，其锋不挫，刺人杀狗，骨骼尽解。于是鲁迅把玩不释，以为嬉乐，东砍西刨，情不自已，与绍兴学童得一把洋刀戏刻书案情形，正复相同，故鲁迅有时或类鲁智深。故鲁迅所杀，猛士劲敌有之，僧丐无赖，鸡狗牛蛇亦有之。鲁迅终不以天下英雄死尽，宝剑无用武之地而悲。路见疯犬、癞犬，及守家犬，挥剑一砍，提狗头归，而饮绍兴，名为下酒。此又鲁迅之一副活形也。

然鲁迅亦有一副大心肠。狗头煮熟，饮酒烂醉，鲁迅乃独坐灯下而兴叹。此一叹也，无以名之。无名火发，无名叹兴，乃叹天地，叹人生，叹圣贤，叹豪杰，叹司阍，叹佣妇，叹书贾，叹果商，叹黠者，狡者，愚者，拙者，直谅者，乡愚者；叹生人，熟人，雅人，俗人，尴尬人，盘缠人，累赘人，无生趣人，死不开交人；叹穷鬼，饿鬼，色鬼，谗鬼，牵钻鬼，串熟鬼，邋遢鬼，白蒙鬼，摸索鬼，豆腐羹饭鬼，青胖大头鬼。于是鲁迅复饮，俄而额筋浮胀，眶眦欲裂，须发尽竖；灵感至，筋更浮，眦更裂，须更竖，乃磨砚濡毫，呵的一声狂笑，复持宝剑，以刺世人。火发不已，叹兴不已，于是鲁迅肠伤，胃伤，肝伤，肺伤，血管伤，而鲁迅不起。呜呼，鲁迅以是不起。

二十六年十一月二十二于纽约

（摘自《民族英魂：名人笔下的鲁迅　鲁迅笔下的名人》，东方出版中心，1998年）

回忆鲁迅（节选）/郁达夫①

> 鲁迅不仅是一个只会舞文弄墨的空头文学家，对于实务，他原是也具有实际干才的。他的做事务的精神，也可以从他的整理书斋，和校阅原稿等小事件上看得出来。一般和我们在同时做文字工作的人，在我所认识的中间，大抵十个有九个都是把书斋弄得乱杂无章的。而鲁迅的书斋，却在无论什么时候，都整理得必清必楚。他的校对的稿子，以及他自己的文章，涂改当然是不免，但总缮写得非常的清楚。

一

　　和鲁迅第一次的见面，不知是在哪一年哪一月哪一日，——我对于时日地点，以及人的姓名之类的记忆力，异常的薄弱，人非要遇见至五六次以上，才能将一个人的名氏和一个人的面貌连合起来，

---

① 本文原载于上海《宇宙风乙刊》，1939 年 3 月 9 日。——编者注

记在心里——但地方却记得是在北平西城的砖塔儿胡同一间坐南朝北的小四合房子里。因为记得那一天天气很阴沉，所以一定是在我去北平，入北京大学教书的那一年冬天，时间仿佛是在下午的三四点钟。若说起那一年的大事情来，却又有史可稽了，就是曹锟贿选成功，做大总统的那一个冬天。

去看鲁迅，也不知是为了什么事情。他住的那一间房子，我却记得很清楚，是在那两座砖塔的东北面，正当胡同正中的地方。一个三四丈宽的小院子，院子里长着三四棵枣树。大门朝北，而住屋——三间上房——却朝正南，是杭州人所说的倒骑龙式的房子。

那时候，鲁迅还在教育部里当佥事，同时也在北京大学里教小说史略。我们谈的话，已经记不起来了，但只记得谈了些北大的教员中间的闲话，和学生的习气之类。

他的脸色很青，胡子是那时候已经有了；衣服穿得很单薄，而身材又矮小，所以看起来象是一个和他的年龄不大相称的样子。

他的绍兴口音，比一般绍兴人所发的来得柔和，笑声非常之清脆，而笑时眼角上的几条小皱纹，却很是可爱。

房间里的陈设，简单得很；散置在桌上、书橱上的书籍，也并不多，但却十分的整洁。桌上没有洋墨水和钢笔，只有一方砚瓦，上面盖着一个红木的盖子。笔筒是没有的，水池却像一个小古董，大约是从头发胡同的小市上买来的无疑。

他送我出门的时候，天色已经晚了，北风吹得很大；门口临别的时候，他不晓说了一句什么笑话，我记得一个人在走回寓舍来的路上，因回忆着他的那一句，满面还带着了笑容。

同一个来访我的学生，谈起了鲁迅。他说："鲁迅虽在冬天，也不穿棉裤，是抑制性欲的意思。他和他的旧式的夫人是不要好的。"因此，我就想起了那天去访问他时，来开门的那一位清秀的中年妇人。

152

她人亦矮小，缠足梳头，完全是一个典型的绍兴太太。

前数年，鲁迅在上海，我和映霞去北戴河避暑回到了北平的时候，映霞曾因好奇之故，硬逼我上鲁迅自己造的那一所西城象鼻胡同后面西三条的小房子里，去看过这中年的妇人。她现在还和鲁迅的老母住在那里，但不知她们在强暴的邻人管制下的生活也过得惯不？

二

那时候，我住在阜成门内巡捕厅胡同的老宅里。时常来往的，是住在东城禄米仓的张凤举、徐耀辰两位，以及沈尹默、沈兼士、沈士远的三昆仲；不时也常和周作人氏，钱玄同氏，胡适之氏，马幼渔氏等相遇，或在北大的休息室里，或在公共宴会的席上。这些同事，都是鲁迅的崇拜者，而对于鲁迅的古怪脾气，都当作一件似乎是历史上的轶事在谈论。

在我与鲁迅相见不久之后，周氏兄弟反目的消息，从禄米仓的张徐二位那里听到了，原因很复杂，而旁人终于也不明白是究竟为了什么。但终鲁迅的一生，他与周作人氏，竟没有和解的机会。

本来，鲁迅和周作人氏哥儿俩，是住在八道湾的那一所大房子里的。这一所大房子，系鲁迅在几年前，将他们绍兴的祖屋卖了，与周作人在八道湾买的；买了之后，加以修葺，他们兄弟和老太太就统在那里住了。俄国的那位盲诗人爱罗先珂寄住的，也就是这一所八道湾的房子。

后来，鲁迅和周作人氏闹了，所以他就搬了出来。所住的，大约就是砖塔胡同的那一间小四合了。所以，我见到他的时候，正在他们的口角之后不久的期间。

据凤举他们的判断，以为他们弟兄间的不睦，完全是两人的误解。周作人氏的那位日本夫人，甚至说鲁迅对她有失敬之处。但鲁迅有时候对我说："我对启明，总老规劝他的，教他用钱应该节省一点，我们不得不想想将来，但他对于经济，总是进一个化一个的，尤其是他那一位夫人。"从这些地方，会合起来，大约他们反目的真因，也可以猜度到一二成了。不过凡是认识鲁迅，认识启明及他的夫人的人，都晓得他们三个人，完全是好人；鲁迅虽则也痛骂过正人君子，但据我所知的他们三人来说，则只有他们才是真正的正人君子。现在颇有些人，说周作人已作了汉奸，但我却始终仍是怀疑。所以，全国文艺作者协会致周作人的那一封公开信，最后的决定，也是由我改削过的；我总以为周作人先生，与那些甘心卖国的人，是不能作一样的看法的。

这时候的教育部，薪水只发到二成三成，公事是大家不办的，所以，鲁迅很有工夫教书，编讲义，写文章。他的短文，大抵是由孙伏园氏拿去，在《晨报副刊》上发表；教书是除北大外，还兼任着师大。

有一次，在鲁迅那里闲坐，接到了一个来催开会的通知，我问他忙么？他说，忙倒也不忙，但是同唱戏的一样，每天总得到处去扮一扮。上讲台的时候，就得扮教授；到教育部去，也非得扮官不可。

他说虽则这样说，但做到无论什么事情时，却总肯负完全的责任。

至于说到唱戏呢，在北平虽则住了那么久，可是他终于没有爱听京戏的癖性。他对于唱戏听戏的经验，始终只限于绍兴的社戏，高腔，乱弹，目莲戏 [1] 等，最多也只听到了徽班。阿Q所唱的那句"手执钢鞭将你打"，就是乱弹班《龙虎斗》里的句子，是赵玄坛唱的。

---

[1] 现写作"目连戏"。——编者注

对于目莲戏，他却有特别的嗜好，他有好几次同我说，这戏里的穿插，实在有许许多多的幽默味。他曾经举出不少的实例，说到一个借了鞋袜靴子去赴宴会的人，到了人来向他索还，只剩大衫在身上的时候，这一位老兄就装作肚皮痛，以两手按着腹部，口叫着我肚皮痛杀哉，将身体伏矮了些，于是长衫就盖到了脚部以遮掩过去的一段，他还照样的做出来给我们看过。说这一段话时，我记得《月夜》的著者，川岛兄也在座上，我们曾经大笑过的。

后来在上海，我有一次谈到了予倩田汉诸君想改良京剧，来作宣传的话，他根本就不赞成，并且很幽默的说，以京剧来宣传救国，那就是"我们救国啊啊啊啊了，这行么？"

三

孙伏园氏在晨报社，为了鲁迅的一篇挖苦人的恋爱的诗，与刘勉己氏闹反了脸。鲁迅的学生李小峰就与伏园联合起来，出了《语丝》。投稿者除上述的诸位之外，还有林语堂氏，在国外的刘半农氏，以及徐旭生氏等。但是周氏兄弟，却是《语丝》的中心。而每次语丝社中人叙会吃饭的时候，鲁迅总不出席，因为不愿与周作人氏遇到的缘故。因此，在这一两年中，鲁迅在社交界，始终没有露一露脸。无论什么人请客，他总不肯出席；他自己哩，除了和一二人去小吃之外，也绝对的不大规模（或正式）的请客。这脾气，直到他去厦门大学以后，才稍稍改变了些。

鲁迅的对于后进的提拔，可以说是无微不至。《语丝》发刊以后，有些新人的稿子，差不多都是鲁迅推荐的。他对于高长虹他们的一集团，对于沉钟社的几位，对于未名社的诸子，都一例地为说项。就是对于沈从文氏，虽则已有人在孙伏园去后的《晨报副刊》上在替吹嘘了，他也时时提到，唯恐诸编辑的埋没了他。还有当时在北大念书的王品青氏，也是他所属望的青年之一。

鲁迅和景宋女士（许广平）的认识，是当他在北京（那时北平还叫作北京）女师大教书的中间，前后经过，《两地书》里已经记载得很详细，此地可以不必说。但他和许女士的进一步的接近，是在"三一八"惨案之前，章士钊做教育部长，使刘百昭去用了老妈子军以暴力解散女师大的时候。

鲁迅是向来喜欢打抱不平的，看了章士钊的横行不法，又兼自己还是这学校的讲师，所以当教育部下令解散女师大的时候，他就和许季茀，沈兼士，马幼渔等一道起来反对。当时的鲁迅，还是教育部的佥事，故而部长的章士钊也就下令将他撤职。为此，他一面向行政院控告章士钊，提起行政诉讼，一面就在《语丝》上攻击《现代评论》的为虎作伥，尤以对陈源（通伯）教授为最烈。

《现代评论》的一批干部，都是英国留学生；而其中象周鲠生，皮宗石，王世杰等，却是两湖人。他们和章士钊，在同到过英国的一点上，在同是湖南人的一点上，都不得不帮教育部的忙。鲁迅因而攻击绅士态度，攻击《现代评论》的受贿赂，这一时候的他的杂文，怕是他一生之中，最含热意的妙笔。在这一个压迫和反抗，正义和暴力的争斗之中，他与许女士便有了更进一步的认识机会。

在这前后，我和他见面的次数并不多，因为我已经离开了北平，上武昌师范大学文科去教书了，可是这一年（民十三？）暑假回北京，看见他的时候，他正在做控告章士钊的状了·，而女师大为校长杨荫榆的问题，也正是闹得最厉害的期间。当他告诉我完了这事情的经过之后，他仍旧不改他的幽默态度说：

"人家说我在打落水狗，但我却以为在打枪伤老虎，在扮演周处或武松。"

这句话真说得我高笑了起来。可是他和景宋女士的认识，以及有什么来往，我却还一点儿也不曾晓得。

直到两年（？）之后，他因和林文庆博士闹意见，从厦门大学回上海的那一年暑假，我上旅馆去看他，谈到了中午，就约他及景宋女士与在座的许钦文去吃饭。在吃完饭后，茶房端上咖啡来时，鲁迅却很热情地向正在搅咖啡杯的许女士看了一眼，又用诫告亲属似地热情的口气，对许女士说：

"密丝许，你胃不行，咖啡还是不吃的好，吃些生果罢！"

在这一个极微细的告诫里，我才第一次看出了他和许女士中间的爱情。

从此之后，鲁迅就在上海住下了，是在闸北去窦乐安路不远的景云里内一所三楼朝南的洋式弄堂房子里。他住二层的前楼，许女士是住在三楼的。他们两人间的关系，外人还是一点儿也没有晓得。

有一次，林语堂——当时他住在愚园路，和我静安寺路的寓居很近——和我去看鲁迅，谈了半天出来，林语堂忽然问我：

"鲁迅和许女士，究竟是怎么回事？有没有什么关系的？"

我只笑着摇摇头，回问他说：

"你和他们在厦大同过这么久的事，难道还不晓得么？我可真看不出什么来。"

说起林语堂，实在是一位天性纯厚的真正英美式的绅士，他决不疑心人有意说出的不关紧要的谎。我只举一个例出来，就可以看出他的本性。当他在美国向他的夫人求爱的时候，他第一次捧呈了她一册克莱克夫人著的小说《模范绅士约翰哈里法克斯》；但第二次他忘记了，又捧呈了她以这册 *John Halifax Gentleman*。这是林夫人亲口对我说的话，当然是不会错的。从这一点上看来，就可以看出语堂真是如何地忠厚老实的一位模范绅士。他的提倡幽默，挖苦绅士态度，我们都在说，这些都是从他的 Inferiority Complex（不及错觉）心理出发的。

语堂自从那一回经我说过鲁迅和许女士中间大约并没有什么关系之后，一直到海婴（鲁迅的儿子）将要生下来的时候，才兹恍然大悟。我对他说破了，他满脸泛着好好先生的微笑说："你这个人真坏！"

四

鲁迅的烟瘾，一向是很大的；在北京的时候，他吸的，总是哈德门牌的拾枝装包。当他在人前吸烟的时候，他总探手进他那件灰布棉袍的袋里去摸出一枝来吸；他似乎不喜欢将烟包先拿出来，然后再从烟包里抽出一枝，而再将烟包塞回袋里去。他这脾气，一直到了上海，仍没有改过，不晓是为了怕麻烦的原因呢？抑或为了怕人家看见他所吸的烟，是什么牌。

他对于烟酒等刺激品，一向是不十分讲究的；对于酒，也是同烟一样。他的量虽则并不大，但却老爱喝一点。在北平的时候，我曾和他在东安市场的一家小羊肉铺里喝过白干；到了上海之后，所喝的，大抵是黄酒了。但五加皮，白玫瑰，他也喝，啤酒，白兰地他也喝，不过总喝得不多。

爱护他、关心他的健康无微不至的景宋女士，有一次问我："周先生平常喜欢喝一点酒，还是给他喝什么酒好？"我当然答以黄酒第一。但景宋女士却说，他喝黄酒时，老要量喝得很多，所以近来她在给他喝五加皮酒。并且说，因为五加皮酒性太烈，她所以老把瓶塞在平时拔开，好教消散一点酒气，变得淡些。

在这些地方，本可看出景宋女士的一心为鲁迅牺牲的伟大精神来；仔细一想，真要教人感激得下眼泪的，但我当时却笑了，笑她的太没有对于酒的知识。当然她原也晓得酒精成分多少的科学常识，可是爱人爱得过分时，常识也往往会被热挚的真情，掩蔽下去。我于讲完了量与质的问题，讲完了酒精成分的比较问题之后，就劝她，以后，顶好是给周先生以好的陈黄酒喝，否则还是喝啤酒。

这一段谈话过后不久，忽而有一天，鲁迅送了我两瓶十多年陈的绍兴黄酒，说是一位绍兴同乡，带出来送他的。我这才放了心，相信以后他总不再喝五加皮等烈酒了。

五

我的记忆力很差，尤其是对于时日及名姓等的记忆。有些朋友，当见面时却混得很熟，但竟有一年半载以上，不晓得他的名姓的，因为混熟了，又不好再请教尊姓大名的缘故。象这一种习惯，我想一般人也许都有，可是，在我觉得特别的厉害。而鲁迅呢，却很奇怪，他对于遇见过一次，或和他在文字上有点纠葛过的人，都记得很详细，很永固。

所以，我在前段说起过的，鲁迅到上海的时日，照理应该在十八年的春夏之交；因为他于离开厦门大学之后，是曾上广州中山大学去住过一年的；他的重回上海，是在因和顾颉刚起了冲突，脱离中山大学之后；并且因恐受当局的压迫拘捕，其后亦曾在广州闲住了半年以上的时间。

他对于辞去中山大学教职之后，在广州闲住的半年那一节事情，也解释得非常有趣。他说：

"在这半年中，我譬如是一只雄鸡，在和对方呆斗。这呆斗的方式，并不是两边就咬起来，却是振冠击羽，保持着一段相当距离的对视。因为对方的假君子，背后是有政治力量的，你若一经示弱，对方就会用无论那一种卑鄙的手段，来加你以压迫。

　　"因而有一次，大学里来请我讲演，伪君子正在庆幸机会到了，可以罗织成罪我的证据。但我却不忙不迫的讲了些魏晋人的风度之类，而对于时局和政治，一个字也不曾提起。"

　　在广州闲住了半年之后，对方的注意力有点松懈了，就是对方的雄鸡，坚忍力有点不能支持了；他就迅速地整理行囊，乘其不备，而离开了广州。

　　人虽则离开了，但对于代表恶势力而和他反对的人，他却始终不会忘记。所以，他的文章里，无论在哪一篇，只教用得上去的话，他总不肯放松一着，老会把这代表恶势力的敌人押解出来示众。

　　对于这一点，我也曾再三劝他过，劝他不要上当。因为有许多无理取闹，来攻击他的人，都想利用了他来成名。实际上，这一个文坛登龙术，是屡试屡验的法门；过去曾经有不少的青年，因攻击鲁迅而成了名的。但他的解释，却很彻底。他说：

　　"他们的目的，我当然明了。但我的反攻，却有两种意思。第一，是正可以因此而成全了他们；第二，是也因为了他们，而真理愈得阐发。他们的成名，是烟火似地一时的现象，但真理却是永久的。"

　　他在上海住下之后，这些攻击他的青年，愈来愈多了。最初，是高长虹等，其次是太阳社的钱杏邨等，后来则有创造社的叶灵凤等。他对于这些人的攻击，都三倍四倍地给予了反攻，他的杂文的光辉，也正因了这些不断的搏斗而增加了熟练与光辉。他的全集的十分之六七，是这种搏斗的火花，成绩俱在，在这里可以不必再说。

　　此外还有些并不对他攻击，而亦受了他的笔伐的人，如张若谷、曾今可等；他对于他们，在酒兴浓溢的时候，老笑着对我说：

"我对他们也并没有什么仇。但因为他们是代表恶势力的缘故，所以我就做了堂·克蓄德①，而他们却做了活的风车。"

关于堂·克蓄德这一名词，也是钱杏邨他们奉赠给他的。他对这名词并不嫌恶，反而是很喜欢的样子。同样在有一时候，叶灵凤引用了苏俄讥高尔基的画来骂他，说他是"阴阳面的老人"，他也时常笑着说："他们比得我太大了，我只恐怕承当不起。"

创造社和鲁迅的纠葛，系开始在成仿吾的一篇批评，后来一直地继续到了创造社的被封时为止。

鲁迅对创造社，虽则也时常有讥讽的言语，散发在各杂文里；但根底却并没有恶感。他到广州去之先，就有意和我们结成一条战线，来和反动势力拮抗的；这一段经过，恐怕只有我和鲁迅及景宋女士三人知道。

六

至于我个人与鲁迅的交谊呢，一则因系同乡，二则因所处的时代，所看的书，和所与交游的友人，都是同一类属的缘故，始终没有和他发生过冲突。

后来，创造社因被王独清挑拨离间，分成了派别，我因一时感情作用，和创造社脱离了关系。在当时，一批幼稚病的创造社同志，都受了王独清等的煽动，与太阳社联合起来攻击鲁迅，但我却始终以为他们的行动是越出了常轨，所以才和他计划出了《奔流》这一个杂志。

《奔流》的出版，并不是想和他们对抗，用意是在想介绍些真

---

① 现译作堂吉诃德。——编者注

正的革命文艺的理论和作品，把那些犯幼稚病的左倾青年，稍稍纠正一点过来。

当编《奔流》的这一段时期，我以为是鲁迅的一生之中，对中国文艺影响最大的一个转变时期。

在这一年当中，鲁迅的介绍左翼文艺的正确理论的一步工作，才开始立下了系统。而他的后半生的工作的纲领，差不多全是在这一个时期里定下来的。

当时在上海负责在做秘密工作的几位同志，大抵都是在我静安寺路的寓居里进出的人；左翼作家联盟，和鲁迅的结合，实际上是我做的媒介。不过，左联成立之后，我却并不愿意参加，原因是因为我的个性是不适合于这些工作的。我对于我自己，认识得很清，决不愿担负一个空名，而不去做实际的事务；所以，左联成立之后，我就在一月之内，对他们公然的宣布了辞职。

但是暗中站在超然的地位，为左联及各工作者的帮忙，也着实不少。除来不及营救，已被他们杀死的许多青年不计外，在龙华，在租界捕房被拘去的许多作家，或则减刑，或则拒绝引渡，或则当时释放等案件，我现在还记得起来的，当不止十件八件的少数。

七

鲁迅的热心于提拔青年的一件事情，是大家在说的。但他的因此而受痛苦之深刻，却外边很少有人知道。象有些先受他的提拔，而后来却用攻击的方法以成自己的名的事情，还是彰明显著的事实，而另外还有些"挑了一担同情来到鲁迅那里，强迫他出很高的代价"的故事，外边的人，却大抵都不晓得了。在这里，我只举一个例：

在广州的时候，有一位青年的学生，因平时被鲁迅所感化而跟他到了上海。到了上海之后，鲁迅当然也收留他一道住在景云里那一所三层楼的弄堂房子里。但这一位青年，误解了鲁迅的意思，以为他没有儿子——当时海婴还没有生——所以收留自己和他住下，大约总是想把自己当作他的儿子的意思。后来，他又去找了一位女朋友来同住，意思是为鲁迅当儿媳妇的。可是，两人坐食在鲁迅的家里，零用衣饰之类，鲁迅当然是供给不了的；于是这一位自定的鲁迅的子嗣，就发生了很大的不满，要求鲁迅，一定要为他谋一出路。

鲁迅没法子，就来找我，教我为这青年去谋一职业，如报馆校对，书局伙计之类；假使是真的找不到职业，那么亦必须请一家书店或报馆在名义上用他做事，而每月的薪水三四十元，当由鲁迅自己拿出，由我转交给这书局或报馆，作为月薪来发给。

这事我向当时的现代书局说了，已经说定是每月由书局和鲁迅各拿出一半的钱来，使用这一位青年。但正当说好的时候，这一位青年却和爱人脱离了鲁迅而走了。

这一件事情，我记得章锡琛曾在鲁迅去世的时候写过一段短短的文章；但事实却很复杂，使鲁迅为难了好几个月。从这一回事情之后，鲁迅就爱说"青年是挑了一担同情来的"趣话。不过这仅仅是一例，此外，因同情青年的遭遇，而使他受到痛苦的事实还正多着哩！

八

民国十八年以后，因国共分家的结果，有许多青年，以及正义的斗士，都无故而被牺牲了。此外，还有许多从事革命运动的青年，在南京，上海，以及长江流域的通都大邑里，被捕的，正不知有多少。在上海专为这些革命志士以及失业工人等救济而设的一个团体，是共济会。但这时候，这救济会已经遭了当局之忌，不能公开工作了；所以弄成请了律师，也不能公然出庭，有了店铺作保，也不能去向法庭请求保释的局面。在这时候，带有国际性的民权保障自由大同盟，才在孙夫人（宋庆龄女士）蔡先生（孑民）等的领导下，在上海成立了起来。鲁迅和我，都是这自由大同盟的发起人，后来也连做了几任的干部，一直到南京的通缉令下来，杨杏佛被暗杀的时候为止。

在这自由大同盟活动的期间，对于平常的集会，总不出席的鲁迅，却于每次开会时一定先期而到；并且对于事务是一向不善处置的鲁迅，将分派给他的事务，也总办得井井有条。从这里，我们又可以看出，鲁迅不仅是一个只会舞文弄墨的空头文学家，对于实务，他原是也具有实际干才的。说到了实务，我又不得不想起我们合编的那一个杂志《奔流》——名义上，虽则是我和他合编的刊物，但关于校对，集稿，算发稿费等琐碎的事务，完全是鲁迅一个人效的劳。

他的做事务的精神，也可以从他的整理书斋，和校阅原稿等小事件上看得出来。一般和我们在同时做文字工作的人，在我所认识的中间，大抵十个有九个都是把书斋弄得乱杂无章的。而鲁迅的书斋，却在无论什么时候，都整理得必清必楚。他的校对的稿子，以及他自己的文稿，涂改当然是不免，但总缮写得非常的清楚。

直到海婴长大了，有时候老要跑到他的书斋里去翻弄他的书本杂志之类；当这样的时候，我总看见他含着苦笑，对海婴说："你这小捣乱看好了没有？"海婴含笑走了的时候，他总是一边谈着笑话，一边先把那些搅得零乱的书本子堆叠得好好，然后再来谈天。

记得有一次，海婴已经会得说话的时候了，我到他的书斋去的前一刻，海婴正在那里捣乱，翻看书里的插图。我去的时候，书本子还没有理好。鲁迅一见着我，就大笑着说："海婴这小捣乱，他问我几时死；他的意思是我死了之后，这些书本都应该归他的。"

鲁迅的开怀大笑，我记得要以这一次为最兴高采烈。听这话的我，一边虽也在高笑，但暗地里一想到了"死"这一个定命，心里总不免有点难过。尤其是象鲁迅这样的人，我平时总不会把死和他联合起来想在一道。就是他自己，以及在旁边也在高笑的景宋女士，在当时当然也对于死这一个观念的极微细的实感都没有的。

这事情，大约是在他去世之前的两三年的时候；到了他死之后，在万国殡仪馆成殓出殡的上午，我一面看到了他的遗容，一面又看见海婴仍是若无其事地在人前穿了小小的丧服在那里快快乐乐地跑，我的心真有点儿绞得难耐。

九

鲁迅的著作的出版者，谁也知道是北新书局。北新书局的创始人李小峰，本是北大鲁迅的学生；因为孙伏园从《晨报副刊》出来之后，和鲁迅，启明，及语堂等，开始经营《语丝》之发行，当时还没有毕业的李小峰，就做了《语丝》的发行兼管理印刷的出版业者。

北新书局从北平分到上海，大事扩张的时候，所靠的也是鲁迅的几本著作。

后来一年一年的过去，鲁迅的著作也一年一年地多起来了，北新和鲁迅之间的版税交涉，当年成了一个很大的问题。

北新对著作者，平时总只含混地说，每月致送几百元版税，到了三节，便开一清单来报帐[①]的。但一则他的每月致送的款项，老要拖欠，再则所报之帐，往往不十分清爽。

后来，北新对鲁迅及其他的著作人，简直连月款也不提，节帐

也不算了。靠版税在上海维持生活的鲁迅，一时当然也破除了情面，请律师和北新提起了清算版税的诉讼。

照北新开给鲁迅的旧帐单等来计算，在鲁迅去世的前六七年，早该积欠有两三万元了。这诉讼，当然是鲁迅的胜利，因为欠债还钱，是古今中外一定不易的自然法律。北新看到了这一点，就四处托人向鲁迅讲情，要请他不必提起诉讼，大家来设法谈判。

当时我在杭州小住，打算把一部不曾写了的《蜃楼》写它完来。但住不上几天，北新就有电报来了，催我速回上海，为这事尽一点力。

后来经过几次的交涉，鲁迅答应把诉讼暂时不提，而北新亦愿意按月摊还积欠两万余元。分十个月还；新欠则每月致送四百元，决不食言。

这一场事情，总算是这样的解决了；但在事情解决，北新请大家吃饭的那一天晚上，鲁迅和林语堂两人，却因误解而起了正面的冲突。

冲突的原因，是在一个不在场的第三者，也是鲁迅的学生，当时也在经营出版事业的某君。北新方面，满以为这一次鲁迅的提起诉讼，完全系出于这同行第三者的挑拨。而忠厚诚实的林语堂，于席间偶尔提起了这一个人的名字。

鲁迅那时，大约也有了一点酒意，一半也疑心语堂在责备这第三者的话，是对鲁迅的讽刺；所以脸色发青，从坐位里站了起来，大声的说：

"我要声明！我要声明！"

他的声明，大约是声明并非由这第三者的某君挑拨的。语堂当然也要声辩他所讲的话，并非是对鲁迅的讽刺；两人针锋相对，形势真弄得非常的险恶。

在这席间，当然只有我起来做和事老：一面按住鲁迅坐下，一面我就拉了语堂和他的夫人，走下了楼。

这事当然是两方的误解，后来鲁迅原也明白了；他和语堂之间，是有过一次和解的。可是到了他去世之前年，又因为劝语堂多翻译一点西洋古典文学到中国来，而语堂说这是老年人做的工作之故，而各起了反感。但这当然也是误解，当鲁迅去世的消息传到当时寄居在美国的语堂耳里的时候，语堂是曾有极悲痛的唁电发来的。

十

鲁迅住的景云里那一所房子，是在北四川路尽头的西面，去虹口花园很近的地方。因而去狄思威路北的内山书店亦只有几百步路。

书店主人内山完造，在中国先则卖药，后则经营贩卖书籍，前后总已有了二十几年的历史。他生活很简单，懂得生意经，并且也染上了中国人的习气，喜欢讲交情。因此，我们这一批在日本住久的人在上海，总老喜欢到他店里去坐坐谈谈；鲁迅于在上海住下之后，也就是这内山书店的常客之一。

一二八沪战发生，鲁迅住的那一个地方，去天通庵只有一箭之路，交战的第二日，我们就在担心着鲁迅一家的安危。到了第三日，并且谣言更多了，说和鲁迅同住的他的三弟巢峰（周建人）被敌宪兵殴伤了，但就在这一个下午，我却在四川路桥南，内山书店的一家分店的楼上，会到了鲁迅。

他那时也听到了这谣传了，并且还在报上看见了我寻他和其他几位住在北四川路的友人的启事。他在这兵荒马乱之间，也依然不消失他那种幽默的微笑；讲到巢峰被殴伤的那一段谣言的时候，还加上了许多我们所不曾听见过的新鲜资料，证明一般空闲人的喜欢造谣生事，乐祸幸灾。

在这中间，我们就开始了向全世界文化人呼吁，出刊物公布暴敌狞恶侵略者面目的工作，鲁迅当然也是签名者之一；他的实际参加联合抗敌的行动，和一班左翼作家的接近，实际上是从这一个时期开始的。

一二八战事过后，他从景云里搬了出来，住在内山书店斜对面的一家大厦的三层楼上；租金比较得贵，生活方式也比较得奢侈，因而一般平时要想寻出一点弱点来攻击他的人，就又象是发掘得了至宝。

但他在那里住得也并不久，到了南京的秘密通缉令下来，上海的反动空气很浓厚的时候，他却搬上了内山书店的北面，新造好的大陆新村（四达里对面）的六十几号房屋去住了。在这里，一直住到了他去世的时候为止。

十一

南京的秘密通缉令，列名者共有六十几个，多半是与民权保障自由大同盟有关的文化人。而这通缉案的呈请者，却是在杭州的浙江省党部的诸先生。

说起杭州，鲁迅绝端的厌恶；这通缉案的呈请者们，原是使他厌恶的原因之一，而对于山水的爱好，别有见解，也是他厌恶杭州的一个原因。

有一年夏天，他曾同许钦文到杭州去玩过一次；但因湖上的闷热，蚊子的众多，饮水的不洁等关系，他在旅馆里一晚没有睡觉，第二天就逃回到上海来了。自从这一回之后，他每听见人提起杭州，就要摇头。

后来，我搬到杭州去住的时候，他曾写过一首诗送我，头一句就是"钱王登遐仍如在";这诗的意思，他曾同我说过，指的是杭州党政诸人的无理的高压。他从五代时的记录里，曾看到过钱武肃王的时候，浙江老百姓被压榨得连裤子都没有得穿，不得不以砖瓦来遮盖下体。这事不知是出在那一部书里，我到现在也还没有查到，但他的那句诗的原意，却就系指此而言。我因不听他的忠告，终于搬到杭州去住了，结果竟不出他之所料，被一位党部的先生弄得家破人亡；这一位吃党饭出身，积私财至数百万，曾经呈请南京中央党部通缉过我们的先生，对我竟做出了比邻人对待我们老百姓还更凶恶的事情，而且还是在这一次的抗战军兴之后。我现在虽则已远离祖国，再也受不到他的奸淫残害的毒爪了；但现在仍还在执掌以礼义廉耻为信条的教育大权的这一位先生，听说近来因天高皇帝远，浑水好捞鱼之故，更加加重了他对老百姓的这一种远溢过钱武肃王的德政。

鲁迅不但对于杭州，并没有好感，就是对他出身地的绍兴，也似乎并没有什么依依不舍的怀恋。这可从有一次他的谈话里看得出来。是他在上海住下不久的时候，有一回我们谈起了前两天刚见过面的孙伏园。他问我伏园住在那里，我说，他已经回绍兴去了，大约总不久就会出来的。鲁迅言下就笑着说：

"伏园的回绍兴，实在也很可观！"他的意思，当然是绍兴又凭什么值得这样的频频回去？

所以从他到上海之后，一直到他去世的时候为止，他只匆匆地上杭州去住了一夜，而绝没有回去过绍兴一次。

预言者每不为其故国所容，我于鲁迅更觉得这一句格言的确凿。各地党部的对待鲁迅，自从浙江党部发动了那大弹劾案之后，似乎态度都是一致的。抗战前一年的冬天，我路过厦门，当时有许多厦大同学曾来看我，谈后就说到了厦大门前，经过南普陀的那一条大道，他们想呈请市政府改名"鲁迅路"以资纪念。并且说，这事已经由鲁迅纪念会（主其事的是厦门星光日报社长胡资周及记者们与厦大学生代表等人）呈请过好几次了，但都被搁置着不批下来。我因为和当时的厦门市长及工务局长等都是朋友，所以就答应他们说这事一定可以办到。但后来去市长那里一查问，才知道又是党部在那里反对，绝对不准人们纪念鲁迅。这事情，后来我又同陈主席说了，陈主席当然是表示赞成的。可是，这事还没有办理完成，而抗战军兴，现在并且连厦门这一块土地，也已经沦陷了一年多了。

自从我搬到杭州去住下之后，和他见面的机会，就少了下去，但每一次当我上上海去的中间，无论如何忙，我总抽出一点时间来去和他谈谈，或和他吃一次饭。

而上海的各书店，杂志编辑者，报馆之类，要想拉鲁迅的稿子的时候，也总是要我到上海去和鲁迅交涉的回数多。譬如，黎烈文初编《自由谈》的时候，我就和鲁迅说，我们一定要维持他，因为在中国最老不过的《申报》，也晓得要用新文学了，就是新文学的胜利。所以，鲁迅当时也很起劲，《伪自由书》、《花边文学》集里的有许多短稿，就是这时候的作品。在起初，他的稿子就是由我转交的。

此外，像良友书店，天马书店，以及生活出的《大学》杂志之类，对鲁迅的稿件，开头大抵都是由我为他们拉拢的。尤其是当鲁迅对编辑者们发脾气的时候，做好做歹，仍复替他们调停和解这一角色，总是由我来担当。所以，在杭州住下的两三年中，光是为鲁迅之故，而跑上海的事情，前后总也有了好多次。

在他去世的前一年春天，我到了福建，这中间，和他见面的机会更加少了。但记得就在他作故①的前两个月，我回上海，他曾告诉了我以他的病状，说医生说他的肺不对，他想于秋天到日本去疗养，问我也能够同去不能。我在那时候，也正在想去久别了的日本一次，看看他们最近的社会状态，所以也轻轻谈到了同去岚山看红叶的事情。可是从此一别，我就再也没有和他作长谈的幸运了。

关于鲁迅的回忆，枝枝节节，另外也正还多着；可是他给我的信件之类，有许多已在搬回杭州去之先烧了，有几封在上海北新书局里存着，现在又没有日记在手头，所以就在这里，先暂搁笔，以后若有机会，或许再写也说不定。

（摘自《郁达夫名著系列·灯蛾埋葬之夜》，湖南文艺出版社，1996年）

作者简介

郁达夫（1896—1945），名文，字达夫，浙江富阳人。中国现代著名小说家、散文家、诗人。代表作有《怀鲁迅》、《沉沦》、《故都的秋》、《春风沉醉的晚上》、《过去》、《迟桂花》等。

---

① 现写作"作古"。——编者注

怀念鲁迅先生 / 巴金^①

> 我勉励自己讲真话，卢骚是我的第一个老师，但是几十年中间用自己的燃烧的心给我照亮道路的还是鲁迅先生。我看得很清楚：在他，写作和生活是一致的，作家和人是一致的，人品和文品是分不开的。他写的全是讲真话的书。他一生探索真理，追求进步。他勇于解剖社会，更勇于解剖自己；他不怕承认错误，更不怕改正错误。他的每篇文章都经得住时间的考验，他的确是把心交给读者的。

四十五年了，一个声音始终留在我的耳边："忘记我。"声音那样温和，那样恳切，那样熟习，但它常常又是那样严厉。我不知对自己说了多少次："我绝不忘记先生。"可是四十五年中间我究竟记住一些什么事情？！

四十五年前一个秋天的夜晚和一个秋天的清晨，在万国殡仪馆

---

① 本文原载于 1981 年 9 月 25 日《收获》第 5 期。——编者注

的灵堂里我静静地站在先生灵柩前，透过半截玻璃棺盖，望着先生的慈祥的面颜，紧闭的双眼，浓黑的唇髭，先生好象在安睡。四周都是用鲜花扎的花圈和花篮，没有一点干扰，先生睡在香花丛中。两次我都注视了四五分钟，我的眼睛模糊了，我仿佛看见先生在微笑。我想，要是先生睁开眼睛坐起来又怎么样呢？我多么希望先生活起来啊！

四十五年前的事情仿佛就发生在昨天。不管我忘记还是不忘记，我总觉得先生一直睁着眼睛在望我。

我还记得在乌云盖天的日子，在人兽不分的日子，有人把鲁迅先生奉为神明，有人把他的片语只字当成符咒；他的著作被人断章取义，用来打人，他的名字给新出现的"战友"、"知己"们作为装饰品。在香火烧得很旺、咒语念得很响的时候，我早已被打成"反动权威"，做了先生的"死敌"，连纪念先生的权利也给剥夺了。在作协分会的草地上有一座先生的塑像，我经常在园子里劳动，拔野草，通阴沟。一个窄小的"煤气间"充当我们的"牛棚"，六、七名作家挤在一起写"交代"。我有时写不出什么，就放下笔空想。我没有权利拜神，可是我会想到我所接触过的鲁迅先生。在那个秋天的下午我向他告了别。我同七、八千群众伴送他到墓地。在暮色苍茫中我看见覆盖着"民族魂"旗子的棺木下沉到墓穴里。在"牛棚"的一个角落，我又看见了他，他并没有改变，还是那样一个和蔼可亲的小小老头子，一个没有派头、没有架子、没有官气的普通人。

我想的还是从前的事情，一些很小、很小的事情。

我当时不过是一个青年作家。我第一次编辑一套《文学丛刊》，见到先生向他约稿，他一口答应，过两天就叫人带来口信，让我把他正在写作的短篇集《故事新编》收进去。《丛刊》第一集编成，出版社刊登广告介绍内容，最后附带一句：全书在春节前出齐。先生很快地把稿子送来了，他对人说：他们要赶时间，我不能耽误他们（大意）。其实那只是草写广告的人的一句空话，连我也不曾注意到。这说明先生对任何工作都很认真负责。我不能不想到自己工作的草率和粗心，我下决心要向先生学习，才发现不论是看一份校样，包封一本书刊，校阅一部文稿，编印一本画册，事无大小，不管是自己的事或者别人的事，先生一律认真对待，真正做到一丝不苟。他印书送人，自己设计封面，自己包封投邮，每一个过程都有他的心血。我暗中向他学习，越学越是觉得难学。我通过几位朋友，更加了解先生的一些情况，了解越多我对先生的敬爱越深。我的思想、我的态度也在逐渐变化。我感觉到所谓潜移默化的力量了。

　　我开始写作的时候，拿起笔并不感到它有多么重，我写只是为了倾吐个人的爱憎。可是走上这个工作岗位，我才逐渐明白：用笔作战不是简单的事情。鲁迅先生给我树立了一个榜样。我仰慕高尔基的英雄"勇士丹柯"，他掏出燃烧的心，给人们带路，我把这幅图画作为写作的最高境界，这也是从先生那里得到启发的。我勉励自己讲真话，卢骚①是我的第一个老师，但是几十年中间用自己的燃烧的心给我照亮道路的还是鲁迅先生。我看得很清楚：在他，写作和生活是一致的，作家和人是一致的，人品和文品是分不开的。他写的全是讲真话的书。他一生探索真理，追求进步。他勇于解剖社会，更勇于解剖自己；他不怕承认错误，更不怕改正错误。他的每篇文章都经得住时间的考验，他的确是把心交给读者的。我第一次看见他，并不感觉到拘束，他的眼光，他的微笑都叫我放心。人们说他的笔象刀一样锋利，但是他对年轻人却怀着无限的好心。一位朋友在先生指导下编辑一份刊物，有一个时期遇到了困难，先生对他说："看

────────────

① 现译为"卢梭"。——编者注

见你瘦下去，我很难过。"先生推荐青年作者的稿件，拿出自己的稿费印刷年轻作家的作品。先生长期生活在年轻人中间，同年轻人一起工作，一起战斗，分清是非，分清敌友。先生爱护青年，但是从不迁就青年。先生始终爱憎分明，接触到原则性的问题，他绝不妥协。有些人同他接近，后来又离开了他；一些"朋友"或"学生"，变成了他的仇敌。但是他始终不停脚步地向着真理前进。

"忘记我"！这个熟悉习的声音又在我的耳边响起来，它有时温和，有时严厉。我又想起四十五年前的那个夜晚和那个清晨，还有自己说了多少遍的表示决心的一句话。说是"绝不忘记"，事实上我早已忘得干干净净了。但在静寂的灵堂上对着先生的遗体表示的决心却是抹不掉的。我有时感觉到声音温和，仿佛自己受到了鼓励，我有时又感觉到声音严厉，那就是我借用先生的解剖刀来解剖自己的灵魂了。

二十五年前在上海迁葬先生的时候，我做过一个秋夜的梦，梦景至今十分鲜明。我看见先生的燃烧的心，我听见火热的语言：为了真理，敢爱，敢恨，敢说，敢做，敢追求。……但是当先生的言论被利用、形象被歪曲、纪念被垄断的时候，我有没有站出来讲过一句话？当姚文元挥舞棍子的时候，我给关在"牛棚"里除了唯唯诺诺之外，敢于做过什么事情？

十年浩劫中我给造反派当成"牛"，自己也以"牛"自居。在"牛棚"里写"检查"写"交代"混日子已经成为习惯，心安理得。只有近两年来咬紧牙关解剖自己的时候，我才想起先生也曾将自己比作"牛"。但先生"吃的是草，挤出来的是奶和血。"这是多么优美的心灵，多么广大的胸怀！我呢，十年中间我不过是一条含着眼泪等人宰割的"牛"。但即使是任人宰割的牛吧，只要能挣断绳索，它也会突然跑起来的。

"忘记我！"经过四十五年的风风雨雨，我又回到了万国殡仪馆的灵堂。虽然胶州路上殡仪馆已经不存在，但玻璃棺盖下面慈祥的面颜还很鲜明地现在我的眼前，印在我的心上。正因为我又记起先生，我才有勇气活下去。正因为我过去忘记了先生，我才遭遇了那些年的种种的不幸。我会牢牢记住这个教训。

若干年来我听见人们在议论：假如鲁迅先生还活着……。当然我们都希望先生活起来。每个人都希望先生成为他心目中的那样。但是先生始终是先生。

为了真理，敢爱，敢恨，敢说，敢做，敢追求……

如果先生活着，他绝不会放下他的"金不换"。他是一位作家，一位人民所爱戴的伟大的作家。

一九八一年七月底

（摘自《随想录·真话集》，人民文学出版社，1986 年）

作者简介

巴金（1904—2005），原名李尧棠，四川成都人。中国作家、翻译家、社会活动家、无党派爱国民主人士。著有《家》、《寒夜》、《随想录》等。

回忆鲁迅先生（节选）/ 萧红

> 鲁迅先生在北平教书时，从不发脾气，但常常好用这种眼光看人，许先生常跟我讲，她在女师大读书时，周先生在课堂上，一生气就用眼睛往下一掠，看着她们，这种眼光鲁迅先生在记范爱农先生的文字里曾自己述说过，而谁曾接触过这种眼光的人就会感到一个旷代的全智者的催逼。

一

鲁迅先生的笑声是明朗的，是从心里的欢喜。若有人说了什么可笑的话，鲁迅先生笑得连烟卷都拿不住了，常常是笑得咳嗽起来。

鲁迅先生走路很轻捷，尤其使人记得清楚的，是他刚抓起帽子来往头上一扣，同时左腿就伸出去了，仿佛不顾一切的走去。

鲁迅先生不大注意人的衣裳，他说："谁穿什么衣裳我看不见的……"

鲁迅先生生病，刚好了一点，窗子开着，他坐在躺椅上，抽着烟，那天我穿着新奇的火红的上衣，很宽的袖子。

鲁迅先生说："这天气闷热起来，这就是梅雨天。"他把他装在象牙烟嘴上的香烟，又用手装得紧一点，往下又说了别的。

许先生忙着家务跑来跑去，也没有对我的衣裳加以鉴赏。

于是我说："周先生，我的衣裳漂亮不漂亮？"

鲁迅先生从上往下看了一眼："不大漂亮。"

过了一会又加着说："你的裙子配的颜色不对，并不是红上衣不好看，各种颜色都是好看的，红上衣要配红裙子，不然就是黑裙子，咖啡色的就不行了；这两种颜色放在一起很混浊……你没看到外国人在街上走的吗？绝没有下边穿一件绿裙子，上边穿一件紫上衣，也没有穿一件红裙子而后穿一件白上衣的……"

鲁迅先生就在躺椅上看着我："你这裙子是咖啡色的，还带格子，颜色混浊得很，所以把红衣裳也弄得不漂亮了。"

"……人瘦不要穿黑衣裳，人胖不要穿白衣裳；脚长的女人一定要穿黑鞋子，脚短就一定要穿白鞋子；方格子的衣裳胖人不能穿，但比横格子的还好；横格子的，胖人穿上，就把胖人更往两边裂着，更横宽了，胖子要穿竖条子的，竖的把人显得长，横的把人显得宽……"

那天鲁迅先生很有兴致，把我一双短统靴子也略略批评一下，说我的短靴是军人穿的，因为靴子的前后都有一条线织的拉手，这拉手据鲁迅先生说是放在裤子下边的……

我说："周先生，为什么那靴子我穿了多久了而不告诉我，怎么现在才想起来呢？现在不是不穿了吗？我穿的这不是另外的鞋吗？"

"你不穿我才说的，你穿的时候，我一说你该不穿了。"

那天下午要赴一个筵会去，我要许先生给我找一点布条或绸条束一束头发。许先生拿了来米色的绿色的还有桃红色的。经我和许先生共同选定的是米色的。为着取笑，把那桃红色的，许先生举起来放在我的头发上，并且许先生很开心的说着：

"好看吧！多漂亮！"

我也非常得意，很规矩又顽皮的在等着鲁迅先生往这边看我们。

鲁迅先生这一看，他就生气了，他的眼皮往下一放向我们这边看着：

"不要那样装她……"

许先生有点窘了。

我也安静下来。

鲁迅先生在北平教书时，从不发脾气，但常常好用这种眼光看人，许先生常跟我讲，她在女师大读书时，周先生在课堂上，一生气就用眼睛往下一掠，看着她们，这种眼光鲁迅先生在记范爱农先生的文字里曾自己述说过，而谁曾接触过这种眼光的人就会感到一个旷代的全智者的催逼。

我开始问："周先生怎么也晓得女人穿衣裳的这些事情呢？"

"看过书的，关于美学的。"

"什么时候看的……"

"大概是在日本读书的时候……"

"买的书吗？"

"不一定是买的，也许是从什么地方抓到就看的……"

"看了有趣味吗？"

"随便看看……"

"周先生看这书做什么？"

"……"没有回答。好象很难以答。

许先生在旁说："周先生什么书都看的。"

二

在鲁迅先生家里做客人，刚开始是从法租界来到虹口，搭电车也要差不多一个钟头的工夫，所以那时候来的次数比较少，还记得有一次谈到半夜了，一过十二点电车就没有的，但那天不知讲了些什么，讲到一个段落就看看旁边小长桌上的圆钟，十一点半了，十一点四十五分了，电车没有了。

"反正已十二点，电车已没有，那么再坐一会。"许先生如此劝着。

鲁迅先生好象听了所讲的什么引起了幻想，安顿的举着象牙烟嘴在沉思着。

一点钟以后，送我（还有别的朋友）出来的是许先生，外边下着蒙蒙的小雨，弄堂里灯光全然火掉了，鲁迅先生嘱咐许先生一定让坐小汽车回去，并且一定嘱咐许先生付钱。

以后也住到北四川路来，就每夜饭后必到大陆新村来了，刮风的天，下雨的天，几乎没有间断的时候。

鲁迅先生很喜欢北方饭。还喜欢吃油炸的东西，喜欢吃硬的东西，就是后来生病的时候，也不大吃牛奶。鸡汤端到旁边用调羹舀了一二下就算了事。

有一天约好我去包饺子吃，那还是住在法租界，所以带了外国酸菜和用绞肉机绞成的牛肉。就和许先生站在客厅后边的方桌边包起来，海婴公子围着闹得起劲，一会把按成圆饼的面拿去了，他说做了一只船来，送在我们的眼前，我们不看它，转身他又做了一只小鸡，许先生和我都不去看它，对他竭力避免加以赞美，若一赞美起来，怕他更做得起劲。

客厅后没到黄昏就先黑了，背上感到些微的寒凉，知道衣裳不够了，但为着忙，没有加衣裳去。等把饺子包完了看看那数目并不多，这才知道许先生我们谈话谈得太多，误了工作。许先生怎样离开家的，怎样到天津读书的，在女师大读书时怎样做了家庭教师，她去考家庭教师的那一段描写，非常有趣，只取一名，可是考了好几十名，她之能够当选算是难的了。指望对于学费有一点补足，冬天来了，北平又冷，那家离学校又远，每月除了车子钱之外，若伤风感冒还得自己拿出买阿司匹林的钱来，每月薪金十元要从西城跑到东城……

饺子煮好，一上楼梯，就听到楼上明朗的鲁迅先生的笑声冲下楼梯来，原来有几个朋友在楼上也正谈得热闹。那一天吃得是很好的。

以后我们又做过韭菜合子，又做过合叶饼，我一提议鲁迅先生必然赞成，而我做得又不好，可是鲁迅先生还是在饭桌上举着筷子问许先生："我再吃几个吗？"

因为鲁迅先生的胃不大好，每饭后必吃脾自美胃药丸一二粒。

有一天下午鲁迅先生正在校对着瞿秋白的《海上述林》，我一走进卧室去，从那圆转椅上鲁迅先生转过来了，向着我，还微微站起了一点。

"好久不见，好久不见。"一边说着一边向我点头。

刚刚我不是来过了吗？怎么会好久不见？就是上午我来的那次周先生忘记了，可是我也每天来呀……怎么都忘记了吗？

周先生转身坐在躺椅上才自己笑起来，他是在开着玩笑。

三

一九三六年三月里鲁迅先生病了，靠在二楼的躺椅上，心脏跳动得比平日厉害，脸色略微灰了一点。

许先生正相反的，脸色是红的，眼睛显得大了，讲话的声音是平静的，态度并没有比平日慌张。在楼下，一走进客厅来许先生就告诉说：

"周先生病了，气喘……喘得厉害，在楼上靠在躺椅上。"

鲁迅先生呼喘的声音，不用走到他的旁边，一进了卧室就听得到的。鼻子和胡须在煽着，胸部一起一落。眼睛闭着，差不多永久不离开手的纸烟，也放弃了。藤躺椅后边靠着枕头，鲁迅先生的头有些向后，两只手空闲的垂着。眉头仍和平日一样没有聚皱，脸上是平静的，舒展的，似乎并没有任何痛苦加在身上。

"来了吗？"鲁迅先生睁一睁眼睛，"不小心，着了凉……呼吸困难……到藏书的房子去翻一翻书……那房子因为没有人住，特别凉……回来就……"

许先生看周先生说话吃力，赶快接着说周先生是怎样气喘的。

医生看过了，吃了药，但喘并未停，下午医生又来过，刚刚走。

卧室在黄昏里边一点一点的暗下去，外边起了一点小风，隔院的树被风摇着发响。别人家的窗子有的被风打着发出自动关开的响声，家家的流水道都是花拉花拉的响着水声，一定是晚餐之后洗着杯盘的剩水。晚餐后该散步的散步去了，该会朋友的会友去了，弄堂里来去的稀疏不断的走着人，而娘姨们还没有解掉围裙呢，就依着后门彼此搭讪起来。小孩子们三五一伙前门后门的跑着，弄堂外汽车穿来穿去。

鲁迅先生坐在躺椅上，沉静的，不动的阖着眼睛，略微灰了的脸色被炉里的火光染红了一点。纸烟听子蹲在书桌上，盖着盖子，茶杯也蹲在桌子上。

许先生轻轻的在楼梯上走着，许先生一到楼下去，二楼就只剩了鲁迅先生一个人坐在椅子上，呼喘把鲁迅先生的胸部有规律性的抬得高高的。

鲁迅先生必得休息的，须藤老医生是这样说的。可是鲁迅先生从此不但没有休息，并且脑子里所想的更多了，要做的事情都象非立刻就做不可，校《海上述林》的校样，印珂勒惠支的画，翻译《死魂灵》下部；刚好了，这些就都一起开始了，还计算着出三十年集（即《鲁迅全集》）。

鲁迅先生感到自己的身体不好，就更没有时间注意身体，所以要多做，赶快做，当时大家不解其中的意思，都以为鲁迅先生不加以休息不以为然，后来读了鲁迅先生《死》的那篇文章才了然了。

鲁迅先生知道自己的健康不成了，工作的时间没有几年了，死了是不要紧的，只要留给人类更多，鲁迅先生就是这样。

不久书桌上德文字典和日文字典又都摆起来了，果戈里的《死魂灵》又开始翻译了。

鲁迅先生的身体不大好，容易伤风，伤风之后，照常要陪客人，回信，校稿子。所以伤风之后总要拖下去一个月或半个月的。

瞿秋白的《海上述林》校样，一九三五年冬，一九三六年的春天，鲁迅先生不断的校着，几十万字的校样，要看三遍，而印刷所送校样来总是十页八页的，并不是统统一道的送来，所以鲁迅先生不断的被这校样催索着，鲁迅先生竟说：

"看吧，一边陪着你们谈话，一边看校样的，眼睛可以看，耳朵可以听……"

有时客人来了，一边说着笑话，一边鲁迅先生放下了笔，有的时候也说："就剩几个字了……请坐一坐……"

一九三五年冬天许先生说：

"周先生的身体不如从前了。"

有一次鲁迅先生到饭馆里去请客，来的时候兴致很好，还记得那次吃了一只烤鸭子，整个的鸭子用大钢叉子叉上来时，大家看着这鸭子烤的又油又亮的，鲁迅先生也笑了。

菜刚上满了，鲁迅先生就到竹躺椅上吸一支烟，并且阖一阖眼睛。一吃完了饭，有的喝多了酒的，大家都乱闹了起来，彼此抢着苹果，彼此讽刺着玩，说着一些刺人可笑的话，而鲁迅先生这时候，坐在躺椅上，阖着眼睛，很庄严的在沉默着，让拿在手上纸烟的烟丝，慢慢的上升着。

别人以为鲁迅先生也是喝多了酒吧！

许先生说，并不的。

"周先生的身体是不如从前了，吃过了饭总要阖一阖眼稍微休息一下，从前一向没有这习惯。"

周先生从椅子上站起来了，大概说他喝多了酒的话让他听到了。

"我不多喝酒的，小的时候，母亲常提到父亲喝了酒，脾气怎样坏，母亲说，长大了不要喝酒，不要象父亲那样子……所以我不多喝的……从来没有喝醉过……"

鲁迅先生休息好了，换了一支烟，站起来也去拿苹果吃，可是苹果没有了。鲁迅先生说：

"我争不过你们了，苹果让你们抢没了。"

有人抢到手的还在保存着的苹果，奉献出来，鲁迅先生没有吃，只在吸烟。

一九三六年春，鲁迅先生的身体不大好，但没有什么病，吃过了晚饭，坐在躺椅上，总要闭一闭眼睛沉静一会。

许先生对我说，周先生在北京时，有时开着玩笑，手按着桌子一跃就能够跃过去，而近年来没有这么做过，大概没有以前那么灵便了。

这话许先生和我是私下讲的，鲁迅先生没有听见，仍靠在躺椅上沉默着呢。

许先生开了火炉的门，装着煤炭花花的响，把鲁迅先生震醒了。一讲起话来鲁迅先生的精神又照常一样。

四

鲁迅先生吃饭，是在楼上单开一桌，那仅仅是一个方木盘，许先生每餐亲手端到楼上去，那黑油漆的方木盘中摆着三四样小菜，每样都用小吃碟盛着，那小吃碟直径不过二寸，一碟豌豆苗或菠菜或苋菜，把黄花鱼或者鸡之类也放在小碟里端上楼去。若是鸡，那鸡也是全鸡身上最好的一块地方拣下来的肉，若是鱼，也是鱼身上最好一部分许先生才把它拣下放在小碟里。

许先生用筷子来回的翻着楼下的饭桌上菜碗里的东西，菜拣嫩的，不要茎，只要叶，鱼肉之类，拣烧得软的，没有骨头没有刺的。

心里存着无限的期望，无限的要求，用了比祈祷更虔诚的目光，许先生看着她自己手里选得精精致致的菜盘子，而后脚板触着楼梯上了楼。

希望鲁迅先生多吃一口，多动一动筷，多喝一口鸡汤。鸡汤和牛奶是医生所嘱的，一定要多吃一些的。

把饭送上去，有时许先生陪在旁边，有时走下楼来又做些别的事，半个钟头之后，到楼上去取这盘子。这盘子装得满满的，有时竟照原样一动也没有动又端下来了，这时候许先生的眉头微微的皱了一点。旁边若有什么朋友，许先生就说："周先生的热度高，什么也吃不落，连茶也不愿意吃，人很苦，人很吃力。"

有一天许先生用着波浪式的专门切面包的刀切着一个面包，是在客厅后边方桌上切的，许先生一边切着一边对我说：

"劝周先生多吃些东西，周先生说，人好了再保养，现在勉强吃也是没用的。"

许先生接着似乎问着我：

"这也是对的。"

而后把牛奶面包送上楼去了。一碗烧好的鸡汤，从方盘里许先生把它端出来了。就摆在客厅后的方桌上。许先生上楼去了，那碗热的鸡汤在桌子上自己悠然的冒着热气。

许先生由楼上回来还说呢：

"周先生平常就不喜欢吃汤之类，在病里，更勉强不下了。"

那已经送上去的一碗牛奶又带下来了。

许先生似乎安慰着自己似的：

"周先生人强，喜欢吃硬的，油炸的，就是吃饭也喜欢吃硬饭。……"

许先生楼上楼下的跑，呼吸有些不平静，坐在她旁边，似乎可以听到她心脏的跳动。

鲁迅先生开始独桌吃饭以后，客人多半不上楼来了，经许先生婉言把鲁迅先生健康的经过报告了之后就走了。

五

鲁迅先生在楼上一天一天的睡下去，睡了许多日子就有些寂寞了，有时大概热度低了点就问许先生：

"有什么人来过吗？"

看鲁迅先生精神好些，就一一的报告过。

有时也问到有什么刊物来。

鲁迅先生病了一个多月了。

证明了鲁迅先生是肺病，并且是肋膜炎，须藤老医生每天来了，为鲁迅先生先把肋膜积水用打针的方法抽净，共抽过两三次。

这样的病，为什么鲁迅先生自己一点也不晓得呢，许先生说，周先生有时觉得肋痛了就自己忍着不说，所以连许先生也不知道，鲁迅先生怕别人晓得了又要不放心，又要看医生，医生一定又要说休息。鲁迅先生自己知道做不到的。

福民医院美国医生的检查，说鲁迅先生肺病已经二十年了。这次发了怕是很严重。

医生规定个日子，请鲁迅先生到福民医院去详细检查，要照 X 光的。

但鲁迅先生当时就下楼是下不得的，又过了许多天，鲁迅先生到福民医院去查病去了。照 X 光后给鲁迅先生照了一个全部的肺部的照片。

这照片取来的那天许先生在楼下给大家看了，右肺的上尖角是黑的，中部也黑了一块，左肺的下半部都不大好，而沿着左肺的边边黑了一大圈。

这之后，鲁迅先生的热度仍高，若再这样热度不退，就很难抵抗了。

那查病的美国医生，只查病，而不给药吃，他相信药是没有用的。

须藤老医生，鲁迅先生早就认识，所以每天来，他给鲁迅先生吃了些退热的药，还吃停止肺部病菌活动的药。他说若肺不再坏下去，就停止在这里，热自然就退了，人是不危险的。

六

鲁迅先生在四月里，曾经好了一点，有一天下楼去赴一个约会，把衣裳穿得整整齐齐，手下挟着黑花包袱，戴起帽子来，出门就走。

许先生在楼下正陪客人，看鲁迅先生下来了，赶快说：

"走不得吧，还是坐车子去吧。"

鲁迅先生说："不要紧，走得动的。"

许先生再加以劝说，又去拿零钱给鲁迅先生带着。

鲁迅先生说不要不要，坚决的就走了。

"鲁迅先生的脾气很刚强。"

许先生无可奈何的，只说了这一句。

鲁迅先生晚上回来，热度增高了。

鲁迅先生说：

"坐车子实在麻烦，没有几步路，一走就到。还有，好久不出去，愿意走走……动一动就出毛病……还是动不得……"

病压服着鲁迅先生又躺下了。

七月里，鲁迅先生又好些。

药每天吃，记温度的表格照例每天好几次在那里画，老医生还是照常的来，说鲁迅先生就要好起来了，说肺部的菌已停止了一大半，肋膜也好了。

客人来差不多都要到楼上来拜望拜望，鲁迅先生带着久病初愈的心情，又谈起话来，披了一张毛巾子坐在躺椅上，纸烟又拿在手里了，又谈翻译，又谈某刊物。

一个月没有上楼去，忽然上楼还有些心不安，我一进卧室的门，觉得站也没有地方站，坐也不知坐在那里。

许先生让我吃茶，我就倚着桌子边站着，好象没有看见那茶杯似的。

鲁迅先生大概看出我的不安来了，便说：

"人瘦了，这样瘦是不成的，要多吃点。"

鲁迅先生又在说玩笑话了。

"多吃就胖了，那么周先生为什么不多吃点？"

鲁迅先生听了这话就笑了，笑声是明朗的。

从七月以后鲁迅先生一天天的好起来了，牛奶、鸡汤之类，为了医生所嘱也隔三差五的吃着，人虽是瘦了，但精神是好的。

鲁迅先生说自己体质的本质是好的，若差一点的，就让病打倒了。

这一次鲁迅先生保持了很长的时间，没有下楼更没有到外边去过。

在病中，鲁迅先生不看报，不看书，只是安静的躺着。但有一张小画是鲁迅先生放在床边上不断看着的。

那张画，鲁迅先生未生病时，和许多画一道拿给大家看过的，小得和纸烟包里抽出来的那画片差不多。那上边画着一个穿大长裙子飞散着头发的女人在大风里边跑，在她旁边的地面上还有小小的红玫瑰花的花朵。

记得是一张苏联某画家着色的木刻。

鲁迅先生有很多画，为什么只选了这张放在枕边？

许先生告诉我的，她也不知道鲁迅先生为什么常常看这小画。

有人来问他这样那样的，他说：

"你们自己学着做，若没有我呢！"

这一次鲁迅先生好了。

还有一样不同的，觉得做事要多做……

鲁迅先生以为自己好了，别人也以为鲁迅先生好了。

准备冬天要庆祝鲁迅先生工作三十年。

又过了三个月。

一九三六年十月十七日，鲁迅先生病又发了，又是气喘。

十七日，一夜未眠。

十八日，终日喘着。

十九日，夜的下半夜，人衰弱到极点了。天将发白时，鲁迅先生就象他平日一样，工作完了，他休息了。

一九三九年十月

（摘自《萧红经典作品新编：商市街·回忆鲁迅先生》，中国国际广播出版社，2014年）

作者简介

萧红（1911—1942），原名张迺莹，中国近现代女作家，"民国四大才女"之一，被誉为"20世纪30年代文学洛神"。代表作品有《生死场》、《呼兰河传》等。

梁漱溟：末代硕儒，菩萨行者

梁漱溟（1893—1988），生于北京，祖籍广西桂林。原名焕鼎，字寿铭，漱溟是他的笔名之一。中国近代著名思想家、教育家、社会改造活动家，现代新儒家的早期代表人物之一。1917—1924年，执教于北京大学哲学系。1930—1937年，从事乡村建设运动。1938—1947年，为谋求统一团结抗日与和平民主建国而奔走。其主要著作有《东西方文化及其哲学》、《乡村建设理论》、《中国文化要义》及《人心与人生》等。

百年尽瘁，一代直声 [1]
——悼念梁漱溟先生 / 冯友兰

> 在中国封建社会中，知识分子对于皇帝敢于犯颜直谏，不怕贬官，不怕充军，也不怕廷杖，认为该怎么说就怎么说，这是封建社会中知识分子的美德。梁先生继承了这种美德。

梁漱溟先生去世了，活了九十五岁。中国有句老话："百年，寿之大齐也。"从经验上看，一百岁是人寿的极限，梁先生就快达到这个极限了。在将近一个世纪内，他经历了许多不平凡的事情。

一九一八年，我在北大是哲学系三年级学生，梁先生来给我们讲印度哲学，梁先生比我只大两岁，同班中还有比梁先生岁数更大的。他经常约我们到他家里去玩。以后他搞"村治"，我讲"工业化"，走了不同的路。但我有几位朋友，也是跟着梁先生搞"村治"的；所以对于他的思想活动，还经常保持接触。

---

① 原载《群言》1988 年第 9 期。——编者注

梁先生基本上是一个政治、社会活动家。在一次中国文化书院召集的讲演会上，他自己也大声疾呼地说："我不是一个书生！"他在思想上有很多不小的贡献，但是还不可以看他专是一个哲学家或思想家。

　　从这两方面看，我认为他的一生之中，有两件事值得特别注意。一件是：他自己认为他有一个任务，有一个继承孔子的任务，这对于他并不是一句空话，他实在有像孔子所说"天生德于予"那样的感想。在抗战时期，日本占领了香港，党内地下工作人员把当时在香港的民主人士，都用小木船救出香港，回到大后方。当时重庆有个传说，说当时他坐在小木船里，在海上漂泊很危险。梁先生说，他自己想决不会死，因为中华民族要复兴，要靠他的三部书，现在书还没写成，所以他决不会死。这就是孔子所说的"天生德于予，桓魋其如予何"？！我现在后悔没有向梁先生问过这个传说是不是真的。但是他在这一方面确是自负不凡。

　　另一件事：梁先生曾在政治协商会议全国委员会的会议上，公开批评党的农民政策，说照党的政策，工人的地位高在九天之上，农民的地位低在九地之下。毛主席当场大怒，即席做了一个长篇发言，狠狠地批判了梁先生一顿。这在当时是绝无仅有的事。在中国封建社会中，知识分子对于皇帝敢于犯颜直谏，不怕贬官，不怕充军，也不怕廷杖，认为该怎么说就怎么说，这是封建社会中知识分子的美德。梁先生继承了这种美德。

　　根据这两点认识，我给梁漱溟先生撰了一副挽联：

　　　　钧玄决疑，百年尽瘁，以发扬儒学为己任；
　　　　廷争面折，一代直声，为同情农夫而执言。

我在我的《中国哲学史新编》第七册的腹稿中，已经初步给梁先生安排了一个位置。我认为，他是新文化运动的右翼。新文化运动的口号是"打倒孔家店"，梁先生是维护"孔家店"的。但是他的维护并不是用抱残守阙那样的办法，他给孔子的思想以全新的解释。这个全新的解释正确与否，姑且不论，但也是新文化的一部分，而不是旧文化了。所以他的《东西文化及其哲学》在当时也发生了相当大的影响。这就使他在新文化运动中取得一定的地位。

一九八八年六月二十五日

（摘自《三松堂小品》，北京出版社，1998年）

梁漱溟杂忆 / 钱穆 [1]

抗战胜利后，余返苏州，任教无锡江南大学，曾于京沪车上两晤漱溟。时漱溟居沪，常往返京沪间，出席政治协商会议。先一次告余："每忆君在成都所言，此事诚大不易，兹当勉姑试之，不久或知难而退矣。"

余撰《神会》一文外，又旁论及于当时政治问题，投寄《东方杂志》，得六七篇。又兼收在赖家园旧作八篇，辑为一编，名《政学私言》，付商务出版。一日晨，方出门去上课，梁漱溟忽来访。余告以正值有课，漱溟曰："无妨，我来成都小住有日，并暂居君之隔邻。"遂约隔一日晨再面。余又返室，取《政学私言》一册与之，曰："君傥夜间得暇，可试先读此书。"隔一日晨，余遂访之于其寓。漱溟告余，此来有一事相商。彼拟创办一文化

① 本文节选自《八十忆双亲·师友杂忆》（新校本）中的《华西大学四川大学》一文，题目为编者所加。

研究所，邀余两人合作。余即允之，问："此事将于何时开始。"
漱溟曰："顷政府方召开政治协商会议，俟此事获有结果，当即
进行。又曰："君之《政学私言》已读过，似为政治协商会议进
言也。"余曰："不然，书生论政，仅负言责。若求必从，则舍
己田芸人田，必两失之。君欲作文化研究，以唱导后学，兹事体大，
请从今日始。若俟政治协商会议有成果，则河清难俟，恐仅幻想
耳。"漱溟闻余言，大不悦，起座而言曰："我甚不以君言为然。
男大当婚，女大当嫁，今日国民党与共产党两党对峙，非为结合，
他日国事复何可望。"余曰："君言固是，亦须有缘。君其为父
母之命乎，抑仅媒妁之言乎？今方盛唱恋爱自由，君何不知。"
漱溟怫然曰："知其不可而为之，今日大任所在，我亦何辞。"
余两人遂语不终了而散。

　　抗战胜利后，余返苏州，任教无锡江南大学，曾于京沪车上两
晤漱溟。时漱溟居沪，常往返京沪间，出席政治协商会议。先一次告余：
"每忆君在成都所言，此事诚大不易，兹当勉姑试之，不久或知难
而退矣。"第二次，车厢中乘客挤满，无坐位。行过两厢，忽睹一
空位，余即赴坐，乃旁坐即漱溟也。瞑目若有思，余呼之，漱溟惊
视，曰："君来正佳，我此去坚求辞职矣。"语不多时，余即下车。
不久乃闻漱溟又去重庆。后余至广州，不忆遇何人告余，已去函重
庆促漱溟亦来，乃不意其后漱溟竟去北平。京沪车上之最后一面，
则犹时时在余之心目中也。

　　又一日，冯芝生忽亦自重庆来成都，华西坝诸教授作一茶会
欢迎，余亦在座。不知语由何起，余言吾侪今日当勉做一中国人。
芝生正色曰："今日当做一世界人，何拘拘于中国人为。"余曰：
"欲为世界人，仍当先作一中国人，否则或为日本人美国人均可，
奈今日恨尚无一无国籍之世界人，君奈之何。"芝生无言。漱溟

196

不忘国，芝生自负其学，若每语必为世界人类而发。但余终未闻其有一语涉及于当前之国事。则无怪此后两人同居北平之意态相异矣。

（摘自《八十忆双亲·师友杂忆》（新校本），九州出版社，2012年）

作者简介

　　钱穆（1895—1990），江苏无锡人。曾执教于北京大学、清华大学、北京师范大学、武汉大学等校。1949年去香港，创办新亚书院；1967年迁居台湾，任"中央研究院"院士。著有《国学概论》、《先秦诸子系年》、《中国近三百年学术史》等。

梁漱溟先生 / 张岱年

> 梁先生是为民族自救，为宏扬中华文化而积极奋斗的爱国思
> 想家。解放以前，梁先生努力寻求救国救民、民族自救的道
> 路，为民主运动而奔走呼号，在中国近代救亡运动史上，在
> 中国近代民主运动史上，都做出过积极的贡献，这都是人所
> 共知的。新中国成立，"中国人民站起来了！"救亡的问题
> 解决了。但是，宏扬中华文化、补偏救弊、增强民族的自信，
> 仍有待于努力。梁先生热爱中国，为复兴中华而积极努力，
> 始终不渝，这是令人钦佩的。

　　九十五岁高龄，蜚声中外的著名思想家、教育家梁漱溟先生不
幸逝世了，这是学术界的重大损失。我于六月二日到协和医院看望
梁老，梁老虽然卧病在床，但情况尚好，不意六月二十三日就溘然
长逝了，这是令人十分悲痛的！从此再也听不到梁先生的深沉剀切、
坚定清朗的谈话了。

　　梁漱溟先生自一九一六年发表《究元决疑论》以来，驰骋学术

论坛七十多年，在学术界教育界有广泛的影响。梁先生关于文化问题的深刻见解，梁先生待人处世的高风亮节，久已为海内外学人所敬慕。

梁先生是对于中国传统哲学有深刻理解的渊博思想家。中国古代哲学不是容易理解的，必须虚心体会才能理解古代哲学家的思想的真谛，仅仅从字面来看，望文生义，浅尝辄止，是难以做到"心知其意"的。中国古代哲学家都有一定的精神境界，必须了解他们的精神境界才能了解他们的学说理论的真实义蕴。而要了解他们的精神境界，就必须有一定的精神修养。如果没有追求真理的真情实感，那是无从窥见以往哲学家的真正宗旨的。梁先生自己有很高的精神修养，因而也就能深刻体会古代儒家、佛家的深湛思想。这是不易达到的。

梁先生是为民族自救，为宏扬中华文化而积极奋斗的爱国思想家。解放以前，梁先生努力寻求救国救民、民族自救的道路，为民主运动而奔走呼号，在中国近代救亡运动史上，在中国近代民主运动史上，都做出过积极的贡献，这都是人所共知的。新中国成立，"中国人民站起来了！"救亡的问题解决了。但是，宏扬中华文化、补偏救弊、增强民族的自信，仍有待于努力。梁先生热爱中国，为复兴中华而积极努力，始终不渝，这是令人钦佩的。

梁先生更是一个特立独行，坚持独立思考的严肃思想家。梁先生考虑问题，非常认真。在不久以前为纪念北京大学九十周年而写的一篇文章（题为《值得感念的岁月》）中说："我从十几岁会用思想之日起，就爱寻个准道理，最怕听无可无不可的话，凡是我心中成为问题的，便不肯忽略过去。"（见《精神的魅力》一书）这是一种认真的态度，因为认真，所以不肯轻易放弃慎重考虑过的见解，坚持自己所认识的真理，决不随风摇摆，决不随风向的变化而转移。这是一个严肃思想家的科学态度。五十年代后期以来，许多人写文章，都是窥测风向、随风转舵、哗众取宠；到史无前例的"文化大革命"的十年中，此风尤甚。梁先生始终坚持独立思考，能坚持所认识的真理，无所畏惧，此种坚强不屈、敢于坚持真理的态度，更是令人敬佩的。《庄子·逍遥游》论宋荣子云："举世而誉之而不加劝，举世而非之而不加沮"，这是独立思想家应有的态度。在艰难的环境之下坚持这种态度是不容易的。

我询问梁老的小孙梁老去世时的情况，得知当时医师问梁老有何要求，梁老说："我很累，我要休息。"说完就瞑目长逝了。我想起《荀子·大略篇》所载孔子与子贡论死的对话，这段话的最后结语说："大哉死乎！君子息焉。"梁漱溟先生真正可谓"君子息焉"了。

梁漱溟先生对于中国文化的贡献是永垂不朽的！

一九八八年六月二十八日

（摘自《张岱年全集·第八卷》，河北人民出版社，1996年）

作者简介

张岱年（1909—2004），曾用名宇同，别名季同，河北献县人。中国现代哲学家、哲学史家。曾任中国社会科学院哲学研究所兼职研究员、中国哲学史学会会长、中华孔子研究会会长、清华大学思想文化研究所所长等。代表作有《中国哲学大纲》等。

熊十力：
凡有志于根本学术者，当有孤往精神

熊十力（1885—1968），湖北黄岗人。著名哲学家，新儒家开山祖师，其学说影响深远，在哲学界自成一体。著有《新唯识论》、《原儒》、《体用论》、《明心篇》、《佛家名相通释》、《乾坤衍》等书。《大英百科全书》称"熊十力与冯友兰为中国当代哲学之杰出人物"。

怀念熊十力先生 / 冯友兰

> 熊先生的《新唯识论》，主张没有离识之境，这是他和《成唯识论》相同的地方，但他又认为"取境之识，亦是妄心"。就是说，所谓识是个体的心，对于宇宙的心来说，这个识也是妄心，宇宙的心才是真心。这个论断就是《新唯识论》之所以为新的地方。

　　熊十力先生一生治学所走的道路，就是宋明道学家们所走的道路。大多数道学家的传记中往往都有这几句话："泛滥于佛老者数十年，返求于六经，而后得之。"这个"之"指的就是他们所认为的真理。

　　熊先生正是这样。但是，他比宋明道学家们又多做了一件事。他于返回六经之后，又回到佛学，清算了佛学中的一笔老帐，澄清了佛学中的一个问题。

　　我认为，在中国佛教和佛学的发展过程中，有一场大辩论，有一个根本问题。那一场大辩论，就是"神灭"或"神不灭"的大辩论。

这是佛教内和佛教外的人的大辩论。那一个根本问题是客观唯心主义和主观唯心主义之间的问题。这是佛教和佛学内部的问题。一切诸法唯心所现，这是佛教和佛学的各派所公认的。但是，这个心是个体的心或宇宙的心，各派的见解则有不同。主张个体的心的是主观唯心主义，主张宇宙的心的是客观唯心主义。这是一个根本问题，贯穿于中国佛教和佛学的整个发展过程中。禅宗也是围绕这个问题而发生争论，分为派别的。

那个根本问题就是中国佛学中的那笔老帐。熊先生的《新唯识论》就是一部清算那笔老帐、澄清那个问题的著作。隋唐之际，佛教中的客观唯心主义比较占优势，这是不合佛教原来的教义的。在这个根本问题上，佛教内部有点混乱，玄奘往印度留学，一观究竟，回来之后，作《成唯识论》，主张主观唯心主义。法藏与他不和，退出他的班子。熊先生的《新唯识论》直接向《成唯识论》提出批评，这同法藏退出玄奘的班子有同样的意义。

熊先生的《新唯识论》，主张没有离识之境，这是他和《成唯识论》相同的地方，但他又认为"取境之识，亦是妄心"。就是说，所谓识是个体的心，对于宇宙的心来说，这个识也是妄心，宇宙的心才是真心。这个论断就是《新唯识论》之所以为新的地方。

熊先生的《新唯识论》一出来，就受到旧唯识者的围攻。他们发表了《破新唯识论》，熊先生答之以《破破新唯识论》。他是自己确有所见，所以能够坚持不移。

熊先生在世时，他的哲学思想不甚为世人所了解，晚年生活尤为不快。但在五十年代他还能发表几部稿子。在他送我的书中，有一部的扉页上写道："如不要时，烦交一可靠之图书馆。"由今思之，何其言之悲耶！

现在了解熊先生的人渐渐多了，他的哲学思想也逐渐为世人所了解。我也恰好在这个时候，完成了《中国哲学史新编》中的隋唐佛学的那一段，对于熊先生在中国佛学中的地位，有进一步的了解，如上所说者。《新编》的下一段是宋明道学。在完成那一段的时候，当能对熊先生所得于六经者，有进一步的了解。

凡此诸了解，恨不能起熊先生于地下而就正也！

（摘自《三松堂全集·第十三卷》，河南人民出版社，2001 年）

忆熊十力先生 / 梁漱溟 [1]

我自己小心谨慎，唯恐讲错了古人学问，乃去聘请内行专家。不料想熊先生是才气横溢的豪杰，虽从学于内学院，而思想却不因袭之。一到北大讲课就标出《新唯识论》来，不守故常，恰恰大反乎我的本意。

一九一九年，我任北京大学讲席时，忽接得熊先生从天津南开中学寄来一明信片，略云：你在《东方杂志》上发表的《究元决疑论》一文，我见到了，其中骂我的话却不错，希望有机会晤面仔细谈谈。不久，各学校放暑假，先生到京，借居广济寺内，遂得把晤快谈。此便是彼此结交端始。

事情的缘起，是民国初年梁任公先生主编的《庸言》杂志某期，刊出熊先生写的札记，内有指斥佛家的话。他说佛家谈空，使人流荡失守。而我在《究元决疑论》中则评议古今中外诸子百家，独推

---

① 本文原载于 1987 年第 9 期《读书》。——编者注

205

崇佛法，而指名说：此土凡夫熊升恒……，愚昧无知云云。

因此见面交谈，入手便是讨论佛氏之教，其结果便是我劝他研究佛学，而得他同意首肯。不多日，熊先生即出京回德安去了。

一九二〇年（民国九年）暑期，我访问南京支那内学院，向欧阳竟无大师求教，同时即介绍熊先生入院求学，熊先生的佛学研究由此开端。他便是从德安到南京的。附带说，此次或翌年，我还先后介绍了王恩洋、朱谦之两人求学内学院。朱未久留即去，王则留下深造，大有成就，从此曾名扬海外南洋云。

我入北大开讲印度哲学，始于一九一七年，后来增讲佛家唯识之学，写出《唯识述义》第一、第二两小册（附注：第二册今手中无存，闻甘肃天水张炳汉君却有之）。因顾虑自己有无知妄谈之处，未敢续出第三册。夙仰内学院擅讲法相唯识之学，征得蔡校长同意，我特赴内学院要延聘一位讲师北来。初意在聘请吕秋逸（澂）君，惜欧阳先生以吕为他最得力助手而不肯放。此时熊先生住内学院约计首尾有三年（一九二〇—一九二二年），度必饫闻此学，我遂改计邀熊先生来北大主讲唯识。

岂知我设想者完全错了！错在我对熊先生缺乏认识。我自己小心谨慎，唯恐讲错了古人学问，乃去聘请内行专家。不料想熊先生是才气横溢的豪杰，虽从学于内学院，而思想却不因袭之。一到北大讲课就标出《新唯识论》来，不守故常，恰恰大反乎我的本意。事情到此地步，我束手无计。好在蔡校长从来是兼容并包的，亦就相安下去。

熊先生此时与南京内学院通讯中，竟然揭陈他的新论，立刻遭到驳斥。彼此论辩往复颇久，这里不加叙述。我自审无真知灼见，从来不敢赞一词。

计从一九二二年熊先生北来后，与从游于我的黄艮庸、王平叔等多人朝夕同处者历有多年。一九二四年夏，我辞北大，应邀去山东曹州讲学，先生亦辞北大同往。翌年，我偕诸友回京，先生均是同去同回的。居处每有转移，先生与我等均相从不离，其事例不必悉数。然而踪迹上四十年间虽少有别离，但由于先生与我彼此性格不同，虽同一倾心东方古人之学，而在治学谈学上却难契合无间。先生著作甚富，每出一书，我必先睹。我读之，曾深深叹服，摘录为《熊著选粹》一册，以示后学。但读后心里不谓然者复甚多，感受殊不同，于是写出《读熊著各书书后》一文，甚长，缕缕陈其所见。

如我所见，熊先生精力壮盛时，不少传世之著作，比及暮年则意气自雄。晚年则时有差错，藐视一切，不惜诋斥昔贤。例如《体用论》、《明心篇》、《乾坤衍》，即其著笔行文的拖拉冗复，不即征见出思想意识的混乱支离乎。吾在《书后》一文中，分别地或致其诚服崇敬，又或指摘之，而慨叹其荒唐，要皆忠于学术也。学术天下公器，忠于学术，即吾所以忠于先生，吾不敢有负于四十年交谊也。

一九八三年四月廿三日于北京

（摘自《忆往谈旧录：梁漱溟回忆录》，中国文史出版社，2012年）

熊十力先生的为人与治学 / 任继愈 ①

> 熊先生一生没有积蓄，有时靠亲友的资助，抗战时期有几年很困难。熊先生对他的学生凡是去看他的，他都留下，吃住和他在一起。学生给老师带点礼物，如带只鸡、送点药物，熊先生也不客气，慨然收下，相处如一家人。但是在学问上有错误（对古人的思想理解不对），熊先生也不客气地指出，从不说敷衍、客气话。有问必答，甚至问一答十。跟熊先生在一起，令人有虚而往、实而归的感觉。和熊先生相处，好像接近一盆火，灼热烤人；离开了，又使人思念难以忘怀。

三十年代初，我在北大哲学系当学生，后来又在北大教书，熊先生这三十年间，有短暂的时间不在北大，可以说基本上没有离开北大哲学系。这三十年间，国罹劫难，人遭苦厄，社会相、人心相呈现得更加分明，使人加深了对熊老师为人与为学的认识与怀念。

---

① 本文是作者在 1988 年"熊十力先生诞生一百周年"纪念会上的发言。——编者注

从课堂讲授到书院式的讲学

　　记得一九三四年考入北京大学时，听高年级的同学们介绍北大的老师们，其中有一位唯一在家里上课的老师，是熊先生。比我高两届的同学说，他们听熊先生讲课还在北大红楼。到了我们这届，就不在教室上课了。因为他受不了上下课时间的拘束。熊先生认为听者得不到实际的益处，记得他写给选他课的同学们的一封信中有"师生蚁聚一堂，究竟有何受益"的话，这封信贴在哲学系办公室有很长时间。

　　熊先生冬天室内不生炉火。北京的冬天差不多有四个多月，听课的学生全副冬装，坐着听讲。熊先生开的课是两个学分，也就是两节课。但熊先生讲起来如长江大河，一泻千里，每次讲课不下三四小时，而且中间不休息。他站在屋子中间，从不坐着讲。喜欢在听讲者面前指指划划，讲到高兴时，或者认为重要的地方，随手在听讲者的头上或肩上拍一巴掌，然后哈哈大笑，声振堂宇。有一次和张东荪谈哲学，张在熊先生面前，也成了学生，一巴掌拍在张的肩上，张东荪不得不眨眨眼，逡巡后退，以避其锋芒。抗战时，听郑昕先生说他在天津南开求学时，听熊先生讲课，他怕熊先生的棒喝，每次早一点到场，找一个离老师远一点的位子坐下。我才知道熊先生这种讲课方式由来已久。

　　听熊先生讲课，深感到他是教书又教人，讲"新唯识论"、"佛家名相通释"往往大骂蒋介石卖国投降。熊先生不止传授知识，他那种不媚俗，疾恶如仇的品格，感染了听讲的人。

颠沛流离中不废讲学

自从"九·一八"以后，北平，昔日故都就成了边城，日本侵略势力逐年向华北延伸。华北之大，摆不下一张安静的书桌。熊先生平时深居斗室，不参与政治运动，但他对同学们的罢课、游行是支持的。同学们罢课，反对华北独立，熊先生的课也上不成，熊先生是同情学生的。对胡适强迫学生上课，也表示不满。"七·七"事变后，北平为日军占领，熊先生冒险，装成商人，乘运煤的货车逃出北平。随行的有刘公纯，也是北大的学生，一路照料，火车上正值大雨倾盆，衣履尽湿，生怕熊先生感受风寒，幸好未生病。熊先生辗转到了武汉，又到了四川璧山县。这时已是一九三八年的冬天。

熊先生从北平脱险后，住在璧山县中学里，中学校长钟芳铭欢迎熊先生住下。熊先生的学生钱学熙夫妇、刘公纯也随熊先生留在那里，熊先生没有闲着，写他的《中国历史讲话》。贺麟先生和我从重庆南温泉去璧山看望他。熊先生兴致勃勃地谈他的《中国历史讲话》的内容梗概，大意是讲"五族同源"说。在民族危急存亡关头，对中华民族的热爱，促使他不知疲倦地撰写他的这一著作。我们去时，熊先生很得意地讲述他如何解决了"回族"的起源问题。说，这个问题使他苦苦思考了很久，才解决的。这时，他已同时着手写他的《新唯识论》语体文本。由钱学熙译为英文，刘公纯代他抄写。

在四川八年，熊先生生活很不安定，物价飞涨，大后方民不聊生，熊先生只好投靠老朋友、老学生，艰难度日，和家属不在一起。但他没有一天不讲学，没有一天不修改他的《新唯识论》语体文本。他看到国民党横行霸道，胡作非为，还是指名道姓地骂蒋介石，却从不显得灰心丧气，给人的印象是勇猛精进，自强不息。

熊先生在一九三九年离开璧山中学，住到南温泉鹿角场学生周鹏初家，我也在南温泉，每星期天到熊先生处。后来，我回到昆明，他中间到过嘉定乌尤寺，和马一浮主持"复性书院"。不久，书院遭到日寇的轰炸，熊先生膝部中弹片受伤，他也离开了复性书院，和马一浮先生还发生过小的不愉快。熊先生回到璧山来凤驿，与梁漱溟先生住在一起，借驻在一所古庙西寿寺。我和贺麟先生也去看过他。那天晚上，梁先生还讲述了他到延安，和毛泽东同志在一个大炕上，连续谈过八个通宵的事。熊先生这时还没有忘了讲学，韩裕文从复性书院退出，随同熊先生。熊先生对韩裕文也分外关心。按通常习惯，我们对熊先生自称学生，熊先生命韩裕文称"弟子"。"弟子"，大概有及门或入室的意思吧。韩裕文是我在大学的同班同学，为人笃实，学问也朴实，对中国的理学、西方的古典哲学，有很深厚的基础。在熊先生那边，学了一两年，因为生活无法维持，不得不离开，到了昆明贺麟先生主持的"西方哲学名著编译会"当专职的翻译，每月有了固定收入，略相当于大学的讲师。一九四七年间，赴美留学，因肺癌不治，半年后逝世。熊先生为此十分伤痛。如果天假以年，韩裕文在哲学上的成就必有可观。

　　梁漱溟先生在重庆北碚金刚碑创办了勉仁中学，熊先生被邀到勉仁中学去住，梁先生的几个学生，黄艮庸、云颂天、李渊庭等也成了熊先生的学生，这时熊先生也还是修订他的《新唯识论》语体文本。我在西南联大哲学系，利用暑期，到北碚勉仁中学熊先生处住一两个月。熊先生在北碚除了给勉仁中学讲讲哲学，还结识了郭沫若先生。郭沫若听说熊先生爱吃鸡，滑竿上捆了两只鸡去看熊先生，以后两人通信，讨论先秦诸子及中国传统文化问题，这时郭还向熊先生介绍周恩来同志，他的信上说"周恩来先生，忠厚长者"，愿来看望先生。熊先生与郭沫若结下的友谊，到全国解放后，一直维持着。

在北碚时，牟宗三、徐佛观（后来改为复观）等都常来熊先生处，牟宗三也住在那里。

胸怀坦荡 古道热肠

熊先生的老朋友邓高镜先生，抗日战争期间，没有到大后方去，北平收复后，熊先生回到北京大学，又见到他。见他生活潦倒，很困难，熊先生自己还约集林宰平、汤用彤诸先生按月给他生活费，让我每月发工资后寄给他。这种资助一直到邓老先生逝世。

抗战时期南京的支那内学院迁到四川的江津，称支那内学院蜀院。欧阳竟无先生是内学院的创立者，有一大批弟子。熊先生、吕澂先生、汤用彤先生都从欧阳先生问学。吕先生是欧阳先生的事业的继承人。梁启超当年在南京也从欧阳先生学佛学。熊先生的哲学体系已突破佛教思想体系，融佛入儒，欧阳先生认为他背离佛教、背离师说，命人写《破新唯识论》以驳斥熊先生的学说。熊先生又著《破破新唯识论》。从此师生不相来往。我和熊先生相处三十年间，熊先生谈起欧阳先生，总是带有十分敬意，认为他是一代伟人，有造诣的学者，没有不满的言词，只是在学术观点上不一致。欧阳先生在江津病危，熊先生听说后，还是到江津内学院探视，希望与老师最后见一面。当时内学院的同仁，认为欧阳先生垂危，怕见了熊先生心情激动，受刺激，反而不好，没有让熊先生与欧阳先生见面。熊先生出于师生情谊，前往作最后的诀别。事后人们谈论起这件事，都认为熊先生做得对。

马一浮先生与熊先生多年来是学术上的知己，互相了解，也互相欣赏。熊先生的《新唯识论》出版时，马先生为此书作序。文中有"生肇敛手而咨嗟，奘基矫舌而不下"的话，认为此书的见解超过道生、僧肇、玄奘、窥基。抗战期间在复性书院有一段时间有点不愉快而分手，后来抗战胜利后，两人友好如初。我和熊先生通信，有些见解，熊先生认为有道理的，也把信转给马先生看，马先生的信，也有时熊先生转给我。熊先生的生日，马先生有诗相赠，有云"生辰常占一春先"，因为熊先生的生日在农历正月初四。

全国解放后，熊先生在北京时，收了一个义女，命名"仲光"，和他自己的女儿幼光、再光排行。仲光喜静，爱读佛书，帮助熊先生料理生活，抄写稿子，熊先生一生很少和师母在一起，子女也不学哲学，在北京及在四川，都是独立生活，晚年有一女儿作为弟子，又能听他讲学，十分满意，他说"伏女传经，班女受史，庞女传道"，今得仲光，又多了一个可以传道之人。熊先生南下后，仲光留在北京未随去。

熊先生一生没有积蓄，有时靠亲友的资助，抗战时期有几年很困难。熊先生对他的学生凡是去看他的，他都留下，吃住和他在一起。学生给老师带点礼物，如带只鸡，送点药物，熊先生也不客气，慨然收下，相处如一家人。但是在学问上有错误（对古人的思想理解不对），熊先生也不客气地指出，从不说敷演[1]、客气话。有问必答，甚至问一答十。跟熊先生在一起，令人有虚而往、实而归的感觉。和熊先生相处，好像接近一盆火，灼热烤人，离开了，又使人思念难以忘怀。

---

① 现写作"敷衍"。——编者注

昂首天外 挥斥八极

北京大学蔡元培当校长时，仿照西方大学的规章，教授要开三门课程。只担任一门课的，聘为专任讲师，外校教授在北大讲授一门课程的，聘为兼任讲师。当年鲁迅就是兼任讲师，我在北大时，清华大学的张申府、金岳霖先生都担任过北大的兼任讲师，林宰平、周叔迦先生也是兼任讲师。

熊先生经蔡元培先生介绍到北大哲学系，是专任讲师，每月薪水一百二十元。那时蒋梦麟主持北大，熊先生的为人，不会与人俯仰，只是做自己的学问，他这个讲师的名义一直继续到"七·七"事变，离开北京为止。他从不参加系里的开学、毕业、迎新送旧的活动。他这个讲师，在任何教授面前屹然而立。不论什么人来访问，他从不和人谈论天气，一谈起来，就是讲学问。除学生们前来请教的以外，在北平常和熊先生来往的，有汤用彤、林宰平、蒙文通、贺麟、张东荪诸先生。都是这些先生到熊先生家，熊先生从不回访。抗战时期在重庆，有不少国民党的达官显宦来访，居正是当年辛亥革命时的朋友，陈铭枢从欧阳竟无先生学过佛学，与熊先生也友好。熊先生住北碚时，陈铭枢请熊先生在一个背山面江风景优美的饭馆吃饭。熊先生朝江面看风景，陈铭枢面对熊先生，背对着江面。熊先生问陈，你为什么不看看风景？陈说，你就是很好的风景。熊先生哈哈大笑，声振堂宇。说："我就是风景？"熊先生对他们也是讲他的"体用不二"的道理。不论什么人，只要常到熊先生处，听他讲学，不知不觉地就成了他的"学生"了。熊先生有一种气势，或者说有一种"境界"把来访的人慑服了。

我的老朋友韩裕文，曾对我说过，熊先生告诉他，做学问，不能甘居下游，要做学问就要立志，当第一流的学者，没有这个志向，就不要做学问。做学问，要像战场上拼杀一样，要义无反顾，富贵利禄不能动心，妻子儿女也不能兼顾。天才是个条件，但天才不能限制那些有志之士。他还告诫青年学者要爱惜精力，他在勉仁中学写了一联赠一青年学者"凝神乃可晋学，固精所以养气"。他对韩裕文讲过像×××，人很聪明，可以成器，他就是爱嫖，这也成不了大器（据说此人现在台湾）。

全国解放后，董必武同志、郭沫若同志函电邀请他到北京来。熊先生路过武汉，当时林彪、李先念主持中南工作，设宴招待他，他还是讲他的唯心主义哲学。到北京后，对人讲，林彪心术不正，怕不得善终。老朋友们劝他不要随便乱说。到北京后，毛泽东同志给他送了几本书，还写了信。

熊先生申明，他拥护共产党，爱新中国，一辈子学的是唯心论，无法改变自己的哲学主张。我们的党没勉强他，还出钱帮他出版了好几种唯心主义的著作。他的表里如一，爱国、热爱学术的精神，受到共产党的尊重。

他担任全国政协委员，住在上海。到北京开会，他先说明，我保证"三到"（开幕、闭幕、照像①），其余的大小会都不参加。会议期间他有机会去与多少年的老朋友叙叙旧，也很高兴。他与钟泰、张难先、吕秋逸过从。陈毅同志也前往拜访，鼓励他写书，帮他出版。解放后，熊先生的心情基本上是舒畅的。

以理想滋润生命 以生命护持理想

从熊先生和许多良师益友的身上，使我懂得了应当走的路和如

---

① 现写作"照相"。——编者注

何去走。教训深刻，而又使我铭记不忘的，首先想到的是熊先生。

　　熊先生这个人，以他的存在向人们展示了一种哲学的典型。一生坎坷，没有遗产留给儿孙，家庭关系处理得也不尽妥善。几十年来，没有见他穿过一件像样的考究的衣服。伙食注意营养，却不注意滋味，甚至可以说他吃了一辈子没有滋味的饭，人们认为值得留连的生活方式，对熊先生毫不沾边。熊先生博览群书，不讲究版本，手头藏书很少，可以说没有藏书。我认识的学者中，熊先生是唯一没有藏书的学者。别人也许觉得他贫困，他却显得充实而丰足。别人也许认为他不会安排生活，他却过得很幸福、坦然。他也像普通人一样，有时为了一点小事发脾气，过后，却深自谴责，好像雷阵雨过后，蓝天白云分外清新，他胸中不留纤毫芥蒂，真如古人所说的，如光风霁月。他具有只有他才具有的一种人格美。

　　我常想，是一种什么力量使他这样？这里面大有学问。我感到熊先生在生命深处埋藏着一个高远的理想，有了这个理想，使他百折不回，精进不已，勇往直前，义无反顾。在四川北碚时，熊先生说他在北平寓所有一副自写的对联："道之将废也，文不在兹乎"。胡世华同学看了想要，熊先生送给了他。前不久遇见胡世华，问起这件事，他说确有此事，还补充说，熊先生取下这副对联，在上面写上"此联吾自悬于座，世华见而索之"。"文化大革命"劫火之后，不知此联是否尚在人间。这十个字，充分说明了熊先生的理想。他孜孜不倦，汲汲遑遑，从南到北，开门授徒，著书立说，无非是为了这个理想。熊先生讲学，不问对象（有学人，也有官僚政客、商人）是否值得讲，听讲者是否真正愿意听，他总是苦口婆心，锲而不舍地讲授。讲述的中心，无非要人们认识中华民族传统文化的价值。他中年以后，建造自己的哲学体系后，"舍佛归儒"。除了在他著作中写出来的，理论上发现的佛教哲学缺失外，还有一个埋藏在他内心深处的"第一因"——对中华民族传统文化的热爱。有了这种深挚的爱，虽长年病躯支离，却肩起振兴中华文化的责任。这种深挚而悲苦的责任感，是二十世纪多灾多难的中国爱国的知识分子独有的。对中国传统文化了解得愈深刻，其深挚而悲苦的文化责任感也愈强烈。这就是熊先生理想的动力。有这种思想感情的，事实上不只熊先生一个人，而是一批人。哲学家个人的具体遭际，以及对文化的认识、观点的差异，各人的表现也不尽相同。

熊先生抽象思维、辨析名相的功力为常人所不及，《因明大疏删注》即是明证。但熊先生的著作中反复申明的，倒不在于抽象思维的训练，而是教人端正学习的态度。他指出学问的精髓不在于言说文字，而在善于体认言说文字之外的中心恻怛的心怀（超乎小我的感情），他一再教人不要把学问当作知解看待，要学会体认心之本体。他在著作中反复叮咛：玄学不同于科学，中国哲学不同于西方哲学。这里不存在抬高中国哲学、贬低西方哲学的意思，熊先生只是提供人们如何正确理解中国传统文化的一把钥匙。因为中国传统文化的核心部分，熊先生称为"玄学"（与西方玄学、形而上学意义不同），它既有思辨之学，又有道德价值观、美学观等更丰厚的内容，这些内容确实是近代西方哲学所包容不进去的。

"道之将废也，文不在兹乎"，这说明进入二十世纪，中西文化接触后，引起中国有识之士的广泛而深刻的反省。西方侵略国家挟其船坚炮利的余威，给中国的经济生活以破坏，连带引起社会生活、政治生活、以至家庭生活的变革。面临前所未有的大冲击、震荡，发展下去，必然引起知识分子深刻的世界观的动荡。春秋战国在中国历史上曾被认为是个大变革，它与"五四"以后的变革相比，简直微不足道。熊先生的哲学的核心问题，与其说它讲的哲学问题，不如说它讲的文化问题、传统文化的前途、出路问题。

熊先生"弃佛归儒"，正是由于儒家传统带有浓重的民族特色，而佛教（特别法相唯识之学）更多思辨特色。思辨精神与中华民族的生死存亡的关系不是那末直接。"为生民立命"，在西方近代哲学家看来，本不是哲学家的事，而中国知识分子则认为责无旁贷。熊先生与欧阳竟无先生的分歧在于：熊先生以佛为妄而舍佛归儒；欧阳竟无先生在抗战前后发表的关于《大学》、《中庸》的论著，以及对孔孟的评价，也有"舍佛归儒"的倾向，只是欧阳先生认为儒家高明博大，佛亦不妄，佛儒交相融摄，更趋向于儒而已。

熊先生为了他的理想，生死以之。他很早就宣布他不能接受马列主义，不能相信唯物论。新中国成立后，熊先生的多种学术著作相继出版问世，他同时又积极参加国家的政治活动，哲学上的唯心主义与政治上的爱国主义，在熊先生的生活里生意盎然。像他这样一位爱国的知识分子，这是符合他的实际情况的，也是可以理解的。

我和熊先生相处多年，相知甚深。我过去一直是儒家的信奉者。新旧中国相比较，逐渐对儒家的格、致、诚、正之学，修、齐、治、平之道，发生了怀疑；对马列主义的认识，逐渐明确。在一九五六年，我与熊先生写信说明，我已放弃儒学，相信马列主义学说是真理，"所信虽有不同，师生之谊长在"，"今后我将一如既往，愿为老师尽力"。熊先生回了一封信，说我"诚信不欺，有古人风"。以后，书信往来，就不再探讨学问了。熊先生历年给我的信很多，可惜毁于十年劫灰中！

学马列主义，也不能在言语文字上打转，也要身体力行，这方法和态度还是从熊先生的教诲中得来的。熊先生是我永不能忘的老师。

赘语

　　海外不少学者和同行们，出于对熊先生的关怀，流传着不少传闻和推测。有人认为新中国对待旧社会的老专家实行压迫，他们失去了讲学的自由，受到不公正的待遇，解放后，一直受折磨，饮恨而终。我对此不得不做一些必要的说明。

　　先说解放前熊先生在北大所受的待遇。熊先生在旧北大一直当讲师。"七·七"事变后，教授可以到西南联大报到，仍能教书，不致失业，而熊先生不是教授，迁到大后方，拒绝收容他，任他漂泊西南天地间达八年之久。全国解放后，董必武等政府领导人请他来北京。北京解放不久，教授的待遇按小米折价，刚从美国回来的华罗庚和熊先生的工资都按最高标准定为八百斤小米。

　　抗战胜利后至解放前，熊先生住在沙滩北大孑民堂后院的两间改造过的集体宿舍里，面积约二十平方米。解放后，国务院在交道口附近给他租了一处住房，北房五间，并为他购置了必要的家具。他和义女仲光来京后，即住在这里。两三个月以后，熊先生嫌这个院子嘈杂，又搬了一次家，搬到西城宝禅寺街，住在最后一进院子，是个独院。在这里未住多久，国务院又给熊先生在北海鸦儿胡同购买了一所小四合院，出门不远就是十刹海①后海。住在这里不到一年，熊先生感到年老，不耐北方严寒，打算到上海依儿子世菩，这是他唯一的儿子，当时世菩在上海招商局任工程师。熊先生的客人学生来往的人多，世菩向招商局申请，扩大他的住房面积，以便安置年老的父亲。格于制度，没有办到。最后由国务院指示上海市委，在愚园路给他安排住房，这个地方比较安静、宽敞。熊先生的工资仍

---

① 现写作"什刹海"。——编者注

按月由北大汇寄，后来熊先生嫌每月汇寄麻烦，工资由上海市委统战部支付。

旧中国不曾限制唯心论，只限制唯物论，但熊先生的著作出版，遭到种种挫折，有的书是熊先生自己出钱印的。解放后，他的书由国家出钱，出版了七、八种，公开发行。说到这里，也附带说一说陈寅恪先生。陈先生抗战期间，为英国庸医所误，双目失明，仅有光感。解放后，中山大学在他的楼前特别用白色涂刷了一条小径，以便于他借助白色反光饭后散步。陈先生用的药品，内地买不到的，由香港购进，二十四小时有护士三人轮流护理。还请他到北京担任历史所所长。陈先生的朋友学生多在北京，他也有意北来，由于敦请陈先生的那位学生说话不慎，惹得陈先生不高兴，他拒绝北来。

熊、陈这两位老先生备受政府礼遇。这些事实都说明共产党是尊重学有专长的专家学者的。到了"文化大革命"，是非颠倒，国家遭难。外人只看到知识界、文化界人士在"文化大革命"中所遭受的折磨，误认为是共产党政府搞的。

（摘自《念旧企新：任继愈自述》，人民日报出版社，2011 年）

作者简介

任继愈（1916—2009），山东平原人。著名哲学家、佛学家、历史学家。师从汤用彤、贺麟。长期致力于用唯物史观研究中国佛教史和中国哲学史。专著有《汉唐佛教思想论集》、《中国哲学史论》、《任继愈学术论著自选集》、《任继愈学术文化随笔》、《老子全译》、《老子绎读》等。

冯友兰：
阐旧邦以辅新命，极高明而道中庸

冯友兰（1895—1990），河南南阳人，著名哲学家。历任中州大学（现河南大学）、广东大学、燕京大学教授，清华大学文学院院长兼哲学系主任，其哲学作品为中国哲学史的学科建设做出了重大贡献，被誉为"现代新儒家"。代表作有《中国哲学简史》等。

晚节善终　大节不亏

——悼念冯芝生（友兰）先生/季羡林

在芝生先生弟子一辈中，我可能是接触到冯先生这个名字最早的人。一九二六年，我在济南一所高中读书，这是一所文科高中。课程除了中外语文、历史、地理、心理、伦理、《诗经》、《书经》等等以外，还有一门人生哲学，用的课本就是芝生先生的《人生哲学》。我当时只有十五岁，既不懂人生，也不懂哲学，但是对这一门课的内容，颇感兴趣。从此芝生先生的名字，就深深地印在我心中，我认为，他是一个高不可攀的大人物。

芝生先生离开我们，走了。对我来说，这噩耗既在意内，又出意外。约摸三四个月以前，我曾到医院去看过他，实际上含有诀别的意味。但是，过了不久，他又奇迹般地出了院。后来又听说，他又住了进去。以九十五周岁的高龄，对医院这样几出几进，最后终

222

于永远离开了医院，也离开了我们。难道说这还不是意内之事吗？

可是芝生先生对自己的长寿是充满了信心的。他在八八自寿联中写道：

何止于米？相期以茶。

胸怀四化，寄意三松。

米寿指八十八岁，茶寿指一百零八岁。他活到九十五岁，离茶寿还有十三年，当然不会满足的。去年，中国文化书院准备为他庆祝九十五岁诞辰，并举办国际学术讨论会。他坚持要到今年九十五周岁时举办。可见他信心之坚。他这种信心也感染了我们。我们都相信，他会创造奇迹的。今年的庆典已经安排妥帖，国内外请柬都已发出，再过一个礼拜，就要举行了，可惜他偏在此时离开了我们，使庆祝改为悼念，不说这是意外又是什么呢？

在芝生先生弟子一辈的人中，我可能是接触到冯先生这个名字最早的人。一九二六年，我在济南一所高中读书，这是一所文科高中。课程除了中外语文、历史、地理、心理、伦理、《诗经》、《书经》等等以外，还有一门人生哲学，用的课本就是芝生先生的《人生哲学》。我当时只有十五岁，既不懂人生，也不懂哲学，但是对这一门课的内容，颇感兴趣。从此芝生先生的名字，就深深地印在我心中，我认为，他是一个高不可攀的大人物。屈指算来，现在已有六十四年了。

后来，我考进了清华大学，入西洋文学系，芝生先生是文学院长。当时清华大学规定，文科生必须选一门理科的课，逻辑学可以代替。我本来有可能选芝生先生的课，临时改变主意，选了金岳霖先生的课。因此我一生没有上过芝生先生的课。在大学期间，同他根本没有来往，只是偶尔听他的报告或者讲话而已。

时过境迁，我大学毕业后，当了一年高中国文教员，到欧洲去漂泊了将近十一年，抗日战争后，回到了祖国。由于陈寅恪先生的介绍，到北大来工作。这时芝生先生从大后方复员回到北平，仍然在清华任教。我们没有接触的机会。只是偶尔从别人口中得知芝生先生在西南联大时的情况，也有过一些议论。这在当时是难以避免的。至于真相究竟如何，谁也不去探究了。

不久迎来了解放。据我的推测，芝生先生本来有资格到台湾去的。然而他留下来没走，同我们共同度过了一段既感到光明、又感到幸福的时刻。至于他是怎样想的，我完全不知道。不管怎样，他的朋友和弟子们从此对他有了新的认识，这却是事实。他曾给毛泽东同志写过一封信，毛回复了一封比较长的信。十年浩劫期间，我听他亲口读过。他当时是异常激动的。此是后话，这里暂且不表了。

不久，我国政府组成了一个文化代表团，应邀赴印度和缅甸访问。这是新中国开国后第一个比较大型的出访代表团，团员中颇有一些声誉卓著、有代表性的学者、文学家和艺术家。丁西林任团长，郑振铎、陈翰笙、钱伟长、吴作人、常书鸿、张骏祥、周小燕等等，以及芝生先生都是团员，我也滥竽其中，秘书长是刘白羽。因为这个团很重要，周总理亲自关心组团的工作，亲自审查出国展览的图片。记得是，一九五一年整个夏天，我们都在做准备工作，最费事的是画片展览。我们到处拍摄、搜集能反映新中国新气象的图片，最后汇总在故宫里面的一个大殿里，满满的一屋子，请周总理最后批准。我们忙忙碌碌，过了一个异常紧张但又兴奋愉快的夏天。

那一年国庆节前，我们到了广州，参加观礼活动。我们在广州又住了一段时间，将讲稿或其他文件译成英文，做好最后的准备工作。

此时，广州解放时间不长，国民党的飞机有时还来骚扰，特务活动也时有所闻。我们出门，都有便衣怀藏手枪的保安人员跟随，暗中加以保护。我们一切都准备好后，便乘车赴香港，换乘轮船，驶往缅甸，开始了对天竺和缅甸的长达几个月的长征。……

从此以后，我们全团十几个人就马不停蹄，跋山涉水，几乎是一天换一个新地方，宛如走马灯一般，脑海里天天有新印象，眼前时有新光景，乘船，乘汽车，乘火车，乘飞机，几乎看尽了春、夏、秋、冬四季风光，享尽了印缅人民无法形容的热情的款待。我不能忘记，我们曾在印度洋的海船上，看飞鱼飞跃。晚上在当空的皓月下，面对浩渺蔚蓝的波涛，追怀往事。我不能忘记，我们在印度闻名世界的奇迹泰姬陵上欣赏"琼楼玉宇高处不胜寒"的奇景。我不能忘记，我们在亚洲大陆最南端科摩林海角沐浴大海，晚上共同招待在黑暗中摸黑走八十里路、目的只是想看一看中国代表团的印度青年。我不能忘记，我们在佛祖释迦牟尼打坐成佛的金刚座旁留连瞻谒，我从印度空军飞机驾驶员手中接过几片菩提树叶，而芝生先生则用口袋装了一点金刚座上的黄土。我不能忘记，我们在金碧辉煌的土邦王公的天方夜谭般的宫殿里，共同享受豪华晚餐，自己也仿佛进入了童话世界。我不能忘记，在缅甸茵莱湖上，看缅甸船主独脚划船。我不能忘记，我们在加尔各答开着电风扇，啃着西瓜，度过新年。我不能忘记的事情太多太多了，怎么说也是说不完的。一想起印缅之行，我脑海里就成了万花筒，光怪陆离，五彩缤纷。中间总有芝生先生的影子在，他长须飘胸，道貌岸然。其他团员也都各具特点，令人忆念难忘。这情景，当时已道不寻常，何况现在事后追思呢？

根据解放后一些代表团出国访问的经验，在团员与团员之间的关系方面，往往可以看出三个阶段。初次聚在一起时，大家都和和睦睦，客客气气。后来逐渐混熟了，渐渐露出真面目，放言无忌。到了后期，临解散以前，往往又对某一些人心怀不满，胸有芥蒂。这个三段论法，真有点厉害，常常真能兑现。

但是，我们的团却不是这个样子。

我们自始至终，都是能和睦相处的。我们团中还产生了一对情侣，后来有情人终成了眷属，可见气氛之融洽。在所有的团员和工作人员中，最活跃的是郑振铎先生。他身躯高大魁梧，说话声音洪亮，虽然已经渐入老境，但不失其赤子之心。他同谁都谈得来，也喜欢开个玩笑，而最爱抬杠。团中爱抬杠者，大有人在。代表团成立了一个抬杠协会，简称杠协。大家想选一个会长，领袖群伦。于是月旦①群雄，最后觉得郑先生喜抬杠，而不自知其为抬杠，已经达到抬杠圣境，圆融无碍。大家一致推选他为杠协会长。在他领导下，团中杠业发达，皆大欢喜。

郑先生同芝生先生年龄相若，而风格迥异。芝生先生看上去很威严，说话有点口吃，但有时也说点笑话，足证他是一个懂得幽默的人。郑先生爱开玩笑的对象往往就是芝生先生。他经常喊芝生先生为"大胡子"，不时说些开玩笑的话。有一次，理发师正给芝生先生刮脸，郑先生站在旁边起哄，连声对理发师高呼："把他的络腮胡子刮掉！"理发师不知所措，一失手，真把胡子刮掉一块。这时候，郑先生大笑，旁边的人也陪着哄笑。然而芝生先生只是微微一笑，神色不变，可见先生的大度包容的气概。《世说新语》载："王子猷、子敬曾俱坐一室，上忽发火。子猷遽走避，不惶取屐。子敬神色恬然，徐唤左右，扶凭而出，不异平常。

---

① 农历每月初一为月旦。《后汉书·许邵传》记载：东汉名士汝南人许邵（150—195），好评论乡党人物，每月更换一名，影响很大，时称汝南"月旦评"。后因称品评人物为月旦评，或者作"月旦"。——编者注

世以此定二王神宇。"芝生先生的神宇有点近似子敬。

上面举的只是一件微末小事，但是由小可以见大。总之，我们的代表团就是在这种熟悉而不亵渎、亲切而相互尊重的气氛中，共同生活了半年。我得以认识芝生先生，也是这一段时期内的事。屈指算来，到现在也近四十年了。

对于芝生先生的专门研究领域，中国哲学史，我几乎完全是一个门外汉，不敢胡言乱语。但是他治中国哲学史的那种坚忍不拔的精神，我却是能体会到的，而且是十分敬佩的。为了这一门学问，他不知遭受了多少批判。他提倡的道德抽象继承论，也同样受到严厉的诡辩式的批判。但是，他能同时在几条战线上应战，并没有被压垮。他坚持真理，修正错误，不惜以今日之我非昨日之我，经常在修订他的《中国哲学史》，我说不清已经修订过多少次了。我相信，倘若能活到一百零八岁，他仍然是要继续修订的。只是这一点精神，难道不值得我们认真学习吗？

芝生先生走过了九十五年的漫长的人生道路。九十五岁几乎等于一个世纪。自公元建立后，至今还不到二十个世纪。芝生先生活了公元的二十分之一，时间够长的了。他一生经历了清代、民国、洪宪、军阀混乱、国民党统治、抗日战争，一直迎来了解放。道路并不总是平坦的，有阳关大道，也有独木小桥，曲曲折折，坎坎坷坷。然而芝生先生以他那奇特的乐观精神和适应能力，不断追求真理，追求光明，忠诚于自己的学术事业，热爱祖国，热爱祖国的传统文化，终于走完了人生长途，仰不愧于天，俯不怍于地。我们可以说他是晚节善终，大节不亏。他走了一条中国老知识分子应该走的道路。在他身上，我们是可以学习到很多东西的。

芝生先生！他完成了人生的义务，掷笔去逝，把无限的怀思留给了我们。

芝生先生！你度过了漫长疲劳的一生，现在是应该休息的时候了。你永远休息吧！

一九九〇年十二月三日

（摘自《季羡林谈师友》，当代中国出版社，2006 年）

怀念冯友兰先生
——为纪念冯友兰诞辰一百周年而作／张岱年①

> 冯友兰先生有两大贡献，超越了别的思想家，一是尽力弘扬
> 中国哲学的优秀传统，二是将中国哲学介绍给西方各国。
> 三十年代的两卷本《中国哲学史》详述了先秦诸子、汉魏思
> 想以及宋明理学；晚年所著《中国哲学史新编》更以新的观
> 点对于历代思潮进行了深入的分析，都是弘扬中国哲学优秀
> 传统的重要著作。

今年十二月是冯友兰先生诞辰一百周年，冯友兰先生是二十世纪中国第一个自觉地建立融合中西的哲学体系的思想家，在二十世纪中国哲学史上有重要地位。

在冯友兰先生发表《新理学》之前，熊十力先生发表了《新唯识论》，提出了自己的哲学体系。《新唯识论》的内容虽然也

---

① 本文原载于《冯友兰研究》第 1 辑。——编者注

受了帕格森生命哲学的影响，但主要是融合儒释。与冯先生同时建立哲学体系的金岳霖先生，虽然对于中国古代哲学有一定的情感，但主要是研究西方哲学的。惟有冯先生既对中国古代哲学有很深的研究，又博通西方的哲学典籍，真可谓"学贯中西"，他的《新理学》是中国古代的理性主义哲学与西方理性主义哲学的综合。冯先生曾经对我说："中国的正统派哲学与西方的正统派哲学都是理性主义。"这确实是历史事实。他比较赞同正统派哲学，企图将中国与西方的理性主义哲学综合起来。"新理学"的内容就是将中国的理性主义即程朱理学与西方的理性主义即柏拉图主义哲学综合起来。这是中西哲学综合的一个重要典型。对于正统派哲学，可能有不同的评价，有人不喜正统派哲学，认为"异端"思想才是进步的。其实思想理论的价值不在于其为正统或异端，而在于其内容是否正确。理性主义强调理性的价值，在历史上还是起了一定的积极作用的。

冯友兰先生的著作是用逻辑分析方法写成的。他所讲的许多观念，如"理"、"气"、"太极"之类，都是中国的。对于这些观念的解释则运用了逻辑分析方法。这也表现了中西的综合。中国古代哲学不重视论证，许多观点都是以简约的隽语表示出来。西方哲学则特重论证，对于任何问题都作出详细的论证。冯先生的著作中论证较详，对于所提出的见解都做了较详的论证，这也表现了中西哲学的融合。

中国哲学著作，从两汉以来，直到清代，都采取了经学的形式，即经典解释的形式。王船山的哲学思想主要表现于《周易外传》、《尚书引义》中；戴东原的哲学著作以《孟子字义疏证》为题，也采取了经典注释的方式。冯友兰先生的《新理学》则直抒己见，不采取经典注释的方式，这是"五四"新文化运动之后超越了经学时代的表现。

冯先生在五十年代由理性主义哲学转向唯物主义，由主张"理在事先"转到"理在事中"。这具有非常伟大的意义，表现了虚心追求真理的哲人风度。中国哲学史上，这类思想转变也有先例。明代罗整庵（钦顺）由理气二元论转向气一元论，清初颜习斋（元）由朱学信徒转向"以事物为归"。都是最显著的。冯先生的思想转变是现代哲学史上的一个重要典型，是值得赞扬的。

冯友兰先生有两大贡献，超越了别的思想家，一是尽力弘扬中国哲学的优秀传统，二是将中国哲学介绍给西方各国。三十年代的两卷本《中国哲学史》详述了先秦诸子、汉魏思想以及宋明理学；晚年所著《中国哲学史新编》更以新的观点对于历代思潮进行了深入的分析，都是弘扬中国哲学优秀传统的重要著作。《新编》中比较充分地论述了各时代的唯物论思想，具有重要的意义。将中国哲学介绍到西方，是一项重要任务。两卷本《中国哲学史》译成英文之后，是用英文写的惟一完整的中国哲学史著作。四十年代，冯先生又直接用英文写了《中国哲学小史》（中译称《中国哲学简史》），被译成多国文字，发生了广远的影响。向西方介绍中国哲学是冯先生的一项重大贡献。

冯友兰先生一生有两个特点，一是爱国主义的精神。抗战时期，冯先生撰写了《贞元六书》，意在为抗战胜利后的建设工作提供理论基础。这些书的前几种写成的时候，战争尚未结束，充分表现了抗战胜利的信心。抗战胜利之后，一九四六年冯先生应邀赴美讲学，一九四八年即匆匆回国，准备迎接解放。五十年代以后，虽然多次受到"批判"，但是冯先生总想为新中国做一些有益的贡献，这表现了爱国的真诚。冯先生努力随时代前进，这是值得钦佩的。二是追求真理的精神，哲学的任务就是追求真理，冯先生早年服膺理性主义，承认"理在事先"，不失为一家之言；五十年代接受了马克思主义哲学唯物论，放弃了"理在事先"，肯定了"理在事中"的唯物观点。直到写《三松堂自序》，承认"理在事中"是正确的。这充分表现了虚心接受真理的精神。这是值得赞扬的。

冯友兰先生留下了许多珍贵的学术遗产，值得我们虚心研究。

一九九五年十二月十八日

（摘自《解读冯友兰·学人纪念卷》，海天出版社，1998年）

冯友兰先生在中国哲学史领域里的贡献 / 任继愈

> 冯先生的哲学史一改再改，这里且不说他的某些章节的是非得失，而要大书特书他热爱优秀传统文化，随时给它注入新血液，排除其中不应保留的东西，使它获得新生命。他对"周虽旧邦，其命维新"的新解释是足以说明他的爱国主义心情的。

那是在一九三二年，我在北平大学附属高中读书，国文老师讲课，选了不少辅助教材，其中有关于老子年代的学术争论。那时起，开始知道胡适、梁启超、张煦、冯友兰、唐兰几位先生对老子年代的见解，他们争辩的问题引起了我对哲学史的兴趣。

由于这种偶然的机会，使我后来在考入北大文学院时选中了哲学系。记得有一次开中国哲学年会，冯友兰先生的论文是《朱子的理与气》。冯先生说，朱子的"理"意为"形式"（form），朱子的"气"意为"料"（stuff），还说，stuff或译为"士大夫"，可见士大夫还够个料，不是废物。记得会上还听了邓以蛰先生讲中国画的"气韵生动"，胡适先生的题目是《程绵庄的哲学》。约在一九三四年，北大学生会邀请校外专家作学术报告，冯先生讲的题目是《新三统五德论》。冯先生运用发展观阐明社会变革与学术变革之间的关系，印象极深，至今不忘。

大学的第四年，北大、清华两校被迫南迁，只在湖南住了半年，文学院设在南岳衡山脚下。冯先生开设了朱子哲学课，金岳霖先生讲知识论课。因为这两位先生都是清华大学哲学系的老师，北大的学生平时听不到他们的课，我都选修了。冯先生的"朱子哲学"课的内容和朱子关系不大，只是借用朱子哲学的某些范畴，发挥冯先生自己的体系。授课的讲义随讲随印，后来在云南蒙自石印出版，书名定为《新理学》。冯先生在书的扉页上题诗云：

> 印罢衡山所著书，
> 踌躇四顾对南湖[①]。
> 鲁鱼亥豕君休笑，
> 此是当前国难图。

在蒙自半年，西南联合大学新校舍建成，文学院迁回昆明。冯先生此后一直在西南联大讲授中国哲学史课，还曾用《新世训》代替教育部规定的伦理学课程。冯先生写《新知言》，注意禅宗的方法论，曾在全校作过关于禅宗的讲演。抗日战争期间，冯先生曾应聘到重庆讲学半年，我曾替冯先生讲授过中国哲学史课程。教材还

---

① 南湖在蒙自城外，学校附近是一所公园，称南湖公园，是西南联大师生朝夕游憩的地方。——编者注

是采用冯先生的书，对冯先生的观点有了一般的了解。

冯先生的《中国哲学史》比胡适的《中国哲学史大纲》在国内外有更长远的影响。五四时期，胡适的《中国哲学史大纲》（上）曾引起过学术界的广泛重视，因为它改变了中国哲学的面貌，从取材到立论都带有现代化的标志，远远超出了封建时代的眼界。胡适的《中国哲学史大纲》只有先秦部分，汉以后没有写下去。胡适过多地采用了美国实用主义观点，对古代哲学学说的评论往往停留在表层。金岳霖先生曾指出，"胡适写的中国哲学史，好像是一个外国人谈论中国的哲学"。[①]胡适批评庄子哲学，说他"使人变成达观的废物"，这种评论显得没有说服力。又由于胡适抱着西方学术界的偏见，认为中国只有思想，没有哲学，以致后来他主持的北大文学院哲学系没有中国哲学史课程，只有中国思想史课程。胡适在历史系开设中古思想史，讲授的内容还是中国哲学史的资料。

冯友兰先生认为中国不但有哲学，而且中国哲学有它内在的体系。他不是简单、轻率地对待古人，而是力图把古人的体系按古人自己的思路，用现代人的表达方式表示出来，他称为同情的理解。冯先生自己说，讲到庄子，令人读了似乎站在庄子的立场上说话；讲到孟子，令人读了似乎站在孟子的立场上说话。这种方法显然比胡适的方法深入了一层。

冯先生具有系统的现代科学方法的素养，又有高度抽象概括的能力。他讲的中国哲学史，能把一些长期讲不清楚的问题讲清楚。比如把先秦名辩思潮中的惠施哲学归结为"合同异"，把公孙龙的哲学归结为"离坚白"。现在的中国哲学史界都接受了这一观点，并认为本来应当是这样的。其实，这只是前辈学者留下的成果，后

[①]　见冯友兰著《中国哲学史》审查报告二，商务印书馆出版。——编者注

来者顺利地接受下来罢了。冯先生以前的学者都没有这样简明。像这样的例子还多①，都表明冯先生善于以简驭繁、高度概括，值得学习、借鉴。

哲学史上下数千年，重要的哲学家，有资格上哲学史的，列举一二百家不算难事。这样做，只能给人以流水账的印象。好的哲学史，不在讲述的人头多少。冯先生的哲学史（包括《中国哲学史新编》）在几千年的断限内，有重点地浓墨重彩、着意介绍的不过十几家，该简化的简化，该突出的突出。先秦各家是中国哲学的源头，对这一段的哲学花了大量篇幅，这是必不可少的。好像西方哲学史不能不详细介绍古希腊哲学一样。汉以后，重点介绍董仲舒、王充。魏晋时期重点介绍了王弼和郭象，并把他们从《老子注》和《庄子注》的附庸于老、庄的地位分离出来，使他们独树一帜。这种见识在今天看来认为是理所当然的，可是当时，无疑是一个创举。

宋明时期重点放在程朱，这些篇章写得精彩而充实。

更值得称道的，也是表现冯先生哲学史的卓越见识的地方，还在于他的中国哲学史的分期。

《中国哲学史》旧著分为"子学时代"和"经学时代"。子学时代的断限约为四百年，经学时代断限约为二千多年。没有真知卓识，是不敢这样处理的。冯先生当年还没有接受用社会发展史、历史唯物主义的观点来观察社会，但他通过广泛而深入的科学实践，感觉到这两大时代的哲学有着本质的差异。子学时代的特点是建造，经学时代的特点是阐述。子学时代奴隶制解体，封建制尚在形成中，新兴的阶级及集团各有自己的社会力量，必然要有自己的代言人。秦汉以后，政权统一、政教合一的格局越来越完备，很多哲学学者

---

① 把佛教哲学列入中国哲学史，是从冯先生开始的。冯先生虽然对佛教部分自己感到不满意，但他的开创之功不可湮没。

"以述为作"，借古代经典为招牌，装进新的内容，冯先生称之为"旧瓶装新酒"，从而形成经学时代的特点。这两大段落的划分，今天看来，还是经得起考验的。

秦汉开始，中国建立了大一统的封建政权，高度集中的中央政府管辖着广大分散的农村。政治上要求高度集中，不集中就不能维持国家的统一；经济上却出于小农经济的本性，只能极端分散。政治上的高度集中与经济上的极端分散这一对矛盾贯穿了二千多年。强化集中统一，严格等级制，是中央政府的要求；希望自给自足，不要政府过多干预，使小农生产安居乐业，是自然经济的特点。在朝的强调集中统一，在野的强调分散自由。这一对矛盾直到鸦片战争始（一八四〇年）才告一段落，此后中国历史进入近代阶段。

为了更好地协调政治的集中统一和经济的极端分散这一对矛盾，从汉代董仲舒开始，历魏晋、唐、宋、元、明、清，一直在解决这个问题。这一大段（二千多年）恰恰是冯先生《中国哲学史》中所指的"经学时代"。

整个经学时代，学派寿命最长的有两家：以孔孟为旗帜的儒家和以老庄为旗帜的道家。儒家偏重在朝，道家偏重在野。在朝讲孔孟，在野讲老庄。有时同一个人，做官时讲孔孟，不做官时讲老庄。这两大流派都有广泛的社会基础。朝廷的势力总是大于农民，所以孔子的势力大于老子。《六经》中留下注释最多的是儒家的《周易》，先秦诸子中留下注释最多的是《老子》。冯先生的哲学史叙述的流派中，儒家占的篇幅最多，道家所占的篇幅较少，也是符合历史实际情况的。

自从一九四九年起，中华人民共和国成立，过去没有占重要地位的马克思主义哲学占了主导地位。学术界广大知识分子先后接受了马克思主义的观点和方法。据我所认识的老先生中间，有陈垣、汤用彤、朱光潜、贺麟、郑昕、冯友兰先生。学术界也有不愿放弃旧观点的，如熊十力、梁漱溟、陈寅恪诸先生。不论接受或放弃，他们都是认真考虑后才做出抉择的。这里只说冯先生和他的《中国哲学史新编》。

冯友兰先生的新旧两种哲学史很不一样，两书的差别是显而易见的。这里只想说明新旧哲学史之间的衔接关系。在旧哲学史中已包含着后来新观点的某些重要因素。

历史唯物主义的一个重要观点是发展观点，在旧哲学史中已有充分的表现。历史唯物主义强调社会存在决定社会意识，旧哲学史中在讲到某一时代的新思潮时已充分注意到社会变迁与思想变迁的密切联系。马克思主义哲学有两个突出特点，一个是阶级性，一个是实践性。阶级性是为了广大人民群众（儒家传统说法为关心天下忧乐），实践性是为学不尚空谈理论，这也是中国传统哲学的重点（为生民立命，为万世开太平）。旧哲学不是马克思主义哲学，但旧哲学与新哲学之间可以找到某些衔接点。正如佛教传入中国内地时，东方人不懂得佛教，很自然地把佛教与中国的方术祠祀相比附，认为黄老与浮屠教义"差不多"一样。马克思主义哲学不是排斥过去的旧哲学，而是继承旧哲学中一切有价值的遗产，消化、吸收以后，使它转化成新生的哲学的一部分。新哲学有容纳、改铸旧哲学的功能。

冯先生的新旧哲学史是先后衔接的，而不是"尽弃其所学"，另起炉灶。

冯先生相信历史是发展的，解放后，这一观点更有所加强；冯先生相信历史是连续的，解放后，这一观念也有所加强。在极"左"思潮盛行时期，冯先生曾受到不公正的批判，这些批判并没有动摇他的信念，他相信文化不能中断，新文化只能在旧文化的基础上建立，不能凭空构建。冯先生的哲学史一改再改，这里且不说他的某

238

些章节的是非得失，而要大书特书他热爱优秀传统文化，随时给它注入新血液，排除其中不应保留的东西，使它获得新生命。他对"周虽旧邦，其命维新"的新解释是足以说明他的爱国主义心情的。

冯先生在旧哲学史中曾提出过历史是不断前进的，历史是已存在的事实，它不会错。正因为有这种观点，他到晚年写《中国哲学史新编》时更加尊重历史事实，而反对从概念出发；他讲的一些哲学家和流派，更注重它在当时发生的实际效益，因此对多年来一致歌颂的太平天国的思想提出了自己的看法。正是由于他接受了马克思主义的历史唯物主义的观点，他敢于提出马克思主义中国化是必由之路，割断旧传统，另起炉灶，自以为与旧传统彻底决裂，看起来很革命，到头来非但没有与旧观念彻底决裂，反倒招引出被打下去的旧社会的沉渣乘机泛起，造成了更为麻烦的倒退。

真正的爱国者要对人类负责，要对历史负责，要有魄力吸收全人类一切有价值的文化。哲学的发展有连续性，哲学史的发展也有连续性。我国第一代哲学史研究者的功绩应受到尊重。

冯友兰先生在新中国成立之后，撰写《中国哲学史新编》，直到生命的最后一息，不断前进的动力是什么？

冯友兰先生写的中国哲学史，是生长在这块多灾多难的中国大地上的知识分子的产品，特别是儒家关心天下安危及万民忧乐的传统的体现。他在旧著《中国哲学史》开头引用张横渠的"四句教"以见志。在抗战时期，学校避地南岳，冯先生同几位教授游南岳的方广寺。同学的墙报上曾发表了游方广寺的几位老师的诗。冯先生的诗是：

二贤祠里拜朱张[1]，

一会千秋嘉会堂。

公所可游南岳耳，

半壁江山太凄凉。

饱受帝国主义侵略之苦的中国人民，对国家的爱慕眷恋之深情、切盼祖国繁荣强大的愿望是外国知识分子所无法理解的。

在一九八二年，冯先生去美国讲学，参加学术讨论会。会上会下遇到不少关心冯先生的人，有人怀疑冯先生是否在中国这几十年说话不自由，又受了一些折磨，希望冯先生讲讲他心里的话，在外国人面前诉诉苦；有人觉着冯先生的思想和行为是个谜。照冯先生自己的话说，这个谜并不难解，他是个地道的中国人，他热爱中国，他感到作为新中国的学者有责任、也有义务使自己所学的一切为祖国的新文化建设尽力。冯先生有他坚贞不渝的信念：中国有希望，中国哲学不是书本上的空话，它将继承过去的优秀遗产创造新文化，使中国真正做出现代的成绩。冯先生不愿置身事外，他决心参与这场文化上的历史性大变革。他比一些口头上曾念诵马克思主义词句的人更坚决相信马克思主义要在中国生根，就要中国化。光有马克思主义在中国，并不能保证马克思主义在中国生根、发展，只有建成中国的马克思主义，才能使中国走向现代化。中国的马克思主义的政党的产生，第一推动力不同于西方的民主和反剥削，中国共产党的产生是为了寻找救国图存的真理，是要国家富强，摆脱侵略者的奴役。马克思主义之所以在中国取得成功，就在于它使中国站立起来了，使它成为东方的大国，亿万农民的贫困有所缓和。这一点

---

[1] 朱熹与张栻同游南岳方广寺，共同讨论哲学问题，后人纪念两位哲学家的会晤，建有嘉会堂，有匾为"一会千秋"。——编者注

是从旧中国走过来的人，包括像冯先生这样的知识分子亲眼所见的。他们对新中国的爱护之情发自内心。

冯先生在他写的《三松堂自序》中写他几十年间讲授中国哲学史的感受时，说过下面的一段话：

> 我于一九四六年到一九四七年曾去美国一次，在各地方讲授中国哲学史。这次再去美国①，觉得心情与上次完全不同。原来西方的汉学家们，把中国文化当作一种死的东西来研究，把中国文化当作博物院中陈列的样品。我那时在西方讲中国哲学史，像在博物院中作讲解员。讲来讲去觉得自己也成了博物院中的陈列品了，觉得有自卑感，心里很不舒服。这次我到美国，虽然讲的也是中国的东西，但心情完全不同了，自卑感变成了自豪感，不舒服变成了舒服。中华民族的古老文化虽然已经过去了，但它也是将来中国新文化的一个来源，它不仅是过去的终点，也是将来的起点。将来中国的现代化成功，它将成为世界上最古老也是最新的国家。这就增强了我的"旧邦新命"的信心。新旧接合②，旧的就有了生命力，就不是博物院中的陈列的样品了；新的也就具有了中国自己的民族特色。新旧相续，源远流长，使古老的中华民族文化放出新的光彩。现在我觉得这个展望并不是一种空想、幻想，而是定要实现的，而且一定能实现的。（《三松堂全集》第1卷，

---

① 这次指1982年冯先生在夏威夷开朱熹学术会议，后去哥伦比亚接受荣誉学位。——编者注

② 这里用新旧"接合"，而不是用"结合"，意思是说，新文化是接着旧文化讲的，不是割断旧文化就能产生新文化。——编者注

第 344—345 页，河南人民出版社 1985 年版）

冯友兰先生的这种出自爱国的责任感，由此产生的自信心、自豪感，只有在祖国这块土地上才能满足，只有与祖国的命运紧紧连接在一起的人，才有这种真切的情操。他发表这个意见时，他已遭受过"文化大革命"给他带来的痛苦和灾难，"文化大革命"是国家的灾难，知识分子在这次灾难中损失最重，冯先生的遭遇又是许多知识分子所不曾遇到的。这些经历人们记得，冯友兰先生也不会不记得。但是，冯先生把自己作为祖国的一员，把文化事业放在第一位，并不为研究哲学史而懊丧，而为自己研究中国哲学史而自豪，满怀信心地把新中国的文化建设事业（尽管只是其中的一部分）揽在自己身上。

冯先生的《中国哲学史新编》是接着旧编讲的，这两者是两部分，却又有密切的联系，新编是旧编的补充。无论新编和旧编，写的都是作者的真知灼见，没有随大流，说空话。《中国哲学史新编》对冯先生来说，可以认为是他把自己的哲学史研究推向了一个新的境界。他用历史唯物主义观点，打破多年来陈陈相因的旧成说，提出自己的创见，保持了一个爱真理、爱科学、爱祖国的知识分子应有的品格。《中国哲学史新编》提出的这类学术问题，无疑将对今后中国哲学史研究起着启发、借鉴作用。

《中国哲学史新编》定稿于文化大革命以后，思想更加成熟，文风更加洗练，冯先生以简驭繁的优点更加突出，这部七卷本的著作，将与旧编并列，必享有长久的学术生命，成为哲学史界的宝贵遗产。

（摘自《念旧企新：任继愈自述》，人民日报出版社，2011 年）

金岳霖：道超青牛，论高白马

金岳霖（1895—1984），字龙荪，祖籍浙江诸暨，出生于湖南长沙。我国著名的哲学家、逻辑学家。历任清华大学哲学系教授、系主任、文学院院长，北京大学哲学系教授、系主任。他把西方哲学与中国哲学相结合，建立了独特的哲学体系，培养了一大批有较高素养的哲学和逻辑学专门人才。著有《论道》、《逻辑》和《知识论》。

怀念金岳霖先生 / 冯友兰^①

> 金先生是中国第一个真正懂得近代逻辑学的人。有人可能说严复是这样的一个人，可是，严复仅只是翻译过穆勒《名学》，没写过系统的哲学著作。金先生又是中国第一个懂得并且引进现代逻辑学的人。

金岳霖先生离开我们已经一年了。《哲学研究》1985年第9期发表了他的《中国哲学》一文，也是出于纪念的意思吧。在这篇文章里，金先生提出了中国哲学的四个特点。第一个特点"是那种可以称为逻辑和认识论的意识不发达。"金先生说："这个说法的确很常见，常见到被认为是指中国哲学不合逻辑，中国哲学不以认识为基础。显然中国哲学不是这样。我们并不需要意识到生物学才具有生物性，意识到物理学才具有物理性。中国哲学家没有发达的逻辑意识，也能轻易自如地安排得合乎逻辑；他们的哲学虽然缺少发达的逻辑意识，也能建立在已往取得的认识上。意识到逻辑和认识论，就是意

---

① 本文原载于《哲学研究》，1986年第1期。——编者注

识到思维的手段。中国哲学家没有一种发达的认识论意识和逻辑意识，所以在表达思想时显得芜杂不连贯，这种情况会使习惯于系统思维的人得到一种哲学上料想不到的不确定感，也可能给研究中国思想的人泼上一瓢冷水。""这种意识并不是没有。受某种有关的刺激，就不可避免地要发生这种意识，提出一些说法很容易被没有耐性的思想家斥为诡辩。这类所谓诡辩背后的实质，其实不过是一种思想大转变，从最终实在的问题转变到语言、思想、观念的问题，大概是领悟到了不碰后者就无法解决前者。这样一种大转变发生在先秦，那时有一批思想家开始主张分别共相与殊相，认为名言有相对性，把坚与白分离开，提出有限者无限可分和飞矢不动的学说；这些思辨显然与那个动乱时代的种种问题有比较直接的关系。……然而这种趋向在中国是短命的，一开始虽然美妙，毕竟过早地夭折了。逻辑、认识论的意识仍然不发达，几乎一直到现在。"

金先生的这些论断，我一向是同意的。在近代生理学和逻辑学建立以前，人类已经存在了不知多少万年，在那漫长的岁月里，人本来是照着近代生理学所讲的规律而生存的，照着近代逻辑学所讲的规律而思维的。一门科学的对象，是先于那门科学而本来如此的。并不是先有那门科学，然后才有它的对象。而是先有它的对象。中国无发达的认识论和逻辑学，并不妨碍中国人有认识和正确的思想。认识论和逻辑学的根本问题，是共相和殊相的分别和关系的问题。这是金先生的特识，但是，认为对于这个问题的讨论在中国早已夭折，这一点我现在不能同意。

在我近来写《中国哲学史新编》的过程中，我自以为对于中国哲学有了进一步的了解。我现在认识这个问题是贯穿于中国哲学发展的过程中的一个根本问题，不过随着各个时代的不同，其表现形式有所不同。从先秦诸子说起，儒家讲正名，法家讲综核名实，名家讲合同异，离坚白，道家讲有无，说法不同，其根本问题都是共相与殊相的问题。魏晋玄学继续发挥有无问题。宋明道学所讲的理欲道器问题，归根到底，也还是共相与殊相的问题。这个问题一直到现在还在讲，这是活问题，不是死问题。论者多认为金先生和我是现在讲这个问题的代表人物。我，不敢当。我不过是在这方面做了一点工作，至于代表应该是金先生，其理由如下所说。

一九三七年中日战争开始。我同金先生随着清华到湖南加入长沙临时大学。文学院设在南岳，在那里住了几个月。那几个月的学术空气最浓，我们白天除了吃饭上课以外，就各自展开了自己的写作摊子，金先生的《论道》和我的《新理学》都是在那里形成的。从表面上看，我们好象是不顾困难，躲入了"象牙之塔"，其实我们都是怀着满腔悲愤无处发泄。那个悲愤是我们那样做的动力。金先生的书名为《论道》，有人问他为什么要用这个陈旧的名字。金先生说，要使它有中国味。那时我们想，哪怕只是一点中国味，也是对抗战有利的。

金先生和我的那两部书，人们认为，内容差不多，其实也有不同，在金先生的体系里，具体共相保留了一个相应的地位，我的体系里没有。我当时不懂得什么是具体共相，认为共相都是抽象，这是我的一个弱点。当时我如果对于具体共相有所了解，在五十年代讲哲学继承的时候，我的提法就不同了。

后来我们到了昆明。金先生担任了认识论这门课程，写了一本讲稿。以后，他逐年修改补充，终于成为一部巨著——《知识论》。他把定稿送给我看，我看了两个多月才看完。我觉得很吃力，可是看不懂，只能在文字上提了一些意见。美国的哲学界认为有一种技术性高的专业哲学。一个讲哲学的人必须能讲这样的哲学，才能算是一个真正的哲学专家。一个大学的哲学系，必须有这样的专家，才能算是象样的哲学系。这种看法对不对，我们暂时不论。无论如何金先生的《知识论》，可以算是一部技术性高的哲学专业著作。可惜，能看懂的人很少，知道有这部著作的人也不多。我认为，哲学研究所可以组织一个班子，把这部书翻译成英文，在国外出版，使国外知道，中国也有技术性很高的专业哲学家。

金先生在清华、联大也担任逻辑这门课程，写有讲稿，后来发表为《逻辑》这本书。金先生是中国第一个真正懂得近代逻辑学的人。有人可能说严复是这样的一个人，可是，严复仅只是翻译过穆勒《名学》，没写过系统的哲学著作。金先生又是中国第一个懂得并且引进现代逻辑学的人。说到这里，金先生在《中国哲学》中所说的那一句话倒是对了。他说："逻辑、认识论的意识仍然不发达，几乎一直到现在。"金先生可以说是打破这种情况的第一个人。他是使认识论和逻辑学在现代中国发达起来的第一个人。

金先生还有一种天赋的逻辑感。中国有一个谚语："金钱如粪土，朋友值千金。"金先生说，他在十几岁的时候，就觉得这个谚语有问题，如果把这两句话作为前提，得出的逻辑结论应该是"朋友如粪土"。这和这个谚语的本意是正相反的。

有一个笑话说，有一个二郎庙碑文，其中说："庙前有一树，人皆谓'树在庙前'，我独谓'庙在树后'。"说笑话的人都认为这两句话是自语重复，没有什么意义。金先生说这两句话并不是自语重复。《世说新语》有一条记载说，有人说："小时了了，大未必佳。"孔融说，你小的时候，必定是了了的。孔融的意思是说，看你现在不佳，可以推知你小的时候是了了的。金先生说，不能这样推。在这三个例中，第一例的错误是很显然的，可是大家都是这样说。金先生在十几岁的时候，就能看出它的错误，这是他的天赋的逻辑感。至于后二例，在我听金先生说的时候，也仿佛了解金先生的意思。可是怎样用逻辑的语言把这个意思明确地说出来，我没有追问。

金先生擅于运用中国的成语说明一个道理。有两句成语："理有固然"，"势所必至"。金先生在《论道》中，运用这两句成语说："理有固然，势无必至"。他只把"所"字改成"无"字，就准确地说明了一般与特殊的不同，而且中国味十足，"文约义丰"。

金先生对艺术有很高的欣赏力。他欣赏中国画。已故北京大学教授邓叔存先生，是清代的大书法家邓顽白之后，收藏甚富。他常给我们讲画，他指着一个作品说："你们看这一笔！"听的人都期望下边必定讲出一番道理，谁知下边就完了，道理尽在不言中了。这种不言之教，金先生倒能了解。他常学着邓先生的这种姿势，以为笑乐。但他并不同鉴赏家们辩论某一作品的好坏真伪问题，他只说："我喜欢某一作品，不喜欢某一作品。"

金先生也欣赏诗，如他在《中国哲学》所说的，他最喜欢《庄子》，他认为庄子是一个大诗人，他对于《庄子》的欣赏，大半是从它的艺术性说的。

金先生的风度很像魏晋大玄学家嵇康。嵇康的特点是"越名教而任自然"，天真烂漫，率性而行；思想清楚，逻辑性强；欣赏艺术，审美感高。我认为，这几句话可以概括嵇康的风度。这几句话对于金先生的风度也完全可以适用。

我想象中的嵇康，和我记忆中的金先生，相互辉映。嵇康的风度是中国文化传统所说的"雅人深致"、"晋人风流"的具体表现。金先生是嵇康风度在现代的影子。

金先生的著作，我们可以继续研究，金先生的风度是不能再见了。

（摘自《冯友兰先生纪念文集》，北京大学出版社，1993年）

忆金岳霖先生的
一堂教学和两则轶事 / 任继愈

> 金先生讲课，不带书本，不带讲稿，走进课堂只带一支粉笔，这支粉笔并不使用，经常一堂课讲下来一个字也不写，他夏天穿西装，不系领带，冬天穿棉袍。金先生为人通情达理，平易近人。对个人利害得失，从不放在心上；对学术问题却严肃认真，半点也不迁就。

七七事变后，北大、清华、南开三校合并，成立西南联合大学。我在北大毕业后，在西南联合大学哲学系教书。有机会旁听金先生开设的"知识论"课。

金先生讲课，不带书本，不带讲稿，走进课堂只带一支粉笔，这支粉笔并不使用，经常一堂课讲下来一个字也不写，他夏天穿西装，不系领带，冬天穿棉袍。昆明号称"四季如春"实际冬天相当冷，陈寅恪、刘文典两位先生都穿皮袍。金先生眼睛怕强光，不论冬夏，都戴一顶网球运动员戴的遮阳帽。冬天戴着遮阳帽，显得很特殊，金先生冬天戴遮阳帽与朱自清先生冬天穿西装外披一件昆明赶马的驮夫披的白色蚊斗篷，成为西南联大教授中引人注目的景观。

金先生讲授"知识论"课程，有的学校称为"认识论"。金先生说，这门课只能叫"知识论"，不应叫"认识论"。人们对某种事物可以有一定的知识，却不一定认识它，因为认识一个事物要受众多条件的影响和制约，有主观方面的，也有客观方面的。

比如说，事物之间的比例（proportion）就是影响认识的一个因素。假使世界上所有的东西一夜之间都按比例缩小了一半（房子、门窗、桌、椅、人……）这个变化不能说不大，可是人们对已发生变化的这个世界并未察觉，认为和平常一样，认为没有变化。

金先生又说，"我平时好大，却不喜功"，常摆几个大的苹果在桌上。刚摆出时，它们大小差不多，几天后，有的苹果缩小了，苹果A、苹果B、苹果C……之间差别逐渐显出来，因为它们之间的比例拉大了。如果这些苹果同时同步缩小，我会认为它没有缩小。可见"比例"在人类认识中的作用不能不考虑。比例不过是众多关系中的一种。

再比如天气的冷热，可以用温度计测出其绝对值，但人们对冷热的感受与温度计显示的数值并不一致，有时甚至相反，甲说今天冷，乙说今天热，丙说不冷不热。人们叙述天气的冷热，只能按多数人的感受为准。好像大家有一个共同认同的冷热标准。如果对冷热感受者人数比例刚好一半对一半，究竟以哪一半为准？

金先生又说，人们嗅到某种花香的气味，有人觉得沁人心脾，有人为之头晕脑胀，感受因人而异。形成气味的还是那个化学分子结构，香和不香的感受因人而异，认识不尽相同。

金先生又说，对于桌、椅、木、石等死的东西，哲学家可以通过分析，论证其不真实，认为不过是众多感觉的复合体，好像言之成理。如果认识的对象不是呆板的死物（桌、椅、木、石等）而是一个大活人，哲学家做出上述的分析和判断就会遇到麻烦。讲到这里，金先生指着坐在他对面听课的同学陈龙章①，并代替陈龙章回答："你不承认我的存在，我就坐在你的面前，你把我怎么办"？讲到"你把我怎么办"这句话时，金先生把头一摆，胸一挺，脖子一梗，做出不服气的样子，听课的同学们会心地笑了。

金先生总结说，人们用概念、判断等方式表达事物性质的特点，构成人们的知识，知识可以通过各种媒介、工具表达清楚，传达给另外的人。不论这种过程是复杂还是简单，总归可以讲清楚，我们可以说对某事物有知识，关于这种过程的学问叫做"知识论"。但我们只能说有关于某事物的知识，却不能说有关于某事物的认识，因为这个"所与"（given）对不同观察者的认识很不一致，也无法取得一致。金先生说，所谓"thing"，实际上是人们对它（thing）的加工，"thingize"②是人加给物的。

金先生晚年接收马克思主义哲学，并非偶然，有其哲学理论的结合点。

金先生为人通情达理，平易近人。对个人利害得失，从不放在心上；对学术问题却严肃认真，半点也不迁就。听金先生讲过，三十年代初，中国哲学会在南京举行一次年会。有学术报告，也有讨论。金先生带着年轻的沈有鼎去开会。金先生深知沈有鼎这个学生自由散漫，性情古怪，生怕他在会上乱发言，有意安排他坐在自己旁边。沈有鼎有好几次想站起来发言，被金先生按他坐下，制止了。沈有鼎实在憋不住了，趁金先生不注意，猛然站起来，金先生

---

① 陈龙章是南开大学哲学系的同学，听说毕业后在西北某省工作，想已退休。

② 东晋僧肇的《不真空论》说，"夫言色者，当色即色，岂待色色而后为色哉"，僧肇讲的"色色"，可英译为 thingize。

一把没拉住，沈有鼎滔滔不绝地讲了一通，沈没有讲他熟悉的逻辑，而是讲未来的新哲学将是博大的三民主义唯心论大体系。金先生被这位性情乖僻的天才学生的突然袭击，弄得措手不及。事隔多年，抗日战争时期沈有鼎也在西南联大教书，别人问起这件事，沈有鼎早已忘记，金先生却总未忘记当时的尴尬局面。

五十年代初，北京解放不久，清华大学哲学系请艾思奇①作报告。报告会由金先生主持。当时艾思奇同志说，我们讲辩证法，必须反对形式逻辑，形式逻辑是形而上学，我们要与形式逻辑作坚决斗争。

艾思奇讲的中心是讲学习辩证法的重要，形而上学必须反对。报告会结束后，金先生以主持会议者的身份总结这次报告，他说："听说艾思奇同志坚决反对形式逻辑，要与形式逻辑作坚决斗争，听他讲演以前，我本想和艾思奇同志斗一斗，争一争。听艾思奇同志讲演以后，我完全赞同他的讲话，他讲的话句句符合形式逻辑，我就用不着斗、用不着争了，谢谢艾思奇同志。"

一九九三年六月二十二日于北京图书馆

（摘自《念旧企新：任继愈自述》，人民日报出版社，2011 年）

---

① 　云南腾冲人，蒙古族，哲学家。历任中共中央高级党校哲学教研室主任、副校长、中国哲学会副会长、中国科学院哲学社会科学部学部委员。——编者注

金岳霖先生 / 汪曾祺 ①

> 金先生是个单身汉（联大教授里不少光棍，杨振声先生曾写过一篇游戏文章《释鳏》，在教授间传阅），无儿无女，但是过得自得其乐。他养了一只很大的斗鸡（云南出斗鸡）。这只斗鸡能把脖子伸上来，和金先生一个桌子吃饭。他到处搜罗大梨、大石榴，拿去和别的教授的孩子比赛。比输了，就把梨或石榴送给他的小朋友，他再去买。

西南联大有许多很有趣的教授，金岳霖先生是其中的一位。金先生是我的老师沈从文先生的好朋友。沈先生当面和背后都称他为"老金"。大概时常来往的熟朋友都这样称呼他。关于金先生的事，有一些是沈先生告诉我的。我在《沈从文先生在西南联大》一文中提到过金先生。有些事情在那篇文章里没有写进去，觉得还应该写一写。

---

① 本文原载于《读书》，1987年第5期。——编者注

金先生的样子有点怪。他常年戴着一顶呢帽，进教室也不脱下。每一学年开始，给新的一班学生上课，他的第一句话总是："我的眼睛有毛病，不能摘帽子，并不是对你们不尊重，请原谅。"他的眼睛有什么病，我不知道，只知道怕阳光。因此他的呢帽的前檐压得比较低，脑袋总是微微地仰着。他后来配了一副眼镜，这副眼镜的镜片一只是白的，一只是黑的。这就更怪了。后来在美国讲学期间把眼睛治好了，——好一些了，眼镜也换了，但那微微仰着脑袋的姿态一直还没有改变。他身材相当高大，经常穿一件烟草黄色的麂皮夹克，天冷了就在里面围一条很长的驼色的羊绒围巾。联大的教授穿衣服是各色各样的。闻一多先生有一阵穿一件式样过时的灰色旧夹袍，是一个亲戚送给他的，领子很高，袖口极窄。联大有一次在龙云的长子，蒋介石的干儿子龙绳武家里开校友会，——龙云的长媳是清华校友，闻先生在会上大骂"蒋介石，王八蛋！混蛋！"那天穿的就是这件高领窄袖的旧夹袍。朱自清先生有一阵披着一件云南赶马人穿的蓝色毡子的一口钟。除了体育教员，教授里穿夹克的，好象只有金先生一个人。他的眼神即使是到美国治了后也还是不大好，走起路来有点深一脚浅一脚。他就这样穿着黄夹克，微仰着脑袋，深一脚浅一脚地在联大新校舍的一条土路上走着。

　　金先生教逻辑。逻辑是西南联大规定文学院一年级学生的必修课，班上学生很多，上课在大教室，坐得满满的。在中学里没有听说有逻辑这门学问，大一的学生对这课很有兴趣。金先生上课有时要提问，那么多的学生，他不能都叫得上名字来——联大是没有点名册的，他有时一上课就宣布："今天，穿红毛衣的女同学回答问题。"于是所有穿红衣的女同学就都有点紧张，又有点兴奋。那时联大女生在蓝阴丹士林旗袍外面套一件红毛衣成了一种风气。——穿蓝毛衣、黄毛衣的极少。问题回答得流利清楚，也是件出风头的事。

金先生很注意地听着，完了，说："Yes！请坐！"

学生也可以提出问题，请金先生解答。学生提的问题深浅不一，金先生有问必答，很耐心。有一个华侨同学叫林国达，操广东普通话，最爱提问题，问题大都奇奇怪怪。他大概觉得逻辑这门学问是挺"玄"的，应该提点怪问题。有一次他又站起来提了一个怪问题，金先生想了一想，说："林国达同学，我问你一个问题：Mr. 林国达 is perpendicular to the blackboard（林国达君垂直于黑板），这是什么意思？"林国达傻了。林国达当然无法垂直于黑板，但这句话在逻辑上没有错误。

林国达游泳淹死了。金先生上课，说："林国达死了，很不幸。"这一堂课，金先生一直没有笑容。

有一个同学，大概是陈蕴珍，即萧珊，曾问过金先生："您为什么要搞逻辑？"逻辑课的前一半讲三段论，大前提、小前提、结论、周延、不周延、归纳、演绎……还比较有意思。后半部全是符号，简直象高等数学。她的意思是：这种学问多么枯燥！金先生的回答是："我觉得它很好玩。"

除了文学院大一学生必修逻辑，金先生还开了一门"符号逻辑"，是选修课。这门学问对我来说简直是天书。选这门课的人很少，教室里只有几个人。学生里最突出的是王浩。金先生讲着讲着，有时会停下来，问："王浩，你以为如何？"这堂课就成了他们师生二人的对话。王浩现在在美国。前些年写了一篇关于金先生的较长的文章，大概是论金先生之学的，我没有见到。

王浩和我是相当熟的。他有个要好的朋友王景鹤，和我同在昆明黄土坡一个中学教书，王浩常来玩。来了，常打篮球。大都是吃了午饭就打。王浩管吃了饭就打球叫"练盲肠"。王浩的相貌颇"土"，脑袋很大，剪了一个光头，——联大同学剪光头的很少，说话带山东口音。他现在成了洋人——美籍华人，国际知名的学者，我实在想象不出他现在是什么样子。前年他回国讲学，托一个同学要我给他画一张画。我给他画了几个青头菌、牛肝菌，一根大葱，两头蒜，还有一块很大的宣威火腿。——火腿是很少入画的。我在画上题了几句话，有一句是"以慰王浩异国乡情"。王浩的学问，原来是师承金先生的。一个人一生哪怕只教出一个好学生，也值得了。当然，金先生的好学生不止一个人。

金先生是研究哲学的，但是他看了很多小说。从普鲁斯特到福尔摩斯，都看。听说他很爱看平江不肖生的《江湖奇侠传》。有几个联大同学住在金鸡巷，陈蕴珍、王树藏、刘北汜、施载宣（萧荻）。楼上有一间小客厅。沈先生有时拉一个熟人夫给少数爱好文学，写写东西的同学讲一点什么。金先生有一次也被拉了去，他讲的题目是《小说和哲学》。题目是沈先生给他出的。大家以为金先生一定会讲出一番道理。不料金先生讲了半天，结论却是：小说和哲学没有关系。有人问：那么《红楼梦》呢？金先生说："红楼梦里的哲学不是哲学。"他讲着讲着，忽然停下来："对不起，我这里有个小动物。"他把右手伸进后脖颈，捉出了一个跳蚤，捏在手指里看看，甚为得意。

金先生是个单身汉（联大教授里不少光棍，杨振声先生曾写过一篇游戏文章《释鳏》，在教授间传阅），无儿无女，但是过得自得其乐。他养了一只很大的斗鸡（云南出斗鸡）。这只斗鸡能把脖子伸上来，和金先生一个桌子吃饭。他到处搜罗大梨、大石榴，拿去和别的教授的孩子比赛。比输了，就把梨或石榴送给他的小朋友，他再去买。

金先生朋友很多，除了哲学家的教授外，时常来往的，据我所知，有梁思成、林徽因夫妇，沈从文，张奚若……君子之交淡如水，坐定之后，清茶一杯，闲话片刻而已。金先生对林徽因的谈吐才华，十分欣赏。现在的年轻人多不知道林徽因。她是学建筑的，但是对文学的趣味极高，精于鉴赏，所写的诗和小说如《窗子以外》、《九十九度中》风格清新，一时无二。林徽因死后，有一年，金先生在北京饭店请了一次客，老朋友收到通知，都纳闷：老金为什么请客？到了之后，金先生才宣布："今天是徽因的生日。"

金先生晚年深居简出。毛主席曾经对他说："你要接触接触社会。"金先生已经八十岁了，怎么接触社会呢？他就和一个蹬平板三轮车的约好，每天蹬着他到王府井一带转一大圈。我想象金先生坐在平板三轮上东张西望，那情景一定非常有趣。王府井人挤人，熙熙攘攘，谁也不会知道这位东张西望的老人是一位一肚子学问，为人天真、热爱生活的大哲学家。

金先生治学精深，而著作不多。除了一本大学丛书里的《逻辑》，我所知道的，还有一本《论道》。其余还有什么，我不清楚，须问王浩。

我对金先生所知甚少。希望熟知金先生的人把金先生好好写一写。

联大的许多教授都应该有人好好地写一写。

一九八七年二月二十三日

（摘自《汪曾祺谈师友》，山东画报出版社，2007 年）

作者简介

汪曾祺（1920—1997），江苏高邮人，中国当代作家、散文家、戏剧家、京派作家的代表人物。被誉为"抒情的人道主义者，中国最后一个纯粹的文人，中国最后一个士大夫"。在短篇小说创作上颇有成就，对戏剧与民间文艺也有深入钻研。代表作品有《受戒》、《沙家浜》、《大淖记事》、《黄油烙饼》、《葡萄月令》。

傅斯年：人间一个最稀有的天才

傅斯年（1896—1950），字孟真，山东聊城人，五四运动学生领袖之一，著名历史学家，古典文学研究专家，教育家。曾任北京大学代理校长、台湾大学校长。他所提出的"上穷碧落下黄泉，动手动脚找东西"的原则在学术研究领域影响深远。主要著作有：《东北史纲》（第一卷）、《性命古训辨证》、《民族与古代中国》（稿本）、《古代文学史》（稿本）；发表论文百余篇，主要有：《夷夏东西说》、《论孔子学说所以适应于秦汉以来的社会的缘故》、《评秦汉统一之由来和战国人对于世界之想象》等。有《傅孟真先生集》六册。

忆孟真 / 蒋梦麟[1]

> 孟真博古通今，求知兴趣广阔，故他于发抒议论的时候，如长江大河，滔滔不绝。他于观察国内外大势，溯源别流，剖析因果，所以他的结论，往往能见人之所不能见，能道人之所不能道。他对于研究学问，也用同一方法，故以学识而论，孟真真是中国的通才。

十二月二十日午前，孟真来农复会[2]参与会议，对于各项讨论的问题他曾贡献了很多宝贵的意见。其见解之明澈，观察之精密，在会中美两国人士，无不钦佩。他忽尔讲中国话，忽尔讲英国话，庄谐杂出，庄中有谐，谐中有庄，娓娓动听，我们开了两个钟头的

---

① 本文原载于 1950 年 12 月 30 日台北《中央日报》。——编者注。

② 1948 年，中国平民教育家和乡村建设家晏阳初在美国国会听证会上作证，要求对中国农村进行人道主义救援。美国国会经过论证，做出决定，决定成立"中美联合农村复兴委员会"，简称"农复会"。1949 年，农复会随国民党当局搬到台湾省。农复会曾在台湾"土改运动"中发挥过巨大的作用。——编者注

会，他讲的话，比任何人都多。孟真是一向如此的。他讲的话虽多，人不嫌其多，有时他会说得太多，我们因为是老朋友，我就不客气的说："孟真你说得太多了，请你停止吧！"他一面笑，一面就停止说话了。我们的顾问美国康奈尔大学农业社会学教授安得生先生会后对我说："你太不客气了，你为何那样直率的停止他说话。"我回答说："不要紧，我们老朋友，向来如此的。"我记得好几年前有两次，我拿起手杖来要打他，他一面退，一面大笑，因为我辩不过他，他是有辩才的，急得我只好用手杖打他。

同日午后，他在省参议会报告，他就在那里去世了。我于第二天早晨看报才知道，那时我有说不出的难过，我就跑到殡仪馆里吊奠了一番，回到办公室做了一副挽联，自己写就送了去，算是作了一个永别的纪念。挽联说：

学府痛师道，
举国惜大才。

孟真办台湾大学，鞠躬尽瘁，以短促的几个年头，使校风蒸蒸日上，全校师生爱戴，今兹逝世，真使人有栋折梁摧之感。

孟真之学，是通学，其才则天才，古今之学，专学易，通学难，所谓通学就是古今所说之通才。

孟真博古通今，求知兴趣广阔，故他于发抒议论的时候，如长江大河，滔滔不绝。他于观察国内外大势，溯源别流，剖析因果，所以他的结论，往往能见人之所不能见，能道人之所不能道。他对于研究学问，也用同一方法，故以学识而论，孟真真是中国的通才。

但通才之源，出于天才，天才是天之赋，不可以徼幸而致。国难方殷，斯人云亡，焉得不使举国叹惜！

我认识孟真远在民国八年，他是五四运动领袖之一，当时有人要毁掉他，造了一个谣言，说他受某烟草公司的津贴。某烟草公司，有日本股份，当时全国反日，所以奸人造这个谣言。我在上海看见报纸上载这个消息，我就写信去安慰他。但是当时我们并没有见过面，到这年（民八）七月里，我代表蔡孑民先生，到北平去代理他处理北京大学校务。我们两人才首次见面，他肥胖的身材，穿了一件蓝布大褂，高谈阔论了一番五四运动的来踪去迹。那年他刚才毕业，但还在北大西斋住了一些时，此后他就离校出洋去了。我们直至民国十一年方才在英国见面，他那时在学心理学，后来我在德国，接到他的一封信，他劝我不要无目的似的在德、奥、法、意各国乱跑。他提出两个问题要我研究。第一个，比较各国大学行政制度。第二各国大学学术的重心和学生的训练。这可证明他不但留心自己的学业，而且要向人家贡献他的意见。

　　他后来在广东中山大学担任教授。我在北平，他在广东，彼此不见面好几年。直到后来他担任中央研究院历史语言研究所所长，见面的机会就多了。

　　当时我在南京教育部，中央研究院也在同一街上，两个机关的大门正对着。所以见面机会特别多。当我在民国十九年回到北京大学时，孟真因为历史研究所搬到北平，也在北平办公了。九一八事变后，北平正在多事之秋，我的"参谋"就是适之和孟真两位。事无大小，都就商于两位。他们两位代北大请到了好多位国内著名的教授，北大在北伐成功以后之复兴，他们两位的功劳，实在是太大了。

　　在那个时期，我才知道孟真办事十分细心，考虑十分周密，对于人的心理也十分了解，毫无莽撞的行动。还有一个特点使我永远不能忘记的，就是他心里想说什么就说什么。他说一就是一，说二就是二，其中毫无夹带别的意思，但有时因此会得罪人。

十二月十七日为北京大学五十二周年纪念。他演说中有几句话说他自己。他说梦麟先生学问不如蔡孑民先生，办事却比蔡先生高明。他自己的学问比不上胡适之先生，但他办事却比胡先生高明。最后他笑着批评蔡胡两位先生说，"这两位先生的办事，真不敢恭维"。他走下讲台以后，我笑着对他说"孟真你这话对极了。所以他们两位是北大的功臣，我们两个人不过是北大的功狗"，他笑着就溜走了。

孟真为学办事议论三件事，大之如江河滔滔，小之则不遗涓滴，真天下之奇才也。今往矣，惜哉。

一九五〇年十二月三十日

（摘自《西潮·新潮》，岳麓书社，2000年）

作者简介

蒋梦麟（1886—1964），浙江余姚人，留学美国，获哲学博士学位。曾任北京大学校长、国民党政府教育部长、西南联大校务委员会常委等职。著有《中国教育原则之研究》、《西潮》（英文）、《新潮》等。

扫傅斯年先生墓 / 季羡林

> 孟真先生是异常重视人才的，特别是年轻的优秀人才。他奖励扶掖，不遗余力。他心中有一张年轻有为的学者的名单。对于这一些人，他尽力提供或创造条件，让他们能安心研究，帮助他们出国留学，学成回国后仍来所里工作。他还尽力延揽著名学者，礼遇有加。他创办的《史语所集刊》在几十年内都是国内外最有权威的人文社会科学的刊物。

我们虽然算是小同乡，但我与孟真先生并不熟识，几乎是根本没有来往。原因是年龄有别，辈分不同。我于一九三〇年到北京（当时称"北平"）来上大学的时候，进的是清华大学。当时孟真先生已经是学者，是教育家，名满天下了。我只是一个无名小卒，不可能有认识的机会。

我记得，在我大学一年级或二年级时，不知是清华的哪一个团体组织了一次系列讲座，邀请一些著名的学者发表演说，其中就有孟真先生。时间是在晚上，地点是在三院的一间教室里。孟真先生西装笔挺，革履锃亮。讲演的内容，我已经完全忘记了；但是，他那把双手插在西装坎肩的口袋里的独特的姿势，却至今历历如在目前。

在以后一段长达十五六年的时间中，我同孟真先生互不相知，一没有相知的可能，二没有相知的必要，我们本来就是萍水相逢嘛。

然而天公却别有一番安排，我在德国呆了十年以后，陈寅恪师把我推荐给北京大学。一九四六年夏，我回国住在南京。适值寅恪先生也正在南京，我曾去谒见。他让我带着我在德国发表的几篇论文，到鸡鸣寺下中央研究院去拜见当时的北大代校长傅斯年。我遵命而去，见了面，没有说上几句话，就告辞出来。我们第二次见面就是这样匆匆。

二战期间，我被阻欧洲，大后方重庆和昆明等地的情况，我茫无所知。到了南京以后，才开始零零星星地听到大后方学术文化教育界的一些情况，涉及面非常广，当然也涉及傅孟真先生。他把山东人特有的直爽的性格——这种性格其他一些省份的人也具有的——发挥到淋漓尽致的水平。他所在的中央研究院当时是国民党政府下属的一个机构。但是，他不但不加入国民党，而且专揭国民党的疮疤。他被选为地位很高的参政员，是所谓"社会贤达"的代表。他主持正义，直言无讳，被称为"傅大炮"。国民党的四大家族，在贪赃枉法方面，各有千秋，手段不同，殊途同归。其中以孔祥熙家族名声最坏。那一位"威"名远扬的孔二小姐，更是名动遐迩，用飞机载狗逃难，而置难民于不顾。孟真先生不讲情面，不分场合，在光天化日之下，大庭广众之中，痛快淋漓地揭露孔家的丑事，引起了人民对孔家的憎恨。孟真先生成为"批孔"的专业户，口碑载道，颂声盈耳。

孟真先生的轶事很多，我只能根据传说讲上几件。他在南京时，开始任中央研究院历史语言研究所所长。他待人宽厚，而要求极严。当时有一位广东籍的研究员，此人脾气古怪，双耳重听，形单影只，不大与人往来，但读书颇多，著述极丰。每天到所，用铅笔在稿纸上写上两千字，便以为完成了任务，可以交卷了，于是悄然离所，打道回府。他所爱极广，隋唐史和黄河史，都有著述，洋洋数十万言。对历史地理特感兴趣，尤嗜对音。他不但不通梵文，看样子连印度天城体字母都不认识。在他手中，字母仿佛成了积木，可以任意挪动。放在前面，与对音不合，就改放在后面。这样产生出来的对音，有时极为荒诞离奇，那就在所难免了。但是，这位老先生自我感觉极为良好，别人也无可奈何。有一次，他在所里做了一个学术报告，说《史记》中的"禁不得祠明星出西方""不得"二字是 Buddha（佛陀）的对音，佛教在秦代已输入中国了。实际上，"禁不得"这样的字眼儿在汉代是通用的。老先生不知怎样一时糊涂，提出了这样的意见。在他以前，一位颇负盛名的日本汉学家藤田丰八已有此说。老先生不一定看到过，孤明独发，闹出了笑话。不意此时远在美国的孟真先生，听到了这个信息，大为震怒，打电话给所里，要这位老先生检讨，否则就炒鱿鱼。老先生不肯，于是便卷铺盖离开了史语所，老死不明真相。

但是，孟真先生是异常重视人才的，特别是年轻的优秀人才。他奖励扶掖，不遗余力。他心中有一张年轻有为的学者的名单。对于这一些人，他尽力提供或创造条件，让他们能安心研究，帮助他们出国留学，学成回国后仍来所里工作。他还尽力延揽著名学者，礼遇有加。他创办的《史语所集刊》在几十年内都是国内外最有权威的人文社会科学的刊物。一登龙门，身价十倍，能在上面发表文章，是十分光荣的事。这个刊物至今仍在继续刊行，旧的部分有人多方搜求，甚至影印，为二十世纪中国学术界所仅见。

孟真先生有其金刚怒目的一面，也有其菩萨慈眉的一面。当年在大后方昆明，西南联大的教师和中央研究院史语所的研究员，有时住在同一所宿舍里。在靛花巷（？）宿舍里，陈寅恪先生住在楼上，一些年纪比较轻的教员和研究员住在楼下。有一天晚上，孟真先生和一些年轻学者在楼下屋子里闲谈。说到得意处，忍不住纵声大笑。他们乐以忘忧，兴会淋漓，忘记了时光的流逝。猛然间，楼上发出手杖捣地板的声音。孟真先生轻声说："楼上的老先生发火了。""老先生"指的当然就是寅恪先生。从此就有人说，傅斯年谁都不怕，连蒋介石也不放在眼中，唯独怕陈寅恪。我想，在这里，这个"怕"字不妥，改为"尊敬"就更好了。

这一次，我由于一个不期而遇的机会，来到了台北，又听到了一些孟真先生的轶事。原来他离开大陆后，来到了台湾，仍然担任"中央研究院"史语所所长，同时兼任台湾大学的校长。他这一位大炮，大概仍然是炮声隆隆。据说有一次蒋介石对自己的亲信说："那里（指台大）的事，我们管不了！"可见孟真先生仍然保留着他那一副刚正不阿的铮铮铁骨，他真正继承了中国历代知识分子最优秀的传统。

根据我上面的琐碎的回忆，我对孟真先生是见得少，听得多。我同他最重要的一次接触，就是我进北大时，他正是代校长，是他把我引进北大来的。据说——又是据说，他代表胡适之先生接管北大。当时日寇侵略者刚刚投降。北大，正确说是"伪北大"教员可以说都是为日本服务的；但是每个人情况又各有不同，有少数人认贼作父，觍颜事仇，丧尽了国格和人格。大多数则是不得已而为之。二者应该区别对待。孟真先生说，适之先生为人厚道，经不起别人的恳求与劝说，可能良莠不分，一律留下在北大任教。这个"坏人"必须他做。他于是大刀阔斧，不留情面，把问题严重的教授一律解聘，他说，这是为适之先生扫清道路，清除垃圾，还北大一片净土，让他的老师胡适之先生怡然、安然地打道回校。我就是在这样一个关键时刻到北大来的。我对孟真先生有知遇之感，难道不是很自然的吗？

这一次我们三个北大人来到了台湾。台湾有清华分校，为什么独独没有北大分校呢？有人说，傅斯年担任校长的台湾大学就是北大分校。这个说法被认为是完全正确的。我们三个人中，除我以外，他们俩既没有见过胡适之，也没有见过傅孟真。但是，胡、傅两位毕竟是北大的老校长，我们不远千里而来，为他们二位扫墓，也完全是合情合理的。我们谨以鲜花一束，放在墓穴上，用以寄托我们的哀思。我在孟真先生墓前行礼的时候，心里想了很多很多。两岸人民有手足之情，人为地被迫分开了五十多年，难道现在和好统一的时机还没有到吗？本是同根生，见面却如参与商，一定要先到香港才能再飞台湾。这样人为的悲剧难道还不应该结束吗？北大与台大难道还不应该统一起来吗？我希望，我们下一次再来扫孟真先生墓时，这一出人间悲剧能够结束。

一九九九年五月五日

（摘自《季羡林谈师友》，当代中国出版社，2006年）

刘半农：
教我如何不想他

刘半农（1891－1934），原名刘寿彭，后改名复，初字半侬，后改字半农。笔名有寒星、范奴冬女士等。江苏江阴人。现代著名诗人、杂文家和语言学者，主要著作有诗集《扬鞭集》（周作人作序）、《半农杂文》、《半农杂文二集》，语言学著作《中国文法通论》、《四声实验录》、《比较语音学概要》等。

忆刘半农君 / 鲁迅 [①]

> 不错，半农确是浅。但他的浅，却如一条清溪，澄彻见底，纵有多少沉渣和腐草，也不掩其大体的清。倘使装的是烂泥，一时就看不出它的深浅来了；如果是烂泥的深渊呢，那就更不如浅一点的好。

这是小峰出给我的一个题目。

这题目并不出得过分。半农去世，我是应该哀悼的，因为他也是我的老朋友。但是这是十来年前的话了，现在呢，可难说得很。

我已经忘记了怎么和他初次会面，以及他怎么能到了北京。他到北京，恐怕是在《新青年》投稿之后，由蔡子民先生或陈独秀先生去请来的，到了之后，当然更是《新青年》里的一个战士。他活泼，勇敢，很打了几次大仗。譬如罢，答王敬轩的双镄信，"她"字和"牠"字的创造，就都是的。这两件，现在看起来，自然是琐屑得很，但

---

① 本文原载于 1934 年 10 月上海《青年界》月刊第 6 卷第 3 期。——编者注

那是十多年前，单是提倡新式标点，就会有一大群人"若丧考妣"，恨不得"食肉寝皮"的时候，所以的确是"大仗"。现在的二十左右的青年，大约很少有人知道三十年前，单是剪下辫子就会坐牢或杀头的了。然而这曾经是事实。

但半农的活泼，有时颇近于草率，勇敢也有失之无谋的地方。但是，要商量袭击敌人的时候，他还是好伙伴，进行之际，心口并不相应，或者暗暗的给你一刀，他是决不会的。倘若失了算，那是因为没有算好的缘故。

《新青年》每出一期，就开一次编辑会，商定下一期的稿件。其时最惹我注意的是陈独秀和胡适之。假如将韬略比作一间仓库罢，独秀先生的是外面竖一面大旗，大书道："内皆武器，来者小心！"但那门却开着的，里面有几支枪，几把刀，一目了然，用不着提防。适之先生的是紧紧的关着门，门上粘一条小纸条道："内无武器，请勿疑虑。"这自然可以是真的，但有些人——至少是我这样的人——有时总不免要侧着头想一想。半农却是令人不觉其有"武库"的一个人，所以我佩服陈、胡，却亲近半农。

所谓亲近，不过是多谈闲天，一多谈，就露出了缺点。几乎有一年多，他没有消失掉从上海带来的才子必有"红袖添香夜读书"的艳福的思想，好容易才给我们骂掉了。但他好象到处都这么的乱说，使有些"学者"皱眉。有时候，连到《新青年》投稿都被排斥。他很勇于写稿，但试去看旧报去，很有几期是没有他的。那些人们批评他的为人，是：浅。

不错，半农确是浅。但他的浅，却如一条清溪，澄彻见底，纵有多少沉渣和腐草，也不掩其大体的清。倘使装的是烂泥，一时就看不出它的深浅来了；如果是烂泥的深渊呢，那就更不如浅一点的好。

但这些背后的批评，大约是很伤了半农的心的，他的到法国留

271

学，我疑心大半就为此。我最懒于通信，从此我们就疏远起来了。他回来时，我才知道他在外国钞古书，后来也要标点《何典》，我那时还以老朋友自居，在序文上说了几句老实话，事后，才知道半农颇不高兴了，"驷不及舌"，也没有法子。另外还有一回关于《语丝》的彼此心照的不快活。五六年前，曾在上海的宴会上见过一回面，那时候，我们几乎已经无话可谈了。

近几年，半农渐渐的据了要津，我也渐渐的更将他忘却；但从报章上看见他禁称"蜜斯"之类，却很起了反感：我以为这些事情是不必半农来做的。从去年来，又看见他不断的做打油诗，弄烂古文，回想先前的交情，也往往不免长叹。我想，假如见面，而我还以老朋友自居，不给一个"今天天气……哈哈哈"完事，那就也许会弄到冲突罢。

不过，半农的忠厚，是还使我感动的。我前年曾到北平，后来有人通知我，半农是要来看我的，有谁恐吓了他一下，不敢来了。这使我很惭愧，因为我到北平后，实在未曾有过访问半农的心思。

现在他死去了，我对于他的感情，和他生时也并无变化。我爱十年前的半农，而憎恶他的近几年。这憎恶是朋友的憎恶，因为我希望他常是十年前的半农，他的为战士，即使"浅"罢，却于中国更为有益。我愿以愤火照出他的战绩，免使一群陷沙鬼将他先前的光荣和死尸一同拖入烂泥的深渊。

八月一日

（摘自《蓬窗追忆》，北京师范大学出版社，2005年）

半农纪念 / 周作人 ①

> 我只能说说临时想出来的半农的两种好处。其一是半农的真。他不装假，肯说话，不投机，不怕骂，一方面却是天真烂缦，对什么人都无恶意。其二是半农的杂学。他的专门是语音学，但他的兴趣很广博，文学美术他都喜欢，做诗，写字，照相，搜书，讲文法，谈音乐。有人或者嫌他杂，我觉得这正是好处，方面广，理解多，于处世和治学都有用，不过在思想统一的时代自然有点不合式。

七月十五日夜我们到东京，次日定居本乡菊坂町。二十日我同妻出去，在大森等处跑了一天，傍晚回寓，却见梁宗岱先生和陈女士已在那里相候。谈次陈女士说在南京看见报载刘半农先生去世的消息，我们听了觉得不相信，徐耀辰先生在座也说这恐怕是别一个刘复吧，但陈女士说报上记的不是刘复而是刘半农，又说北京大学

---

① 此文于 1934 年 11 月作。——编者注

给他照料治丧，可见这是不会错的了。我们将离开北平的时候，知道半农往绥远方面旅行去了，前后相去不过十日，却又听说他病死了已有七天了。世事虽然本来是不可测的，但这实在来得太突然，只觉得出意外，惘然若失而外，别无什么话可说。

半农和我是十多年的老朋友，这回半农的死对于我是一个老友的丧失，我所感到的也是朋友的哀感，这很难得用笔墨记录下来。朋友的交情可以深厚，而这种悲哀总是淡泊而平定的，与夫妇子女间沉挚激越者不同，然而这两者却是同样地难以文字表示得恰好。假如我同半农要疏一点，那么我就容易说话，当作一个学者或文人去看，随意说一番都不要紧。很熟的朋友却只作一整个的人看，所知道的又太多了，要想分析想挑选了说极难着手，而且褒贬稍差一点分量，心里完全明了，就觉得不诚实，比不说还要不好。荏苒四个多月过去了，除了七月二十四日写了一封信给刘半农的长女小惠女士外，什么文章都没有写，虽然有三四处定期刊物叫我做纪念的文章，都谢绝了，因为实在写不出。九月十四日，半农死后整两个月，在北京大学举行追悼会，不得不送一副挽联，我也只得写这样平凡的几句话去：

十七年尔汝旧交，追忆还从卯字号；
廿余日驰驱大漠，归来竟作丁令威。

这是很空虚的话，只是仪式上所需的一种装饰的表示而已。学校决定要我充当致辞者之一，我也不好拒绝，但是我仍是明白我的不胜任，我只能说说临时想出来的半农的两种好处。其一是半农的真。他不装假，肯说话，不投机，不怕骂，一方面却是天真烂缦①，对什么人都无恶意。其二是半农的杂学。他的专门是语音学，但他的兴趣很广博，文学美术他都喜欢，做诗，写字，照相，搜书，讲文法，谈音乐。有人或者嫌他杂，我觉得这正是好处，方面广，理解多，于处世和治学都有用，不过在思想统一的时代自然有点不合式。我所能说者也就是极平凡的这寥寥几句。

前日阅《人间世》第十六期，看见半农遗稿《双凤凰专斋小品文》之五十四，读了很有所感。其题目曰《记砚兄之称》，文云：

> 余与知堂老人每以砚兄相称，不知者或以为儿时同窗友也。其实余二人相识，余已二十六，岂明已三十三。时余穿鱼皮鞋，犹存上海少年滑头气，岂明则蓄浓髯，戴大绒帽，披马夫式大衣，俨然一俄国英雄也。越十年，红胡入关主政，北新封，《语丝》停，李丹忱捕，余与岂明同避菜厂胡同一友人家。小厢三楹，中为膳食所，左为寝室，席地而卧，右为书室，室仅一桌，桌仅一砚。寝，食，相对枯坐而外，低头共砚写文而已，砚兄之称自此始。居停主人不许多友来视，能来者余妻岂明妻而外，仅有徐耀辰兄传递外间消息，日或三四至也。时为民国十六年，以十月二十四日去，越一星期归，今日思之，亦如梦中矣。

这文章写得颇好，文章里边存着作者的性格，读了如见半农其人。民国六年春间我来北京，在《新青年》上初见半农的文章，那时他还在南方，留下一种很深的印象，这是几篇《灵霞馆笔记》，觉得有清新的生气，这在别人笔下是没有的。现在读这篇遗文，恍然记

---

① 现写作"天真烂漫"。——编者注

及十七年前的事，清新的生气仍在，虽然更加上一点苍老与着实了。但是时光过得真快，鱼皮鞋子的故事在今日活着的人里只有我和玄同还知道吧，而菜厂胡同一节说起来也有车过腹痛之感了。前年冬天半农同我谈到蒙难纪念，问这是哪一天，我查旧日记，恰巧民国十六年中有几个月不曾写，于是查对《语丝》末期出版月日等等，查出这是在十月二十四，半农就说下回要大举请客来作纪念，我当然赞成他的提议。去年十月不知道怎么一混大家都忘记了，今年夏天半农在电话里还说起，去年可惜又忘记了，今年一定要举行，今年一定要举行，然而半农在七月十四日就死了，计算到十月二十四日恰是一百天。

> 昔时笔祸同蒙难，菜厂幽居亦可怜。
> 算到今年逢百日，寒泉一盏荐君前。

这是我所作的打油诗，九月中只写了两首，所以在追悼会上不曾用，今见半农此文，便拿来题在后面。所云菜厂在北河沿之东，是土肥原的旧居，居停主人即土肥原的后任某少佐也。秋天在东京本想去访问一下，告诉他半农的消息，后来听说他在长崎，没有能见到。

还有一首打油诗，是拟近来很时髦的浏阳体的，结果自然是仍旧拟不象，其辞曰：

> 漫云一死恩仇泯，海上微闻有笑声。
> 空向刀山长作揖，阿旁牛首太狰狞。

半农从前写过一篇作揖主义，反招了许多人的咒骂。我看他实在并不想侵犯别人，但是人家总喜欢骂他，仿佛在他死后还有人骂。本来骂人没有什么要紧，何况又是死人。无论骂人或颂扬人，里边所表示出来的反正都是自己，我们为了交谊的关系，有时感到不平，实在是一种旧的惯性，倒还是看了自己反省要紧。譬如我现在来写纪念半农的文章，固然并不想骂他，就是空虚地说上好些好话，于半农了无损益，只是自己出乖露丑。所以我今日只能说这些闲话，说的还是自己，至多是与半农的关系罢了，至于目的虽然仍是纪念半农。半农是我的老朋友之一，我很悼惜他的死。在有些不会赶时髦结识新相好的人，老朋友的丧失实在是最可悼惜的事。

民国二十三年十一月三十日，于北平苦茶庵记。

（摘自《周作人自编集：苦茶随笔》，北京十月文艺出版社，2011 年）

沈从文：星斗其文，赤子其人

沈从文（1902—1988），中国著名作家、历史文物研究家。新中国成立后在中国历史博物馆和中国社会科学院历史研究所工作，主要从事中国古代历史的研究，代表作有小说《边城》，专著《中国丝绸图案》、《唐宋铜镜》、《龙凤艺术》等。

悼念沈从文先生 / 季羡林

> 在所有的并世的作家中，文章有独立风格的人并不多见。除了鲁迅先生之外，就是从文先生。他的作品，只要读上几行，立刻就能辨认出来，决不含糊。他出身湘西的一个破落小官僚家庭，年轻时当过兵，没有受过多少正规的教育，他完全是自学成家。湘西那一片有点神秘的土地，其怪异的风土人情，通过沈先生的笔而大白于天下。

去年有一天，老友肖离打电话告诉我，从文先生病危，已经准备好了后事。我听了大吃一惊，悲从中来。一时心血来潮，提笔写了一篇悼念文章，自诩为倚马可待，情文并茂。然而，过了几天，肖离又告诉我说，从文先生已经脱险回家。我心里一块石头落了地，又窃笑自己太性急，人还没去，就写悼文，实在非常可笑。我把那一篇"杰作"往旁边一丢，从心头抹去了那一件事，稿子也沉入书山稿海之中，从此"云深不知处"了。

到了今年，从文先生真正去世了。我本应该写点什么的。可是，由于有了上述一段公案，懒于再动笔，一直拖到今天。同时我注意到，像沈先生这样一个人，悼念文章竟如此之少，有点不太正常，我也有点不平。考虑再三，还是自己披挂上马吧。

我认识沈先生已经五十多年了。当我还是一个大学生的时候，我就喜欢读他的作品。我觉得，在所有的并世的作家中，文章有独立风格的人并不多见。除了鲁迅先生之外，就是从文先生。他的作品，只要读上几行，立刻就能辨认出来，决不含糊。他出身湘西的一个破落小官僚家庭，年轻时当过兵，没有受过多少正规的教育。他完全是自学成家。湘西那一片有点神秘的土地，其怪异的风土人情，通过沈先生的笔而大白于天下。湘西如果没有像沈先生这样的大作家和像黄永玉先生这样的大画家，恐怕一直到今天还是一片充满了神秘的 terra incognita（没有人了解的土地）。

我同沈先生打交道，是通过一件不大不小的事情。丁玲的《母亲》出版以后，我读了觉得有一些意见要说，于是写了一篇书评，刊登在郑振铎、靳以主编的《文学季刊》创刊号上。刊出以后，我听说，沈先生有一些意见。我于是立即写了一封信给他，同时请郑先生在《文学季刊》创刊号再版时，把我那一篇书评抽掉。也许就由于这一个不能算是太愉快的因缘，我们就认识了。我当时是一个穷学生，沈先生是著名的作家。社会地位，虽不能说如云泥之隔，毕竟差一大截子。可是他一点名作家的架子也不摆，这使我非常感动。他同张兆和女士结婚，在北京前门外大栅栏撷英番菜馆设盛大宴席，我居然也被邀请。当时出席的名流如云。证婚人好像是胡适之先生。

从那以后，有很长的时间，我们并没有多少接触。我到欧洲去住了将近十一年。他在抗日烽火中在昆明住了很久，在西南联大任国文系教授。彼此音问断绝。他的作品我也读不到了。但是，有时候，不知是出于什么原因，我在饥肠辘辘、机声嗡嗡中，竟会想到他。

我还是非常怀念这一位可爱、可敬、淳朴、奇特的作家。

　　一直到一九四六年夏天，我回到祖国。这一年的深秋，我终于又回到了别离了十几年的北平。从文先生也于此时从云南复员来到北大，我们同在一个学校任职。当时我住在翠花胡同，他住在中老胡同，都离学校不远，因此我们也相距很近。见面的次数就多了起来。他曾请我吃过一顿相当别致、毕生难忘的饭，云南有名的汽锅鸡。锅是他从昆明带回来的，外表看上去像宜兴紫砂，上面雕刻着花卉书法，古色古香，虽系厨房用品，然却古朴高雅，简直可以成为案头清供，与商鼎周彝斗艳争辉。

　　就在这一次吃饭时，有一件小事给我留下了深刻的印象。当时要解开一个用麻绳捆得紧紧的什么东西，只需用剪子或小刀轻轻地一剪一割，就能开开。然而从文先生却抢了过去，硬是用牙把麻绳咬断。这一个小小的举动，有点粗劲，有点蛮劲，有点野劲，有点土劲，并不高雅，并不优美。然而，它却完全透露了沈先生的个性。在达官贵人、高等华人眼中，这简直非常可笑，非常可鄙。可是，我欣赏的却正是这一种劲头。我自己也许就是这样一个"土包子"，虽然同那一些只会吃西餐、穿西装、半句洋话也不会讲偏又自认为是"洋包子"的人比起来，我并不觉得低他们一等。不是有一些人也认为沈先生是"土包子"吗？

　　还有一件小事，也使我忆念难忘。有一次我们到什么地方去游逛，可能是中山公园之类。我们要了一壶茶。我正要拿起壶来倒茶，沈先生连忙抢了过去，先斟出了一杯，又倒入壶中，说只有这样才能把茶味调得均匀。这当然是一件微不足道的小事，然而在琐细中不是更能看到沈先生的精神吗？

　　小事过后，来了一件大事：我们共同经历了北平的解放。在这个关键时刻，我并没有听说，从文先生有逃跑的打算。他的心情也是激动的，虽然他并不故做革命状，以达到某种目的，他仍然是朴素如常。可是厄运还是降临到他头上来。一个著名的马列主义文艺理论家，在香港出版的一个进步的文艺刊物上，发表了一篇长文，题目大概是什么《文坛一瞥》之类，前面有一段相当长的修饰语。这一位理论家视觉似乎特别发达，他在文坛上看出了许多颜色。他"一瞥"之下，就把沈先生"瞥"成了粉红色的小生。我没有资格对这一篇文章发表意见。但是，沈先生好像是当头挨了一棒，从此被"瞥"下了文坛，销声匿迹，再也不写小说了。

一个惯于舞笔弄墨的人，一旦被剥夺了写作的权利，他心里是什么滋味，我说不清；他有什么苦恼，我也说不清。然而，沈先生并没有因此而消沉下去。文学作品不能写，还可以干别的事嘛。他是一个精力旺盛的人，他是一个闲不住的人，他转而研究起中国古代的文物来，什么古纸、古代刺绣、古代衣饰等等，他都研究。凭了他那一股惊人的钻研的能力，过了没有多久，他就在新开发的领域内取得了可喜的成绩。他那一本讲中国服饰史的书，出版以后，洛阳纸贵，受到国内外一致的高度的赞扬。他成了这方面权威。他自己也写章草，又成了一个书法家。

有点讽刺意味的是，正当他手中的写小说的笔被"瞥"掉的时候，从国外沸沸扬扬传来了消息，说国外一些人士想推选他作诺贝尔文学奖的候选人。我在这里着重声明一句，我们国内有一些人特别迷信诺贝尔奖，迷信的劲头，非常可笑。试拿我们中国没有得奖的那几位文学巨匠同已经得奖的欧美的一些作家来比一比，其差距简直有如高山与小丘。同此辈争一日之长，有这个必要吗！推选沈先生当候选人的事是否进行过，我不得而知。沈先生怎样想，我也不得而知。我在这里提起这一件事，只不过把它当作沈先生一生中一个小小的插曲而已。

我曾在几篇文章中都讲到，我有一个很大的缺点（优点？），我不喜欢拜访人。有很多可尊敬的师友，比如我的老师朱光潜先生、董秋芳先生等等，我对他们非常敬佩，但在他们健在时，我很少去拜访。对沈先生也一样。偶尔在什么会上，甚至在公共汽车上相遇，我感到非常亲切，他好像也有同样的感情。他依然是那样温良、淳朴，时代的风风雨雨在他身上，似乎没有留下什么痕迹，说白了就是没有留下伤痕。一谈到中国古代科技、艺术等等，他就喜形于色，眉飞色舞，娓娓而谈，如数家珍，天真得像一个大孩子。这更增加了我对他的敬意。我心里曾几次动过念头：去看一看这一位可爱的老人吧！然而，我始终没有行动。现在人天隔绝，想见面再也不可能了。

　　有生必有死，是大自然的规律。我知道，这个规律是违抗不得的，我也从来没有想去违抗。古代许多圣君贤相，聪明一世，糊涂一时，想方设法，去与这个规律对抗，妄想什么长生不老，结果却事与愿违，空留下一场笑话。这一点我很清楚。但是，生离死别，我又不能无动于衷。古人云：太上忘情。我是一个微不足道的凡人，无论如何也做不到忘情的地步，只有把自己钉在感情的十字架上了。我自谓身体尚颇硬朗，并不服老。然而，曾几何时，宛如黄粱一梦，自己已接近耄耋之年。许多可敬可爱的师友相继离我而去。此情此景，焉能忘情？现在从文先生也加入了去者的行列。他一生安贫乐道，淡泊宁静，死而无憾矣。对我来说，忧思却着实难以排遣。像他这样一个有特殊风格的人，现在很难找到了。我只觉得大地茫茫，顿生凄凉之感。我没有别的本领，只能把自己的忧思从心头移到纸上，如此而已。

一九八八年十一月二日写于香港中文大学会友楼

（摘自《季羡林谈师友》，当代中国出版社，2006年）

忆沈从文 / 梁实秋

> 一位教师不善言词，不算是太大的短处，若是没有足够的学识便难获得大家的敬服。因此之故，从文虽然不是顶会说话的人，仍不失为成功的受欢迎的教师。记问之学不足以为人师，需要有启发别人的力量才不愧为人师，在这一点上从文有他独到之处，因为他有丰富的人生经验和好学深思的性格。

一九六八年六月九日台湾的《中央日报》方块文章井心先生记载着："以写作手法新颖，自成一格……的作者沈从文，不久以前，听说他喝过一次煤油，割过一次静脉，终于带着不屈服的灵魂而死去了。"接着又说："他出身行伍，而以文章闻名；自称小兵，而面目姣好如女子，说话、态度尔雅、温文……。""他写得一手娟秀的《灵飞经》……。"这几句话描写得确切而生动，使我想起沈从文其人。

我现在先发表他一封信，大概是民国十九年间他在上海时写给我的。信的内容没有什么可注意的，但是几个字写得很挺拔而俏丽。

他最初以"休芸芸"的笔名向《晨报副刊》投稿时，用细尖钢笔写的稿子就非常的出色，徐志摩因此到处揄扬他。后来他写《阿丽丝中国游记》分期刊登《新月》，我才有机会看到他的笔迹，果然是秀劲不凡。

从文虽然笔下洋洋洒洒，却不健谈，见了人总是低着头羞答答的，说话也是细声细气。关于他"出身行伍"的事他从不多谈。他在一九三〇年三月写过一篇《从文自序》，关于此点有清楚的交代，他说："因为生长地方为清时屯戍重镇，绿营制度到近年尚依然存在，故于过去祖父曾入军籍，作过一次镇守使，现在兄弟及父亲皆仍在军籍中做中级军官。因地方极其偏僻，与苗民杂处聚居，教育文化皆极低落，故长于其环境中的我，幼小时显出生命的那一面，是放荡与诡诈。十二岁我曾受过关于军事的基本训练，十五岁时随军外出曾作上士。后到沅州，为一城区屠宰收税员，不久又以书记名义，随某队在川、湘、鄂、黔四省边上过放纵野蛮约三年。因身体衰弱，年龄渐长，从各种生活中养成了默想与体会人生趣味的习惯，对于过去生活有所怀疑，渐觉有努力位置自己在一陌生事业上之必要。因这憧憬的要求，糊糊涂涂的到了北京。"这便是他早年从军经过的自白。

由于徐志摩的吹嘘，胡适之先生请他到中国公学教国文，这是一件极不寻常的事，因为一个没有正常的适当的学历资历的青年而能被人赏识于牝牡骊黄之外，是很不容易的。从文初登讲坛，怯场是意中事，据他自己说，上课之前作了充分准备，以为资料足供一小时使用而有余，不料面对黑压压一片人头，三言两语的就把要说的话都说完了，剩下许多时间非得临时编造不可，否则就要冷场，这使他颇为受窘。一位教师不善言词，不算是太大的短处，若是没有足够的学识便难获得大家的敬服。因此之故，从文虽然不是顶会说话的人，仍不失为成功的受欢迎的教师。记问之学不足以为人师，需要有启发别人的力量才不愧为人师，在这一点上从文有他独到之处，因为他有丰富的人生经验和好学深思的性格。

在中国公学一段时间，他最大的收获大概是他的婚姻问题的解决。英语系的女生张兆和女士是一个聪明用功而且秉性端庄的小姐，她的家世很好，多才多艺的张充和女士便是她的胞姊。从文因授课的关系认识了她，而且一见钟情。凡是沉默寡言笑的人，一旦堕入情网，时常是一往情深，一发而不可收拾。从文尽管颠倒，但是没有得到对方青睐。他有一次急得想要跳楼。他本有流鼻血的毛病，几番挫折之后苍白的面孔愈发苍白了。他会写信，以纸笔代喉舌。张小姐实在被缠不过，而且师生恋爱声张开来也是令人很窘的，于是有一天她带着一大包从文写给她的信去谒见胡校长，请他作主制止这一扰人举动的发展。她指出了信中这样的一句话："我不仅爱你的灵魂，我也要你的肉体。"她认为这是侮辱。胡先生皱着眉头，板着面孔，细心听她陈述，然后绽出一丝笑容，温和的对她说："我劝你嫁给他。"张女士吃了一惊，但是禁不住胡先生诚恳的解说，居然急转直下默不做声的去了。胡先生曾自诩善于为人作伐，从文的婚事得谐便是他常常乐道的一例。

在青岛大学从文教国文，大约一年多就随杨振声（今甫）先生离开青岛到北平居住。今甫到了夏季就搬到颐和园赁屋消暑，和他作伴的是他的一位干女儿，自称过的是帝王生活，优哉游哉的享受那园中的岚光湖色。此时从文给今甫做帮手，编中学国文教科书，所以也常常在颐和园出出进进。书编得很精采[①]，偏重于趣味，可惜不久抗战军兴，书甫编竣，已不合时代需要，故从未印行。

---

① 现写作"精彩"。——编者注

从文一方面很有修养，一方面也很孤僻，不失为一个特立独行之士。像这样不肯随波逐流的人，如何能不做了时代的牺牲？他的作品有四十几种，可谓多产，文笔略带欧化语气，大约是受了阅读翻译文学作品的影响。

此文写过，又不敢相信报纸的消息，故未发表。读聂华苓女士作《沈从文评传》（英文本，一九七二年纽约 Twayne Publishers 出版），果然好象从文尚在人间。人的生死可以随便传来传去，真是人间何世！

一九七三年六月二十日西雅图

（摘自《梁实秋系列·雅舍梦忆》，江苏文艺出版社，2010 年）

老舍：智慧的哲人，天真的孩子

老舍（1899—1966），字舍予，笔名老舍，满族正红旗人，本名舒庆春，生于北京。中国现代小说家、著名作家，杰出的语言大师、人民艺术家，新中国第一位获得"人民艺术家"称号的作家。著有长篇小说《四世同堂》、《茶馆》、《牛天赐传》、《骆驼祥子》等，短篇小说《赶集》等。

怀念老舍同志 / 巴金 ①

> 我不相信鬼，我也不相信神，但是我却希望真有一个所谓"阴
> 间"，在那里我可以看到许多我所爱的人。倘使我有一天真
> 的见到了老舍，他约我去吃小馆，向我问起一些情况，我怎
> 么回答他呢？……我想起了他那句"遗言"："我爱咱们的
> 国呀，可是谁来爱我呢？"我会紧紧捏住他的手，对他说："我
> 们都爱你，没有人会忘记你，你要在中国人民中间永远地活
> 下去！"

　　我在悼念中岛健藏先生的文章里提到一九七七年九月二日虹桥
机场送别的事。那天上午离沪返国的，除了中岛夫妇外，还有井上
靖先生和其他几位日本朋友。前一天晚上我拿到中岛、井上两位赠
送的书，回到家里，十一点半上床，睡不着，翻了翻井上先生的集

① 本文最初连续发表于 1979 年 9 月 25 日、26 日香港《大公报·大公园》。——编
者注

子《桃李记》，里面有一篇《壶》，讲到中日两位作家（老舍和广津和郎）的事情，我躺在床上读了一遍。眼前老是出现那两位熟人的面影，都是那么善良的人，尤其是老舍，他那极不公道的遭遇，他那极其悲惨的结局，我一个晚上都梦见他，他不停地说："告诉朋友们，我没有问题。"总之，我睡得不好。第二天一早我到了宾馆陪中岛先生和夫人去机场。在机场贵宾室里我拉着一位年轻译员找井上先生谈了几句，我告诉他读了他的《壶》。文章里转述了老舍先生讲过的"壶"的故事，①我说这样的故事我也听人讲过，只是我听到的故事结尾不同。别人对我讲的"壶"是福建人沏茶用的小茶壶。乞丐并没有摔破它，他和富翁共同占有这只壶，每天一起用它沏茶，一直到死。我说，老舍富于幽默感，所以他讲了另外一种结尾。我不知道老舍是怎样死的，但是我不相信他会抱着壶跳楼。他也不会把壶摔碎，他要把美好的珍品留在人间。

那天我们在贵宾室停留的时间很短，年轻的中国译员没有读过《壶》，不理解井上先生文章里讲些什么，无法传达我的心意。井上先生这样地回答我："我是说老舍先生抱着壶跳楼的。"意思可能是老舍无意摔破壶。可是原文的最后一句明明是"壶碎人亡"，壶还是给摔破了。

---

① 下面抄一段井上的原文（吴树文译）
① "老舍讲的故事，内容是这样的：
① 　很久以前，中国有一个富翁，他收藏有许多古董珍品。后来他在事业上失败了，于是把收藏的古董一件件变卖，最后富翁终于落魄成为讨饭的乞丐，然而即使成了乞丐，有一只壶，他是怎么也不肯割爱的，他带着这只壶到处流浪。当时，另外有一个富翁知道了这件事，他千方百计想要获得这只壶，富翁出了很高的价钱想把壶买到手，虽经几次交涉，乞丐却坚决不脱手，就这样过了好几年，乞丐已经老态龙钟，连走路都十分困难了。富翁便给乞丐房子住，给乞丐饭吃，暗中等着乞丐死去。没多久，乞丐衰老之极，病死了。富翁高兴极了，觉得盼望已久的这一天终于来临。可是谁知道，乞丐在咽气之前，把这只壶掷到院子里，摔得粉身碎骨。"——编者注

有人来通知客人上飞机，我们的交谈无法继续下去，但井上先生的激动表情给我留下深刻的印象，他告诉同行的佐藤女士："巴金先生读过《壶》了。"我当时并不理解为什么井上先生如此郑重地对佐藤女士讲话，把我读他的文章看作一件大事。然而后来我明白了，我读了水上勉先生的散文《蟋蟀罐》（一九六七年）和开高健先生的得奖小说《玉碎》（一九七九年）。日本朋友和日本作家似乎比我们更重视老舍同志的悲剧的死亡，他们似乎比我们更痛惜这个巨大的损失。在国内看到怀念老舍的文章还是近两年的事。井上先生的散文写于一九七〇年十二月，那个时候老舍同志的亡灵还作为反动权威受到批斗。为老舍同志雪冤平反的骨灰安放仪式一直拖到一九七八年六月才举行，而且骨灰盒里也没有骨灰。甚至在一九七七年上半年还不见谁出来公开替死者鸣冤叫屈。我最初听到老舍同志的噩耗是在一九六六年年底，那是造反派为了威胁我们讲出来的，当时他们含糊其辞，也只能算作"小道消息"吧。以后还听见两三次，都是通过"小道"传来的，内容互相冲突，传话人自己讲不清楚，而且也不敢负责。只是在虹桥机场送别的前一两天，在衡山宾馆里，从中岛健藏先生的口中，我才第一次正式听见老舍同志的死讯，他说是中日友协的一位负责人在坦率的交谈中讲出来的。但这一次也只是解决了"死"的问题，至于怎样死法和当时的情况中岛先生并不知道。我想我将来去北京开会，总可以问个明白。

　　听见中岛先生提到老舍同志名字的时候，我想起了一九六六年七月十日在人民大会堂同老舍见面的情景，那个上午北京市人民在人民大会堂举行支援越南人民抗美斗争的大会，我和老舍，还有中岛，都参加了大会的主席团，有些细节我已在散文《最后的时刻》中描写过了，例如老舍同志用敬爱的眼光望着周总理和陈老总、充满感情地谈起他们。那天我到达人民大会堂（不是四川厅就是湖南厅），老舍已经坐在那里同当时的北京市副市长王昆仑在谈话。看见老舍我感到意外，我到京出席亚非作家紧急会议一个多月，没有听见人提到老舍的名字，我猜想他可能出了什么事，很替他担心，现在坐在他的身旁，听他说："请告诉朋友们，我没有问题……"我真是万分高兴。过一会中岛先生也来了，看见老舍便亲切地握手，寒暄。中岛先生的眼睛突然发亮，那种意外的喜悦连在旁边的我也能体会到。我的确看到一种衷心愉快的表情。这是中岛先生最后一次看见老舍，也是我最后一次同老舍见面，我哪里想得到一个多月以后将在北京发生的惨剧！否则我一定拉着老舍谈一个整天，劝他避开，让他在精神上有所准备。但有什么办法使他不会受骗呢？我自己后来不也是老老实实地走进"牛棚"去吗？这一切中岛先生是比较清楚的。我在一九六六年六月同他接触，就知道他有所预感，他看见我健康地活着感到意外的高兴，他意外地看见老舍活得健康，更加高兴。他的确比许多人更关心我们。我当时就感觉到他在替我们担心，什么时候会大难临头。他比我们更清醒。

可惜我没有机会同日本朋友继续谈论老舍同志的事情。他们是热爱老舍的，他们尊重这位有才华、有良心的正直、善良的作家。在他们的心上、在他们的笔下他至今仍然活着。四个多月前我第二次在虹桥机场送别井上先生，我没有再提"壶碎"的问题。我上次说老舍同志一定会把壶留下，因为他热爱祖国、热爱人民，他虽然含恨死去，却留下许多美好的东西在人间，那就是他那些不朽的作品，我单单提两三个名字就够了：《月牙儿》、《骆驼祥子》和《茶馆》。在这一点上，井上先生同我大概是一致的。

今年上半年我又看了一次《茶馆》的演出，太好了！作者那样熟悉旧社会，那样熟悉旧北京人。这是真实的生活。短短两三个钟头里，我重温了五十年的旧梦。在戏快要闭幕的时候，那三个老头儿（王老板、常四爷和秦二爷）在一起最后一次话旧，含着眼泪打哈哈，"给自己预备下点纸钱"，"祭奠祭奠自己"。我一直流着泪水，好些年没有看到这样的好戏了。这难道仅仅是在为旧社会唱挽歌吗？我觉得有人拿着扫帚在清除我心灵中的垃圾。坦率地说，我们谁的心灵中没有封建的尘埃呢？

我出了剧场脑子里还印着常四爷的一句话："我爱咱们的国呀，可是谁爱我呢？"完全没有想到，一个熟悉的声音在追逐我。我听见了老舍同志的声音，是他在发问。这是他的遗言。我怎样回答呢？我曾经对方殷同志讲过："老舍死去，使我们活着的人惭愧……"这是我的真心话。我们不能保护一个老舍，怎样向后人交代呢？没有把老舍的死弄清楚，我们怎样向后人交代呢？一九七七年九月二日井上先生在机场上告诉同行的人我读过他的《壶》，他是在向我表示他的期望：对老舍的死不能无动于衷！但是两年过去了，我究竟做了什么事情呢？我不能不感到惭愧。重读井上靖先生的文章、水上勉先生的回忆、开高健先生的短篇小说，我也不能不责备自己。老舍是我三十年代结识的老友。他在临死前一个多月对我讲过："请告诉朋友们，我没有问题……"我做过什么事情，写过什么文章来洗刷涂在这个光辉的（是的，真正是光辉的）名字上的浊水污泥呢？

看过《茶馆》半年了，我仍然忘不了那句台词："我爱咱们的国呀，可是谁爱我呢？"老舍同志是伟大的爱国者。全国解放后，他从海外回来参加祖国社会主义建设事业，他是写作最勤奋的劳动模范，他是热烈歌颂新中国的最大的"歌德派"，一九五七年他写出他最好的作品《茶馆》。他是用艺术为政治服务最有成绩的作家。他参加各项社会活动和外事活动，可以说是把整个生命和全部精力都贡献给了祖国。他没有一点私心，甚至在红卫兵上了街，危机四伏、杀气腾腾的时候，他还拿着事先准备好的发言稿，到北京市文联开会，想以市文联主席的身份发动大家积极参加文化大革命，但是就在那里他受到拳打脚踢，加上人身侮辱，自己成了文化大革命专政的对象。老舍夫人回忆说："我永远忘不了我自己怎样在深夜用棉花蘸着清水一点一点地替自己的亲人洗清头上、身上的斑斑血迹，不明白是哪里出了问题，不明白为什么会闹成这个样子……"

我仿佛看见满头血污包着一块白绸子的老人一声不响地躺在那里。他有多少思想在翻腾，有多少话要倾吐，他不能就这样撒手而去，他还有多少美好的东西要留下来啊！但是过了一天他就躺在太平湖的西岸，身上盖了一床破席。没有能把自己心灵中的宝贝完全贡献出来，老舍同志带着多大的遗憾闭上眼睛，这是我们想象得到的。

"为什么会闹成这个样子？"去年六月三日我在北京八宝山公墓礼堂参加老舍同志的骨灰安放仪式，我低头默哀的时候，想起了胡絜青同志的那句问话。为什么呢……？从主持骨灰安放仪式的人起一直到我，大家都知道，当然也能够回答。但是已经太迟了。老舍同志离开他所热爱的新社会已经十二年了。

一年又过去了。那天我离开八宝山公墓的时候，我忽然想起一位外籍华人、一位知名的女作家的谈话，她说："中国的知识分子是很了不起的，他们是忠诚的爱国者。西方的知识分子如果受到'四人帮'时代的那些待遇，那些迫害，他们早就跑光了。可是中国的知识分子，不管你给他们准备什么条件，他们能工作时就工作。"这位女士脚迹遍天下，见闻广，她不会信口开河。老舍同志是中国知识分子最好的典型，没有能挽救他，我的确感到惭愧，也替我们那一代人感到惭愧。但我们是不是从这位伟大作家的惨死中找到什么教训呢？他的骨灰虽然不知道给抛撒到了什么地方，可是他的著作流传全世界，通过他的口叫出来的中国知识分子的心声请大家侧耳倾听吧："我爱咱们的国呀，可是谁爱我呢？"

请多一点关心他们吧，请多一点爱他们吧。不要挨到太迟了的时候。

　　话又说回来，虽然到今天我还没有弄明白，老舍同志的结局是自杀还是被杀，是含恨投湖还是受迫害致死，但有一点是可以肯定的：人亡壶全，他把最美好的东西留下来了。最近我在北京出席第四次全国文代会，没有看见老舍同志我感到十分寂寞。有一位好心人对我说："不要纠缠在过去吧，要向前看，往前跑啊！"我感谢他的劝告，我也愿意听从他的劝告。但是我没有办法使自己赶快变成《未来世界》中的"三百型机器人"，那种机器人除了朝前走外，什么都看不见。很可惜，"四人帮"开动了他们的全部机器改造我十年，却始终不曾把我改造成机器人。过去的事我偏偏记得很牢。

　　老舍同志在世的时候，我每次到北京开会，总要去看他，谈了一会，他照例说："我们出去吃个小馆吧，"他们夫妇便带我到东安市场里一家他们熟悉的饭馆，边吃边谈，愉快地过一两个钟头。我不相信鬼，我也不相信神，但是我却希望真有一个所谓"阴间"，在那里我可以看到许多我所爱的人。倘使我有一天真的见到了老舍，他约我去吃小馆，向我问起一些情况，我怎么回答他呢？……我想起了他那句"遗言"："我爱咱们的国呀，可是谁来爱我呢？"我会紧紧捏住他的手，对他说："我们都爱你，没有人会忘记你，你要在中国人民中间永远地活下去！"

一九七九年十二月十五日

　　（摘自《随想录》，人民文学出版社，2014年）

我记忆中的老舍先生 / 季羡林

> 他同别的作家不一样。他的语言生动幽默，是地道的北京话，间或也夹上一点山东俗语。他没有许多作家那种忸怩作态让人读了感到浑身难受的非常别扭的文体，一种新鲜活泼的力量跳动在字里行间。他的幽默也同林语堂之流的那种着意为之的幽默不同。总之，老舍先生成了我毕生最喜爱的作家之一，我对他怀有崇高的敬意。

　　老舍先生含冤逝世已经二十多年了。在这一段相当长的时间内，我经常想到他，想到的次数远远超过我认识他以后直至他逝世的三十多年。每次想到他，我都悲从中来。我悲的是中国失去一个热爱祖国、热爱人民的正直的大作家，我自己失去一位从年龄上来看算是师辈的和蔼可亲的老友。目前，我自己已经到了晚年，我的内心再也承受不住这一份悲痛，我也不愿意把它带着离开人间。我知道，原始人是颇为相信文字的神秘力量的，我从来没有这样相信过。但是，我现在宁愿做一个原始人，把我的悲痛和怀念转变成文字，也许这悲痛就能突然消逝掉，还我心灵的宁静，岂不是天大的好事吗？

我从高中时代起，就读老舍先生的著作，什么《老张的哲学》、《赵子曰》、《二马》，我都读过。到了入学以后，以及离开大学以后，只要他有新作出版，我一定先睹为快，什么《离婚》、《骆驼祥子》等等，我都认真读过。最初，由于水平的限制，他的著作我不敢说全都理解。可是我总觉得，他同别的作家不一样。他的语言生动幽默，是地道的北京话，间或也夹上一点山东俗语。他没有许多作家那种忸怩作态让人读了感到浑身难受的非常别扭的文体，一种新鲜活泼的力量跳动在字里行间。他的幽默也同林语堂之流的那种着意为之的幽默不同。总之，老舍先生成了我毕生最喜爱的作家之一，我对他怀有崇高的敬意。

但是，我认识老舍先生却完全出于一个偶然的机会。三十年代初，我离开了高中，到清华大学来念书。当时老舍先生正在济南齐鲁大学教书。济南是我的老家，每年暑假我都回去。李长之是济南人，他是我的唯一的一个小学、中学、大学"三连贯"的同学。有一年暑假，他告诉我，他要在家里请老舍先生吃饭，要我作陪。在旧社会，大学教授架子一般都非常大，他们与大学生之间宛然是两个阶级。要我陪大学教授吃饭，我真有点受宠若惊。及至见到老舍先生，他却全然不是我心目中的那种大学教授。他谈吐自然，蔼然可亲，一点架子也没有，特别是他那一口地道的京腔，铿锵有致，听他说话，简直就像是听音乐，是一种享受。从那以后，我们就算是认识了。

以后是激烈动荡的几十年。我在大学毕业以后，在济南高中教了一年国文，就到欧洲去了，一住就是十一年。中国胜利了，我才回来，在南京住了一个暑假。夜里睡在国立编译馆长之的办公桌上；白天没有地方呆，就到处云游，什么台城、玄武湖、莫愁湖等等，我游了一个遍。老舍先生好像同国立编译馆有什么联系。我常从长之口中听到他的名字，但是没有见过面。到了秋天，我也就离开了南京，乘海船绕道秦皇岛，来到北平。

我现在已经记不清楚我们重逢时的情景。但是我却清晰地记得起五十年代初期召开的一次汉语规范化会议时的情景。当时语言学界的知名人士，以及曲艺界的名人，都被邀请参加，其中有侯宝林、马增芬姊妹等等。老舍先生、叶圣陶先生、罗常培先生、吕叔湘先生、黎锦熙先生等等都参加了。这是解放后语言学界的第一次盛会。当时还没有达到会议成灾的程度，因此大家的兴致都很高，会上的气氛也十分亲切融洽。

有一天中午，老舍先生忽然建议，要请大家吃一顿地道的北京饭。大家都知道，老舍先生是地道的北京人，他讲的地道的北京饭一定会是非常地道的，都欣然答应。老舍先生对北京人民生活之熟悉，是众所周知的。有人戏称他为"北京土地爷"。他结交的朋友，三教九流都有。他能一个人坐在大酒缸旁，同洋车夫、旧警察等旧社会的"下等人"，开怀畅饮，亲密无间，宛如亲朋旧友，谁也感觉不到他是大作家、名教授、留洋的学士。能做到这一步的，并世作家中没有第二人。这样一位老北京想请大家吃北京饭，大家的兴致哪能不高涨起来呢？商议的结果是到西四砂锅居去吃白煮肉，当然是老舍先生做东。他同饭馆的经理一直到小伙计都是好朋友，因此饭菜极佳，服务周到。大家尽兴地饱餐了一顿。虽然是一顿简单的饭，然而却令人毕生难忘。当时参加宴会今天还健在的叶老、吕先生大概还都记得这一顿饭吧。

还有一件小事，也必须在这里提一提。忘记了是哪一年了，反正我还住在城里翠花胡同没有搬出城外。有一天，我到东安市场北门对门的一家著名的理发馆里去理发，猛然瞥见老舍先生也在那里，正躺在椅子上，下巴上白糊糊的一团肥皂泡沫，正让理发师刮脸。这不是谈话的好时机，只寒暄了几句，就什么也不说了。等我坐在椅子上时，从镜子里看到他跟我打招呼，告别，看到他的身影走出门去。我理完发要付钱时，理发师说：老舍先生已经替我付过了。这样芝麻绿豆的小事殊不足以见老舍先生的精神；但是，难道也不足以见他这种细心体贴人的心情吗？

老舍先生的道德文章，光如日月，巍如山斗，用不着我来细加评论，我也没有那个能力。我现在写的都是一些小事。然而小中见大，于琐细中见精神，于平凡中见伟大，豹窥一斑，鼎尝一脔，不也能反映出老舍先生整个人格的一个缩影吗？

中国有一句俗话："好死不如赖活着"。这一句话道出了一个真理。一个人除非万不得已决不会自己抛掉自己的生命。印度梵文中"死"这个动词，变化形式同被动态一样。我一直觉得非常有趣，非常有意思。印度古代语法学家深通人情，才创造出这样一个形式。死几乎都是被动的，有几个人主动地去死呢？老舍先生走上自沉这一条道路，必有其不得已之处。有人说，人在临死前总会想到许多许多东西的，他会想到自己的一生的。可惜我还没有这个经验，只能在这里胡思乱想。当老舍先生徘徊在湖水岸边决心自沉时，眼望湖水茫茫，心里悲愤填膺，唤天天不应，唤地地不答，悠悠天地，仿佛只剩下自己孤身一人，他会想到自己的一生吧！这一生是忠诚于祖国、忠诚于人民的一生，然而到头来却落到这等地步。为什么呢？究竟是为什么呢？如果自己留在美国不回来，著书立说，优游自在，洋房、汽车、声名禄利，无一缺少，舒舒服服地过一辈子，说不定能寿登耄耋，富埒王侯。他不是为了热爱自己的祖国母亲，才毅然历尽艰辛回来的吗？是今天祖国母亲无法庇护自己那远方归来的游子了呢？还是不愿意庇护了呢？我猜想，老舍先生决不会埋怨自己的祖国母亲，祖国母亲永远是可爱的，在任何情况下都是可爱的。他也决不会后悔回来的。但是，他确实有一些问题难以理解，他只有横下一条心，一死了之。这样的问题，我们今天又有谁能够理解呢？我想，老舍先生还会想到自己院子里种的柿子树和菊花。他当然也会想到自己的亲人，想到自己的朋友。所有这一切都是十分美好可爱的。对于这一切难道他就一点也不留恋吗？决不会的，决不会的，但是，有一种东西梗在他的心中，像大毒蛇缠住了他，他只能纵身一跳，投入波心，让弥漫的湖水给自己带来解脱了。

两千多年以前，屈原自沉于汨罗江。他行吟泽畔，心里想的恐怕同老舍先生有类似之处吧。他想到："蝉翼为重，千钧为轻；黄钟毁弃，瓦釜雷鸣"。他又想到："世人皆浊我独清，众人皆醉我独醒"。难道老舍先生也这样想过吗？这样的问题，有谁能够答复我呢？恐怕到了地球末日也没有人能答复了。我在泪眼模糊中，看到老舍先生戴着眼镜，在和蔼地对我笑着；我耳朵里仿佛听到了他那铿锵有节奏的北京话。我浑身颤抖，连灵魂也在剧烈地震动。

呜呼！我欲无言。

一九八七年十月一日晨

（摘自《季羡林谈师友》，当代中国出版社，2006年）

忆老舍 / *梁实秋*

> 老舍的才华是多方面的，长短篇的小说，散文，戏剧，白话诗，无一不能，无一不精。而且他有他的个性，绝不俯仰随人。

我最初读老舍的《赵子曰》、《老张的哲学》、《二马》，未识其人，只觉得他以纯粹的北平土语写小说颇为别致。

北平土语，象其他主要地区的土语一样，内容很丰富，有的是俏皮话儿，歇后语，精到出色的明喻暗譬，还有许多有声无字的词字。如果运用得当，北平土话可说是非常的生动有趣；如果使用起来不加检点，当然也可能变成为油腔滑调的"耍贫嘴"。以土话入小说本是小说家常用的一种技巧，可使对话格外显得活泼，可使人物个性格外显得真实凸出。若是一部小说从头到尾，不分对话叙述或描写，一律使用土话，则自《海上花》一类的小说以后并不多见。我之所以注意老舍的小说者盖在于此。胡适先生对于老舍的作品评价不高，他以为老舍的幽默是勉强造作的。但一般人觉得老舍的作品是可以接受的，甚至颇表欢迎。

抗战后，老舍有一段期间住在北碚，我们时相过从。他又黑又瘦，甚为憔悴，平常总是佝偻着腰，迈着四方步，说话的声音低沉，徐缓，但是有风趣。他和王老向住在一起，生活当然是很清苦的。在名义上他是中国文艺界抗敌协会的负责人，事实上这个组织的分子很复杂。老舍对待谁都是一样的和蔼亲切，存心厚道，所以他的人缘好。

有一次北碚各机关团体以国立编译馆为首发起募款劳军晚会，一连两晚，盛况空前，把北碚儿童福利试验区的大礼堂挤得水泄不通。国立礼乐馆的张充和女士多才多艺，由我出面邀请，会同编译馆的姜作栋先生（名伶钱金福的弟子），合演一出《刺虎》，唱做之佳至今令人不能忘。在这一出戏之前，垫一段对口相声。这是老舍自告奋勇的，蒙他选中了我做搭档，头一晚他"逗哏"我"捧哏"，第二晚我逗他捧，事实上挂头牌的当然应该是他。他对相声特有研究。在北平长大的谁没有听过焦德海草上飞？但是能把相声全本大套的背诵下来则并非易事。如果我不答应上台，他即不肯露演，我为了劳军只好勉强同意。老舍嘱咐我说，"说相声第一要沉得住气，放出一副冷面孔，永远不许笑，而且要控制住观众的注意力，用干净利落的口齿在说到紧要处使出全副气力斩钉断铁一般迸出一句俏皮话，则全场必定爆出一片采声哄堂大笑，用句术语来说，这叫做'皮儿薄'，言其一戳即破。"我听了之后连连辞谢说："我办不了，我的皮儿不薄。"他说："不要紧，咱们练着瞧。"于是他把词儿写出来，一段是《新洪羊洞》，一段是《一家六口》，这都是老相声，谁都听过。相声这玩艺儿不嫌其老，越是经过千锤百炼的玩艺儿越惹人喜欢，藉着演员的技艺风度之各有千秋而永远保持新鲜的滋味。相声里面的粗俗玩笑，例如"爸爸"二字刚一出口，对方就得赶快顺口答腔的说声"啊"，似乎太无聊，但是老舍坚持不能删兔，据他看相声已到了至善至美的境界，不可稍有损益。是我坚决要求，他才同意在用折扇敲头的时候只要略为比划而无需真打。我们认真的排练了好多次。到了上演的那一天，我们走到台的前边，泥雕木塑一般绷着脸肃立片刻，观众已经笑不可抑，以后几乎只能在阵阵笑声之间的空隙进行对话。该用折扇敲头的时候，老舍不知是一时激动忘形，还是有意违反诺言，抢起大折扇狠狠的向我打来，我看来势不善，向后一闪，折扇正好打落了我的眼镜，说时迟，那时快，我手掌向上两手平伸，正好托住那落下来的眼镜，我保持那个姿势不动，采声历久不绝。有人以为这是一手绝活儿，还高呼："再来一回！"

我们那一次相声相当成功，引出不少人的邀请，我们约定不再露演，除非是至抗战胜利再度劳军的时候。没想到胜利来得那么快，我们的这一次合作成了最后一次。

老舍的才华是多方面的，长短篇的小说，散文，戏剧，白话诗，无一不能，无一不精。而且他有他的个性，绝不俯仰随人。我现在检出一封老舍给我的信，是他离开北碚之后写的，那时候他的夫人已自北平赶来四川，但是他的生活更陷于苦闷。他患有胃下垂的毛病，割盲肠的时候用一个小时余还寻不到盲肠，后来在腹部的左边找到了。这封信附有七律五首，由此我们也可窥见他当时的心情的又一面。

前几年王敬羲从香港剪写老舍短文一篇，可惜未注明写作或发表的时间及地点，题为《春来忆广州》，看他行文的气质，已由绚烂趋于平淡，但是有一缕惆怅悲哀的情绪流露在字里行间。听说他去年已作了九泉之客，又有人说他尚在人间。是耶非耶，其孰能辨之？兹将这一小文附录于后：

春来忆广州 [①]

　　我爱花。因气候、水土等等关系，在北京养花，颇为不易。冬天冷，院里无法摆花，只好都搬到屋里来。每到冬季，我的屋里总是花比人多。形势逼人！屋中养花，有如笼中养鸟，即使用心调护，也养不出个样子来。除非特建花室，实在无法解决问题。我的小院里，又无隙地可建花室！

　　一看到屋中那些半病的花草，我就立刻想起美丽的广州来。去年春节后，我不是到广州住了一个月吗？哎呀，真是了不起的好地方！人极热情，花似乎也热情！大街小巷，院里墙头，百花齐放，欢迎客人，真是"交友看花在广州"啊！

　　在广州，对着我的屋门便是一株象牙红，高与楼齐，盛开着一丛红艳夺目的花儿，而且经常有些很小的小鸟，钻进那朱红的小"象牙"里，如蜂采蜜。真美！只要一有空儿，我便坐在阶前，看那些花与小鸟。在家里，我也有一棵象牙红，可是高不及三尺，而且是种在盆子里。它入秋即放假休息，入冬便睡大觉，且久久不醒，直到端阳左右，它才开几朵先天不足的小花，绝对没有那种秀气的小鸟作伴！现在，它正在屋角打盹，也许跟我一样，正想念它的故乡广东吧？

　　春天到来，我的花草还是不易安排：早些移出去吧，怕风霜侵犯；不搬出去吧，又都发出细条嫩叶，很不健康。这种细条子不会长出花来。看着真令人焦心！

[①] 本文载 1963 年 1 月 25 日《羊城晚报》。——编者注

好容易盼到夏天，花盆都运至院中，可还不完全顺利。院小，不透风，许多花儿便生了病。特别由南方来的那些，如白玉兰、栀子、茉莉、小金桔、茶花……也不怎么就叶落枝枯，悄悄死去。因此，我打定主意，在买来这些比较娇贵的花儿之时，就认为它们不能长寿，尽到我的心，而又不作幻想，以免枯死的时候落泪伤神。同时，也多种些叫它死也不肯死的花草，如夹竹桃之类，以期老有些花儿看。

夏天，北京的阳光过暴，而且不下雨则已，一下就是倾盆倒海而来，势不可当，也不利于花草的生长。

秋天较好。可是忽然一阵冷风，无法预防，娇嫩些的花儿就受了重伤。于是，全家动员，七手八脚，往屋里搬呀！各屋里都挤满了花盆，人们出来进去都须留神，以免绊倒！

真羡慕广州的朋友们，院里院外，四季有花，而且是多么出色的花呀！白玉兰高达数丈，干子比我的腰还粗！英雄气概的木棉，昂首天外，开满大红花，何等气势！就连普通的花儿，四季海棠与绣球什么的，也特别壮实，叶茂花繁，花小而气魄不小！看，在冬天，窗外还有结实累累的木瓜呀！真没法儿比！一想起花木，也就更想念朋友们！朋友们，快作几首诗来吧，你们的环境是充满了诗意的呀！

春节到了，朋友们，祝你们花好月圆人长寿，新春愉快，工作顺利！

（摘自《雅舍杂文》，文化艺术出版社，1998年）

306

梁实秋：最像一朵男人花

梁实秋（1903—1987），原名梁治华，出生于北京。笔名子佳、秋郎、程淑等。中国著名的散文家、学者、文学批评家、翻译家，国内第一个研究莎士比亚的权威，曾与鲁迅等左翼作家笔战不断。一生留下了两千多万字的著作，其散文集创造了中国现代散文著作出版的最高纪录。译作代表作有《莎士比亚全集》等。

回忆梁实秋先生 / 季羡林

> 实秋先生活到耄耋之年。他的学术文章，功在人民，海峡两岸，有目共睹，谁也不会有什么异辞。我想特别提出一点来说一说。他到了老年，同胡适先生一样，并没有留恋异国，而是回到台湾定居。这充分说明，他是热爱我们祖国大地的。至于他的为人毫无架子，像对我和李长之这样年轻一代的人，竟也平等对待，态度真诚和蔼，更令人难忘。这种作风，即使不是绝无仅有，也总算是难能可贵。

　　我认识梁实秋先生，同他来往，前后也不过两三年，时间是很短的。但是，他留给我的回忆却是很长很长的。分别之后，到现在已经四十年了。我仍然时常想到他。

　　一九四六年夏天，我在离开了祖国十一年之后，受尽了千辛万苦，又回到了祖国怀抱，到了南京。当时刚刚打败了日本侵略者，国民党的"劫收"大员正在全国满天飞，搜刮金银财宝，兴高采烈。我这一介书生，"无条无理"，手里没有几个钱。北京大学还没有开学，拿不到工资，住不起旅馆，只好借住在我小学同学李长之在国立编译馆的办公室内。他们白天办公，我就出去游荡，晚上回来，睡在办公桌上。早晨一起床，赶快离开。国立编译馆地处台城下面，我多半在台城上云游。什么鸡鸣寺、胭脂井，我几乎天天都到。再走远一点，出城就到了玄武湖。山光水色，风物怡人。但是我并没有多少闲情逸致，观赏风景。我的处境颇像旧戏中的秦琼，我心里琢磨的是怎样卖掉黄骠马。

我这样天天游荡，梦想有朝一日自己能安定下来，有一间房子，有一张书桌。别的奢望，一点没有。我在台城上面看到郁郁葱葱的古柳，心头不由地涌出了古人的诗：

江雨霏霏江草齐

六朝如梦鸟空啼

无情最是台城柳

依旧烟笼十里堤

这里讲的仅仅是六朝。从六朝到现在，又不知道有多少朝多少代过去了。古柳依然是葱茏繁茂，改朝换代并没有影响了它们的情绪。今天我站在古柳面前，一点也没有觉得它们"无情"，我觉得它们有情得很。我天天在六月的炎阳下奔波游荡，只有在台城古柳的浓荫下才能获得片刻的清凉，让我能够坐下来稍憩一会儿。我难道不该感激这些古柳而还说三道四吗？

又过了一些时候，有一天长之告诉我，梁实秋先生全家从重庆复员回到南京了。梁先生也在国立编译馆工作。我听了喜出望外。我不认识梁先生，论资排辈，他大我十几岁，应该算是我的老师。他的文章我在清华大学读书时就读过不少，很欣赏他的文才，对他潜怀崇敬之情。万万没有想到竟在南京能够见到他。见面之后，立刻对他的人品和谈吐十分倾倒。没有经过什么繁文缛节，我们成了朋友。我记得，他曾在一家大饭店里宴请过我。梁夫人和三个孩子：文茜、文蔷、文骐，都见到了。那天饭菜十分精美，交谈更是异常愉快，给我留下了深刻的印象，至今忆念难忘。我自谓尚非馋嘴之辈，可为什么独独对酒宴记得这样清楚呢？难道自己也属于饕餮大王之列吗？这真叫做没有法子。

解放前夕，实秋先生离开了北平，到了台湾，文茜和文骐留下没有走。在那极"左"的时代，有人把这一件事看得大得不得了。现在看来，也没有什么了不起的。一个人相信马克思主义，这当然很好，这说明他进步。一个人不相信，或者暂时不相信，他也完全有自由，这也决非反革命。我自己过去不是也不相信马克思主义吗？从来就没有哪一个人一生下就是马克思主义者，连马克思本人也不是，遑论他人。我们今天知人论事，要抱实事求是的态度。

至于说梁实秋同鲁迅有过一些争论，这是事实。是非曲直，暂作别论。我们今天反对对任何人搞"凡是"，对鲁迅也不例外。鲁迅是一个伟大人物，这谁也否认不掉，但不能说凡是鲁迅说的都是正确的。今天，事实已经证明，鲁迅也有一些话是不正确的，是形而上学的，是有偏见的。难道因为他对梁实秋有过批评意见，梁实秋这个人就应该永远打入十八层地狱吗？

实秋先生活到耄耋之年。他的学术文章，功在人民，海峡两岸，有目共睹，谁也不会有什么异辞。我想特别提出一点来说一说。他到了老年，同胡适先生一样，并没有留恋异国，而是回到台湾定居。这充分说明，他是热爱我们祖国大地的。至于他的为人毫无架子，像对我和李长之这样年轻一代的人，竟也平等对待，态度真诚和蔼，更令人难忘。这种作风，即使不是绝无仅有，也总算是难能可贵。

对我们今天已经成为前辈的人，不是很有教育意义吗？

　　去年，他的女儿文茜和文蔷奉父命专门来看我。我非常感动，知道他还没有忘掉我。这勾引起我回忆往事。回忆虽然如云如烟，但是感情却是非常真实的。我原期望还能在大陆见他一面，不意他竟尔仙逝。我非常悲痛，想写点什么，终未果。去年，他的夫人从台湾来北京举行追思会。我正在南京开会，没能亲临参加，只能眼望台城，临风凭吊。我对他的回忆将永远保留在我的心中，直至我不能回忆为止。我的这一篇短文，他当然无法看到了。但是，我仿佛觉得，而且痴情希望，他能看到。四十年音问未通，这是仅有的一次也是最后一次通音问了。悲夫！

一九八八年三月二十六日

（摘自《季羡林谈师友》，当代中国出版社，2006年）

悼念梁实秋先生 / 冰心 ①

> 实秋很恋家，在美国只呆了两年就回国了，一九二六年我回国后，在北京，我们常常见面。那时他在编《自由评论》，我曾替他写过"一句话"的诗，也译过斯诺夫人海伦的长诗《古老的北京》。这些东西我都没有留稿，都是实秋好多年后寄给我的。

今晨八时半，我正在早休，听说梁文茜有电话来，说他父亲梁实秋先生已经于本月三日在台湾因心肌梗塞逝世了。还说他逝世时一点痛苦都没有，劝我不要难过。但我怎能不难过呢？我们之间的友谊，不比寻常呵！

梁实秋是吴文藻在清华学校的同班同学，我们是在一九二三年同船到美国去的，我认识他比认识文藻还早几天，因为清华的梁实秋、顾一樵等人，在海上办了一种文艺刊物，叫作《海啸》，约

---

① 本文原载于《人民日报》，1987年11月10日。——编者注

我和许地山等为它写稿。有一次在编辑会后，他忽然对我说："我在上海上船以前，同我的女朋友话别时，曾大哭了一场。"我为他的真挚和坦白感到惊讶，不是"男儿有泪不轻弹"么？为什么对我这个陌生人轻易说出自己的"隐私"？

到了美国我入了威尔斯利女子大学。一年之后，实秋也转到哈佛大学。因为同在美国东方的波士顿，我们常常见面，不但在每月一次的"湖社"的讨论会上，我们中国学生还在美国同学的邀请下，为他们演了《琵琶记》。他演蔡中郎，谢文秋演赵五娘，顾一樵演宰相。因为演宰相女儿的邱女士临时病了，拉我顶替了她。后来顾一樵给我看了一封许地山从英国写给他的信中说"实秋有福，先在舞台上做了娇婿"。这些青年留学生之间，彼此戏谑的话，我本是从不说的，如今地山和实秋都已经先后作古，我自己也老了，回忆起来，还觉得很幽默。

实秋很恋家，在美国只呆了两年就回国了。一九二六年我回国后，在北京，我们常常见面。那时他在编《自由评论》，我曾替他写过"一句话"的诗，也译过斯诺夫人海伦的长诗《古老的北京》。这些东西我都没有留稿，都是实秋好多年后寄给我的。

一九二九年夏我和文藻结婚后，住在燕京大学，他和闻一多到了我们的新居，嘲笑我们说："屋子内外一切布置都很好，就是缺少待客的烟和茶。"亏得他们提醒，因为我和文藻都不抽烟，而且喝的是白开水！

七七事变后，我们都到了大后方。四十年代初期，我们又在重庆见面了。他到我们住的歌乐山，坐在山上无墙的土房子廊上看嘉陵江，能够静静地坐到几个小时。我和文藻也常到他住处的北碚。我记得一九四〇年我们初到重庆，就是他和吴景超（也是文藻的同班同学）的夫人业雅，首先来把我们接到北碚去欢聚的。

抗战胜利后不久，我们到了日本，实秋一家先回到北平，一九四九年又到了台湾，我们仍是常通消息。我记得我们在日本高岛屋的寓所里，还挂着实秋送给我们的一幅字，十年浩劫之中，自然也同许多朋友赠送的字画一同烟消火灭了！

　　一九五一年我们从日本回到了祖国，这时台湾就谣传说"冰心夫妇受到中共的迫害，双双自杀"。实秋听到这个消息还写了一篇《哀冰心》的文章。这文章传到我这里我十分感激，曾写了一封信，托人从美国转给他，并恳切地请他回来看一看新中国的实在情况，因为他是北京人，文章里总是充满着眷恋古老北京的衣、食、住……一切。

　　多么不幸！就在昨天梁文茜对我说她父亲可能最近回来看看的时候，他就在前一天与世长辞了！

　　实秋，你还是幸福的，被人悼念，总比写悼念别人的文章的人，少流一些眼泪，不是么？

一九八七年十月五日

（摘自《冰心全集·第八卷》，海峡文艺出版社，2012 年）

林语堂：两脚踏东西文化，一心评宇宙文章

林语堂（1895—1976），福建龙溪人。中国现代著名作家、学者、翻译家、语言学家，新道家代表人物。曾创办《论语》、《人世间》、《宇宙风》等刊物，作品包括小说《京华烟云》、《啼笑皆非》、散文和杂文文集《人生的盛宴》、《生活的艺术》以及译著《东坡诗文选》、《浮生六记》等。

怀念老友林语堂先生/钱穆[①]

> 我和语堂相交久了，才从那一条长长的烟灰，了解到语堂之
> 为人和其操心。似乎在任何场合，语堂总是我行我素，有他
> 那一套。但那一套，实只是语堂之外相。至于语堂之内心，
> 似乎还另有别一套。在任何场合中不忘抽烟，那只是语堂外
> 面的一套。那烟灰长留不落，却不是漫不经心的。在语堂的
> 内心，实仍有他那一条长长的烟灰之存在。

语堂和我，同生在民前十七年光绪乙未，西历一八九五，同是
前一世纪的人，只我生日比语堂早了一百天左右。我此文特称语堂
为老友，却不指我们有着很久的交情，只是说我们过了七十始成交，
真是一老年朋友。

语堂早在三十岁前后，名满海内，举国皆知。尤其是他编行的《论
语》、《人间世》、《宇宙风》诸杂志，乃当时新文化运动中异军

---

① 原载于 1976 年 5 月 8 日《联合报》副刊。——编者注

特起之一支，更使他名字喧动，幽默大师的称号，亦由此成立。我那时在小学、中学教书，只在报章杂志上认识了语堂。直到民十九我去北平教书，而语堂那时已离开了北平，我和他仍没有见面认识的机会。

我们初次相识，乃在抗战时期，语堂由美国返后方，从重庆来成都，在华西后坝张岳军邀宴席上。那是我们四十八岁的一年。那一晚只是匆匆一面，此后语堂仍去美国。约在十年后，语堂应新嘉坡①南洋大学校长之聘，忽来一信，邀我去南大主持研究院职务。此书情辞斐亹，引苏东坡语，执礼甚谦。大意是相慕已久，此后可望长期领教。我那时在香港，因离不开新亚，去函婉辞，仍未有继续相见之机会。只语堂那一书，使我常留记忆中，惜书已丢弃，至今未能具体引述其书中之辞句。

待我七十后，离开新亚，忽得王贯之电话，说语堂来了香港，贯之系语堂小同乡，前去访谒，语堂谈及有意和我见面，由贯之邀集，在其人生杂志社的小楼上午餐，语堂夫妇我夫妇及贯之夫妇共六人，餐后去附近宋王台公园摄影闲谈，直过四时始别，那才可称是我和语堂亲切见面之第一次。

越数日，贯之又来电话，说语堂欲来沙田我寓处，但因我寓在山坡上，须爬近两百石级，语堂腰脚力不胜，约我在山下海边一游艇上餐聚。同席仍是贯之夫妇和我们两家夫妇并语堂之二小姐太乙及其夫婿黎明。共八人。此两次见面，乃是我和语堂正式订交之开始。

此后语堂定居台北，我夫妇去台北，亲到他阳明山住处，即在此后新居的斜对面去访候。留同晚餐，久坐始别。语堂告我，顷方仔细读我的《近三百年学术史》。又称此下当开始从事中文著述。

① 现译作"新加坡"。——编者注

他夫人又领我们去参看语堂的书房。她说：晚间十时过，她即独自上床，语堂一人留书房伏案阅读和写作，不过十二时不睡，常达翌晨一时两时。我深自惭，我常在夜间十一时就寝，熬夜工夫，远不能和语堂相比。

隔一年，我们夫妇亦迁居来台，和语堂见面机会更多。又一年，我们定居外双溪，和语堂阳明山新居更近，见面机会也更多。但开始，我急于完成我的《朱子新学案》，后来则语堂又忙他《汉英辞典》的编辑，从容长谈的机会实不多。我总觉得近在咫尺，晤聚甚易，不以为意。不料语堂夫妇最后几年，常往返台港间，而且留港期长，返台期促，偶获见面，而他的体况，已逐见衰退，乃竟于今年长逝。总计我们在台晤聚，实也不过四五年时间。在此八十余年中，过七十始成交，实际上，前后也不能到十分之一的八年的来往，人生如此，殊堪悼念。

在我记忆中，三十多年前，在成都张宅那晚和语堂初次见面，却有一影像，深留脑际，历久尚新。那时有几人，离开座位，围立室中央闲谈。语堂两指夹一烟卷，一面抽烟，一面谈话，兴致甚浓。那烟卷积灰渐长，而语堂谈话不停。手边及近旁，没有烟灰缸。我担心那烟灰堕落，有损主人地上那美好的地毯，但语堂似乎漫不在意。直到那烟灰已长及全烟卷十分之七的程度，却依然像一全烟卷，安安停停地留在语堂的两指间。我此刻已记忆不清，语堂最后如何交代他两指间那一条长长的烟灰。

二十年后再见面，语堂常抽烟斗，偶尔也吸一支香烟，便引起我的回忆。我和语堂相交久了，才从那一条长长的烟灰，了解到语堂之为人和其操心。似乎在任何场合，语堂总是我行我素，有他那一套。但那一套，实只是语堂之外相。至于语堂之内心，似乎还另有别一套。在任何场合中不忘抽烟，那只是语堂外面的一套。那烟

318

灰长留不落，却不是漫不经心的。在语堂的内心，实仍有他那一条长长的烟灰之存在。别人没有和语堂深交，只见他外面一套，认为语堂是放浪形骸，纵恣不羁的。常连想到他幽默大师的一称号，认为语堂之幽默处正在此。但语堂另有他内心之拘谨不放松处，那长长的一条烟灰之终于不落地，正是一好证明。语堂之幽默，在我认为，尚不专在其尽抽烟卷之一面，乃更有其烟灰不落之一面。

语堂在国内，编行《论语》、《人间世》、《宇宙风》诸杂志，固是他内心生活之一面。待他寄居美国，发表他《吾土吾民》等一系列的成名新著，那又是他内心生活之另一面。在国外受教育，又在国外长期居留，以他外国语文之高深修养，不返国凭崇洋为炫耀，而却在国外宣扬祖国。只此一端，可谓为人所不为，堪当中国传统观念中一豪杰之称。迄今外国人，不论美、欧，乃及其他地区，多有对中国另眼相看的。他们约略知道，在此世界，有此中国和中国人之存在，语堂长期在美的这一系列成名新著，总不得谓其无影响。而且在国外为中国和中国人留此影响的，除语堂一人外，纵不能说其绝无，而语堂一人，也几可说近似于仅有了。语堂这一勾当，也可说幽了天下之大默。

语堂旅居美国，逾三十年，功成名就，尽可作一寓公以终老，乃语堂决心归国定居。在他归国后，据我亲眼目睹，总觉他的日常生活，言谈举止，洋气少，土气多，俨然不失为一中国传统的书生。如我般孤陋寡闻，仅识ＡＢＣ，绝不能读他在美成名的一系列新著的人，居然也被引进了他交游之末座。我尝巡视他新居，书房内，书房外，满室满廊，缃缥如山，盈箱插架，尽是中国古籍。但语堂似乎忘了他自己已是七十以外的老人，拥此书城，尚嫌不足，还时时向我问这书，问那书，问何处有买，屡问不已。回忆我在大陆所交，亦尚是海外留学生占多数，那时知怡情中国古籍的亦尚不少。

及此二十多年，乘桴台港间，往日旧交，多已邈若云汉，死生隔阔。不意老年又得此一友，乃朝夕寝馈于斯。而天不慭遗。昔人经黄公酒垆而兴悲。我今重往语堂书室，又岂止如黄公酒垆而已乎？而且语堂往年，在国内编行《论语》、《人间世》、《宇宙风》，一纸风靡，垂老回国，一变往态，转而从庄周、苏东坡，进而提倡孟子，惜已不易如他往年子见南子之类之获得当前国人之共鸣。抑且语堂之身后追思海外或尤深于海内。而语堂晚年在海内国人之心中实亦尚奠定其海外之声名。语堂讲究生活的艺术，彼生活中之此一转变与其分别，实亦语堂生活艺术中一幽默也。

　　语堂生在虔诚的耶教家庭中，但在其肄业上海圣约翰大学之神学院时，以对神学无兴趣，即放弃其信仰。后来旅居美国，又曾一度信仰，后又放弃。有一年，我旅游美国，遇一美国老太太，亦一虔诚信徒。彼问我，林语堂信耶稣，何以忽又放弃。在彼意，凡属中国学人，必应认识林语堂。承彼亦认我为一中国学人，自必与语堂相识。语堂中途放弃对耶稣之信仰，在彼认为乃一世间莫大事件，渴望我对彼所问，有一解答。其意态之诚挚，溢于言外。但我当时，实与语堂仅有一面之缘。若据实以告，彼必甚感意外，我又不能亲操英语，必赖译人传达，窃恐语不达意，在大庭广众间，似不宜率直以对。我因告彼，林语堂虽系一文学家，但中国文学家，必重一番内心修养。林语堂对信仰耶稣之前后转变，必有他一番内心曲折，在他自己未有明白表达以前，他人无法代为措辞。那老太太终于颔首称是。自我和语堂相交，始终没有谈到宗教一项。后来语堂又重进教堂听礼拜，并常闻牧师讲道而流涕。临终又告其家人，吊祭须从耶教仪式。此事我到他死后始知。闻彼有一书，不久将出版，说明其对耶教信仰先后内心之转变。我私念我往年告那美国老太太的一番话，幸而没有错。语堂为人之直前直往，而在其内心深处，实自有一条贯，亦据此可知。那未吸完的一段烟卷，和其变为灰烬之一段，依然同在他两指间，依然仍保留其同一烟卷之旧式样。语堂内心，有其放达处，但亦有其拘谨处。果人生以百年为期，语堂已经历了其十分之八。尚留一段烟卷未抽完，其抽过的一段，固亦成为灰烬，却尚在其内心，完整地保留着，不散不落。此是语堂生活的艺术，亦是语堂人生的幽默。我老年幸获与语堂交游，所认识于语堂，迄今所怀念，而堪以告人者，亦仅此而已。

　　生为一中国人，生而为一近百年来之中国人，世变仓皇，前途渺茫，究不知将何所届止。语堂已矣，但与语堂生值同世之人，回念前尘，岂不一切亦已全成了灰烬。果能仍保此灰烬，不散不落，仍成一烟卷样夹持在两指间者，语堂以外，又复几人。我常想语堂生平，烟卷在手能尽抽，抽后成灰能尽留。较之仅知抽烟，不顾烟灰落地，地毯遭殃者要自有别。今日吾国人，乃尽辗转在烟灰屑中，灰屑满地满室，而两指间却成无烟可抽，此诚生活艺术之谓何，人生幽默之何在乎。怀念老友，曷胜怅然。

　　起稿于怀恩堂追思礼拜之清晨，定稿于语堂灵柩下窆阳明山故居之下午，时为一九七六年之四月一日。

（摘自《八十忆双亲·师友杂忆》（新校本），九州出版社，2012 年）

扬州旧梦寄语堂 / 郁达夫 ①

> 扬州之美，美在各种的名字，如绿杨村，廿四桥，杏花村舍，邗上农桑，尺五楼，一粟庵等；可是你若辛辛苦苦，寻到了这些最风雅也没有的名称的地方，也许只有一条断石，或半间泥房，或者简直连一条断石，半间泥房都没有的。

语堂兄：

> 乱掷黄金买阿娇，穷来吴市再吹箫，
>
> 箫声远渡江淮去，吹到扬州廿四桥。

　　这是我在六七年前——记得是一九二八年的秋天，写那篇《感伤的行旅》时瞎唱出来的歪诗；那时候的计划，本想从上海出发，先在苏州下车，然后去无锡，游太湖，过常州，达镇江，渡瓜步，

---

① 本文原载于 1935 年 5 月 20 日，《人间世》第 28 期。——编者注

再上扬州去的。但一则因为苏州在戒严，再则因在太湖边上受了一点虚凉，故而中途变计，当离无锡的那一天晚上，就直到了扬州城里。旅途不带诗韵，所以这一首打油诗的韵脚，是姜白石的那一首"小红唱曲我吹箫"的老调，系凭着了车窗，看着斜阳衰草、残柳芦苇，哼出来的莫名其妙的山歌。

我去扬州，这时候还是第一次；梦想着扬州的两字，在声调上，在历史的意义上，真是如何地艳丽，如何地够使人魂销而魄荡！

竹西歌吹，应是玉树后庭花的遗音；萤苑迷楼，当更是临春结绮等沉檀香阁的进一步的建筑。此外的锦帆十里，殿脚三千，后土祠琼花万朵，玉钩斜青冢双行，计算起来，扬州的古迹，名区，以及山水佳丽的地方，总要有三年零六个月才逛得遍。唐宋文人的倾倒于扬州，想来一定是有一种特别见解的；小杜的"青山隐隐水迢迢"，与"十年一觉扬州梦"，还不过是略带感伤的诗句而已，至如"君王忍把平陈业，只换雷塘数亩田"，"人生只合扬州死，禅智山光好墓田"，那简直是说扬州可以使你的国亡，可以使你的身死，而也决无后悔的样子了，这还了得！

在我梦想中的扬州，实在太有诗意，太富于六朝的金粉气了，所以那一次从无锡上车之后，就是到了我所最爱的北固山下，亦没有心思停留半刻，便匆匆的渡过了江去。

长江北岸，是有一条公共汽车路筑在那里的；一落渡船，就可以向北直驶，直达到扬州南门的福运门边。再过一条城河，便进扬州城了，就是一千四五百年以来，为我们历代的诗人骚客所赞叹不置的扬州城，也就是你家黛玉的爸爸，在此撇下了孤儿升天成佛去的扬州城！

但我在到扬州的一路上，所见的风景，都平坦萧杀，没有一点令人可以留恋的地方，因而想起了晁无咎的《赴广陵道中》的诗句：

醉卧符离太守亭，别都弦管记曾称，
淮山杨柳春千里，尚有多情忆小胜。（小胜，劝酒女鬟也。）
急鼓冬冬下泗州，却瞻金塔在中流，
帆开朝日初生处，船转春山欲尽头。
杨柳青青欲哺乌，一春风雨暗隋渠，
落帆未觉扬州远，已喜淮阴见白鱼。

　　才晓得他自安徽北部下泗州，经符离（现在的宿县）由水道而去的，所以得见到许多景致，至少至少，也可以看到两岸的垂杨和江中的浮屠鱼类。而我去的一路呢，却只见了些道路树的洋槐，和秋收已过的沙田万顷，别的风趣，简直没有。连绿杨城廓是扬州的本地风光，就是自隋朝以来的堤柳，也看见得很少。

　　到了福运门外，一见了那一座新修的城楼，以及写在那洋灰壁上的三个福运门的红字，更觉得兴趣索然了；在这一种城门之内的亭台园囿，或楚馆秦楼，哪里会有诗意呢？

　　进了城去，果然只见到了些狭窄的街道，和低矮的市廛，在一家新开的绿杨大旅社里住定之后，我的扬州好梦，已经醒了一半了。入睡之前，我原也去逛了一下街市，但是灯烛辉煌，歌喉宛转的太平景象，竟一点儿也没有。"扬州的好处，或者是在风景，明天去逛瘦西湖，平山堂，大约总特别的会使我满足，今天且好好儿的睡它一晚，先养养我的脚力吧！"这是我自己替自己解闷的想头，一半也是真心诚意，想驱逐驱逐宿娼的邪念的一道符咒。

　　第二天一早起来，先坐了黄包车出天宁门去游平山堂。天宁门外的天宁寺，天宁寺后的重宁寺，建筑的确伟大，庙貌也十分的壮丽；可是不知为了什么，寺里不见一个和尚，极好的黄松材料，都断的断，拆的拆了，象许久不经修理的样子。时间正是暮秋，那一天的天气又是阴天，我身到了这大伽蓝里，四面不见人影，仰头向御碑佛像以及屋顶一看，满身出了一身冷汗，毛发都倒竖起来了，这一种阴戚戚的冷气，叫我用什么文字来形容呢？

回想起二百年前，高宗南幸，自天宁门至蜀岗，七八里路，尽用白石铺成，上面雕栏曲槛，有一道象颐和园昆明湖上似的长廊甬道，直达至平山堂下，黄旗紫盖，翠辇金轮，妃嫔成队，侍从如云的盛况，和现在的这一条黄沙曲路，只见衰草牛羊的萧条野景来一比，实在是差得太远了。当然颓井废垣，也有一种令人发思古之幽情的美感，所以鲍明远会作出那篇《芜城赋》来；但我去的时候的扬州北郭，实在太荒凉了，荒凉得连感慨都叫人抒发不出。

到了平山堂东面的功得山观音寺里，吃了一碗清茶，和寺僧谈起这些景象，才晓得这几年来，兵去则匪至，匪去则兵来，住的都是城外的寺院。寺的坍败，原是应该，和尚的逃散，也是不得已的。就是蜀岗的一带，三峰十余个名刹，现在有人住的，只剩了这一个观音寺了，连正中峰有平山堂在的法净寺里，此刻也没有了住持的人。

平山堂一带的建筑，点缀，园围，都还留着有一个旧日的轮廓；象平远楼的三层高阁，依然还在，可是门窗却没有了；西园的池水以及第五泉的泉路，都还看得出来，但水却干涸了，从前的树木，花草，假山，迭石，并其他的精舍亭园，现在只剩了许多痕迹，有的简直连遗址都无寻处。

我在平山堂上，瞻仰了一番欧阳公的石刻像后，只能屁也不放一个，悄悄的又回到了城里。午后想坐船了，去逛的是瘦西湖小金山五亭桥的一角。

在这一角清淡的小天地里，我却看到了扬州的好处。因为地

325

近城区，所以荒废也并不十分厉害；小金山这面的临水之处，并且还有一位军阀的别墅（徐园）建筑在那里，结构尚新，大约总还是近年来的新筑。从这一块地方，看向五亭桥法海塔去的一面风景，真是典丽矞皇，完全象北平中南海的气象。至于近旁的寺院之类，却又因为年久失修，谈不上了。

瘦西湖的好处，全在水树的交映，与游程的曲折；秋柳影下，有红蓼青萍，散浮在水面，扁舟擦过，还听得见水草的鸣声，似在暗泣。而几个弯儿一绕，水面阔了，猛然间闯入眼来的，就是那一座有五个整齐金碧的亭子排立着的白石平桥，比金鳌玉蝀，虽则短些，可是东方建筑的古典趣味，却完全荟萃在这一座桥，这五个亭上。

还有船娘的姿势，也很优美；用以撑船的，是一根竹竿，使劲一撑，竹竿一弯，同时身体靠上去着力，臀部腰部的曲线，和竹竿的线条，配合得异常匀称，异常复杂。若当暮雨潇潇的春日，雇一个容颜姣好的船娘，携酒与茶，来瘦西湖上回游半日，倒也是一种赏心的乐事。

船回到了天宁门外的码头，我对那位船娘，却也有点儿依依难舍的神情，所以就出了一个题目，要她在岸上再陪我一程。我问她："这近边还有好玩的地方没有？"她说："还有天宁寺、平山堂。"我说："都已经去过了。"她说："还有史公祠。"于是就由她带路，抄过了天宁门，向东的走到了梅花岭下。瓦屋数间，荒坟一座，有的人还说坟里面葬着的只是史阁部的衣冠，看也原没有什么好看；但是一部《廿四史》掉尾的这一位大忠臣的战绩，是读过明史的人，无不为之泪下的；况且经过《桃花扇》作者的一描，更觉得史公的忠肝义胆，活跃在纸上了；我在祠墓的中间立着想着；穿来穿去的走着；竟耽搁了那一位船娘不少的时间。本来是阴沉短促的晚秋天，到此竟垂垂欲暮了，更向东踏上了梅花岭的斜坡，我的唱山歌的老病又发作了，就顺口唱出了这么的二十八字：

三百年来土一丘，史公遗爱满扬州；
二分明月千行泪，并作梅花岭下秋。

写到这里，本来是可以搁笔了，以一首诗起，更以一首诗终，岂不很合鸳鸯蝴蝶的体裁么，但我还想加上一个总结，以醒醒你的骑鹤上扬州的迷梦。

总之，自大业初开邗沟入江渠以来，这扬州一郡，就成了中国南北交通的要道；自唐历宋，直到清朝，商业集中于此，冠盖也云屯在这里。既有了有产及有势的阶级，则依附这阶级而生存的奴隶阶级，自然也不得不产生。贫民的儿女，就被他们强迫作婢妾，于是乎就有了杜牧之的青楼薄幸之名，所谓"春风十里扬州路"者，盖指此。有了有钱的老爷，和美貌的名娼，则饮食起居（园亭），衣饰犬马，名歌艳曲，才士雅人（帮闲食客），自然不得不随之而俱兴，所以要腰缠十万贯，才能逛扬州者，以此。但是铁路开后，扬州就一落千丈，萧条到了极点。从前的运使、河督之类，现在也已经驻上了别处；殷实商户，巨富乡绅，自然也分迁到了上海或天津等洋大人的保护之区，故而目下的扬州只剩了一个历史上的剥制的虚壳，内容便什么也没有了。

扬州之美，美在各种的名字，如绿杨村，廿四桥，杏花村舍，邗上农桑，尺五楼，一粟庵等；可是你若辛辛苦苦，寻到了这些最风雅也没有的名称的地方，也许只有一条断石，或半间泥房，或者简直连一条断石，半间泥房都没有的。张陶庵有一册书，叫作《西湖梦寻》，是说往日的西湖如何可爱，现在却不对了；可是你若到扬州去寻梦，那恐怕要比现在的西湖还更不如。

你既不敢游杭，我劝你也不必游扬，还是在上海梦里想象想象欧阳公的平山堂，王阮亭的红桥，《桃花扇》里的史阁部，《红楼梦》里的林如海，以及盐商的别墅，乡宦的妖姬，倒来得好些。枕上的卢生，若长不醒，岂非快事。一遇现实，那里还有 Dichtung 呢！

一九三五年五月

语堂附记：

吾脚腿甚坏，却时时想训练一下。虎丘之梦既破，扬州之梦未醒，故一年来即有约友同游扬州之想。日前约大杰、达夫同去，忽来此一长函，知是去不成了。不知是未凑足稿费，还是映霞不许。然我仍是要去，不管此去得何罪名，在我总是书上太常看见的地名，必想到一到。怎样是邗江，怎样是瓜州，怎样是廿四桥，怎样是五亭桥，以后读书时心中才有个大略山川形势。即使平山堂已是一楹一牖，也必见识见识。

（摘自《郁达夫文集·第四卷》，花城出版社、三联书店香港分店，1982 年）

吴宓：
是真名士自风流

吴宓（1894—1978），陕西省泾阳县人。字雨僧、玉衡，笔名余生，中国现代著名西洋文学家、国学大师、诗人。清华大学国学院创办人之一，学贯中西，融通古今，被称为中国比较文学之父。与陈寅恪、汤用彤并称"哈佛三杰"。著作有《吴宓诗集》、《文学与人生》、《吴宓日记》等。

回忆雨僧先生 / 季羡林 ①

> 雨僧先生是一个奇特的人，身上也有不少的矛盾。他古貌古心，同其他教授不一样，所以奇特。他言行一致，表里如一，同其他教授不一样，所以奇特。别人写白话，写新诗；他偏写古文，写旧诗，所以奇特。他反对白话文，但又十分推崇用白话文写成的《红楼梦》，所以矛盾。他看似严肃、古板，但又颇有一些恋爱的浪漫史，所以矛盾。他能同青年学生来往，但又凛然、俨然，所以矛盾。

　　雨僧先生离开我们已经十多年了。作为他的受业弟子，我同其他弟子一样，始终在忆念着他。

　　雨僧先生是一个奇特的人，身上也有不少的矛盾。他古貌古心，

---

① 本文是作者为陕西人民出版社 1990 年出版的《回忆吴宓先生》撰写的序言，现标题系编者所加。

同其他教授不一样，所以奇特。他言行一致，表里如一，同其他教授不一样，所以奇特。别人写白话，写新诗；他偏写古文，写旧诗，所以奇特。他反对白话文，但又十分推崇用白话文写成的《红楼梦》，所以矛盾。他看似严肃、古板，但又颇有一些恋爱的浪漫史，所以矛盾。他能同青年学生来往，但又凛然、俨然，所以矛盾。

总之，他是一个既奇特又矛盾的人。

我这样说，不但丝毫没有贬意，而且是充满了敬意。雨僧先生在旧社会是一个不同流合污、特立独行的畸人，是一个真正的人。

当年在清华读书的时候，我听过他几门课："英国浪漫诗人"、"中西诗之比较"等。他讲课认真、严肃，有时候也用英文讲，议论时有警策之处。高兴时，他也把自己新写成的旧诗印发给听课的同学，《空轩》十二首就是其中之一。这引得编《清华周刊》的学生秀才们把他的诗译成白话，跟他开了一个不大不小而又无伤大雅的玩笑。他一笑置之，不以为忤。他的旧诗确有很深的造诣，同当今想附庸风雅的、写一些根本不像旧诗的旧诗的"诗人"，决不能同日而语。他的"中西诗之比较"实际上讲的就是比较文学。当时这个名词还不像现在这样流行。他实际上是中国比较文学的奠基人之一，值得我们永远怀念的。

他坦诚率真，十分怜才。学生有一技之长，他决不掩没，对同事更是不懂得什么叫忌妒。他在美国时，邂逅结识了陈寅恪先生。他立即驰书国内，说："合中西新旧各种学问而统论之，吾必以寅恪为全中国最博学之人。"也许就是由于这个缘故，他在清华作为西洋文学系的教授而一度兼国学研究院的主任。

他当时给天津《大公报》主编一个《文学副刊》。我们几个喜欢舞笔弄墨的青年学生，常常给副刊写点书评一类的短文，因而无形中就形成了一个小团体。我们曾多次应邀到他那在工字厅的住处：

藤影荷声之馆去作客，也曾被请到工字厅的教授们的西餐餐厅去吃饭。这在当时教授与学生之间存在着一条看不见但感觉到的鸿沟的情况下，是非常难能可贵的。至今回忆起来还感到温暖。

我离开清华以后，到欧洲去住了将近十一年。回到国内时，清华和北大刚刚从云南复原回到北平。雨僧先生留在四川，没有回来。其中原因，我不清楚，也没有认真去打听。但是，我心中却有一点疑团：这难道会同他那耿直的为人有某些联系吗？是不是有人早就把他看做眼中钉了呢？在这漫长的几十年内，我只在六十年代初期，在燕东园李赋宁先生家中拜见过他。以后就再没有见过面。

在十年浩劫中，他当然不会幸免。听说，他受过惨无人道的折磨，挨了打，还摔断了什么地方。我对此丝毫也不感到奇怪。以他那种奇特的特立独行的性格，他决不会投机说谎，决不会媚俗取巧，受到折磨，倒是合乎规律的。反正知识久已不值一文钱，知识分子被视为"老九"。在黄钟毁弃，瓦釜雷鸣的时代，我们又有什么话好说呢？雨僧先生受到的苦难，我有意不去仔细打听。不知道反而能减轻良心上的负担。至于他有什么想法，我更是无从得知。现在，他终于离开我们，走了。从此人天隔离，永无相见之日了。

雨僧先生这样一个奇特的人，这样一个不同流合污特立独行的人，是会受到他的朋友们和弟子们的爱戴和怀念的。现在编集的这一本《回忆吴宓先生》就是一个充分的证明。

他的弟子和朋友都对他有自己的一份怀念之情，自己的一份回忆。这些回忆不可能完全一样，因为每一个人都有自己观察事物和人物的角度和特点。但是又不可能完全不一样。因为回忆的毕竟是同一个人——我们敬爱的雨僧先生。这一部回忆录就是这样一部既不一样又不一样的汇合体。从这个一样又不一样的汇合体中可以反照出雨僧先生整个的性格和人格。

我是雨僧先生的弟子之一，在贡献上我自己那一份回忆之余，又应编者的邀请写了这一篇序。这两件事都是我衷心愿意去做的。也算是我献给雨僧先生的心香一瓣吧。

一九八九年三月二十二日

（摘自《季羡林谈师友》，当代中国出版社，2006 年）

吴宓先生 / 任继愈

> 吴先生生长在陕西，关中有高山大川，水深土厚，文化传统
> 可以上溯到周秦。吴先生具有关河人物的凝重、刚健之质。
> 古人常说关西出将、关东出相，吴先生生于关西，出身于军
> 官家庭，他秉赋武将的性格，却走着诗人学者的道路。这种
> 奇特结合，铸成吴先生特有的风格。

早在读中学时，看过吴宓先生在《学衡》杂志上的文章，没有
见过面。抗战开始，北大、清华、南开三校合并，成立西南联合大学。
文学院由湖南衡山搬到云南省的蒙自县，在南湖边租用了一所倒闭
的法国商行，单身教授和男生宿舍都在这所楼上。记得吴宓先生和
叶公超同住一处，有时看见他在南湖边与叶公超教授散步。蒙自县
城内有一家卖甜粥的小店，店主人是四川人，有一定的文化修养。
吴先生曾为这家小店写过一副对联："无名安市隐，有业利群生。"
这副对联为这家小店增色不少。半年后，联大迁回昆明，几十年没
有回过蒙自，却时常想起这家小店和吴先生的对联。

一九三九年起，北京大学文科研究所招收研究生，我的导师是汤用彤先生和贺麟先生。汤先生是吴宓先生多年好友，贺先生也和吴先生很熟。毕业后留在西南联大教书，我有机会与吴宓先生相识。从汤、贺两位先生处得知吴先生的为人，用一个字概括，就是一个"真"字。他对人、对事、治学，不矫饰、不敷衍，他的言与行天然一致。

　　吴先生处事不大会考虑个人得失，也可以说他不善于为个人的利益打小算盘。这种不善于为个人利益打小算盘的师长中，使我难忘的有两位，一位是金岳霖先生，另一位是吴宓先生。在昆明时，正值他五十岁生日，他在《五十生日诗》中有一句是"为人谋何巧，谋己一何拙"。他的信念是：学推孔柏先，教宗佛耶正。学术上推崇孔子和柏拉图，宗教观上他服膺佛教与基督教。他的哲学观和文化观与贺麟先生很接近。学术界多认为贺先生是研究黑格尔的专家，实际上贺先生对伦理学、价值论、中国的宋明理学都有精到的造诣。研究西方伦理学离不开基督教。吴宓先生信奉的西方人文主义也与基督教有不可分的关系。在昆明时，吴、贺两位与当时流亡到昆明的燕京神学院赵紫宸教授经常来往。有一段时间，赵紫宸教授家定期约集几位对人文科学有兴趣的学者举行茶会，大约每两周（也许是一个月）聚会一次。赵紫宸先生除专研基督神学外，也是一位诗人，写旧体诗、填词，也写新体诗，曾把他的诗集《玻璃声》分赠给大家。这样的聚会吴先生倡议取名"心社"（Mind Society），只有四五个人。这个谈心、论学的集体，大约举行过七八次，后来赵紫宸先生离开昆明，就解散了。在这个会上，贺先生讲过"知行合一的相互关系"（后来发展为《知行合一新论》，收入论文集）；赵紫宸先生讲过基督教神学；吴宓先生讲过一次"红楼梦的文学造诣"。吴先生说，《红楼梦》内容且不说，只就章回小说的回目标题而论，其对仗之工，文字之美，任何章回小说都难比得上，还随手举出第三十五回"白玉钏亲尝莲叶羹，黄金莺巧结梅花络"为例。

也是在这一次聚会上，谈及柏拉图对话集中的《酒谈会》，由此又引申到西方流行弗洛伊德学说的影响。吴先生说，男女间的交往属于一种交叉关系，男人与男人、女人与女人的交往属于平行关系，确有不同。吴先生说，男人和男人的友谊、交往可以长期保持，甚至持续几十年不变，不远也不近。女人和女人之间的交往、友谊也是这样，都能以平行线的形式，持续下去。如画个坐标图，可以用一纵向、一横向来表示。惟有男人与女人之间的交往与友谊，纵横两线相交会处，即构成家庭或相爱，有一个结合点；如两线交会而未构成家庭或发生爱情，没有产生结合点，这两条线引伸下去，越离越远，再无相交的可能。吴先生举出这种现象，给人以深刻的印象。当时没有黑板，吴先生用手比划着说明两条纵横线条的平行发展和交会于一点的情况。何以有此种现象，可惜吴先生未曾深论。

吴先生长期过着单身生活，不与家人住一起，住单身教员宿舍。记得在昆明时，他有一段时间与叶公超教授同住在文林街一所宿舍。每天早晨叶公超到菜市买菜。叶虽为教授，在抗战时期，生活困难，买菜好斤斤计较，价钱讲妥，叶还要从摊贩菜堆里再抓一把放在自己菜篮里。叶公超毕竟是教书先生，手脚不灵便，十之八九被菜贩把菜夺回去。对这类事，吴先生很看不惯，警告叶说，你这种爱占小便宜的习惯不改，我不再陪你逛菜场了。后来吴先生搬到北门街另一所单身教员宿舍，直到他离开昆明。

与吴先生直接打交道的还有一位系主任C君，C君英语讲得好，善于交际，人缘也好。他对西方传统文化和东方传统文化所知不多，中文修养也差。吴先生学贯中西，对这位缺少文化修养的系主任很看不上。C君对吴先生想必也没有好印象，对他的照顾很不够。吴先生在北门街宿舍住在一间阁楼上，光线只能从书桌下的空隙中反射上来。室内光线非常昏暗。吴先生有意离开西南联大，到贵州湄潭浙江大学教书。有一天，贺麟先生和冯友兰先生商谈关于西方哲学名著翻译的事（他俩都是西方哲学名著编译会的常委，另一位常委是汤用彤先生）。谈话间隙，贺先生忽然问了一句："吴雨僧现在去贵阳，不知走了没有？"冯友兰先生听了大吃一惊，作为文学院长，还不知道吴先生要离开联大。两人赶到长途汽车站，幸好汽车还未开出。冯、贺两位把吴先生劝了回来，留下不走，又回到他那间光线来自桌子下方的单身阁楼。这一次贵州未去成，但吴先生去意已决，后来还是没有等到西南联大结束，转到四川成都教书，西南联大结束前他就离开了昆明。

一九四六年，西南联大解散，三校各回原处，大部分教员从重庆飞回北平，也有从海路或其他途径回去的。当时我的家在西安，我要由重庆经成都去西安，顺路看望钱穆先生和吴先生，在吴先生处住了一晚。吴先生住齐鲁大学的职工宿舍，房间简单、朴素。窗外下着细雨，在昏暗的灯光下（好像是煤油灯），我向吴先生讲了个人的读书及生活中的困惑，大部分时间听吴先生谈论中国儒家文化精神、为人之道，当然也讲到白璧德。第二天要上路，向吴先生告别，感谢他长辈关怀后学的深情。吴先生说，论年龄，我算长辈，我不喜欢人家把我当长辈看待，愿你把我当做朋友，以朋友的地位，无拘无束，推心置腹地交谈，这样很好。

清华大学迁回清华园旧址，吴先生与清华大学的关系非同寻常，清华是他的母校，只要他表示肯回去，清华大学求之不得。只是由于他和C君合不来，没有回到清华，他由成都转到了重庆，此后的经过，师友所共知，不再赘述。如果当年回到清华，情况可能另是一样。一九四八年，清华面临解放，C君仓皇逃走，吴先生和他的多年好友如陈寅恪、汤用彤、贺麟、冯友兰、金岳霖，都在各自的岗位上留下来，迎接了新中国。不论走了多么曲折的路，中国人民站起来了，几代爱国人士的梦想成为真实，"求仁而得仁"，他们无所尤悔。

贺先生常和我说："吴宓先生讲授英国浪漫主义诗人的诗，他本人就是雪莱、拜伦，他这个人的生活就是一首浪漫长诗。"

吴先生生长在陕西，关中有高山大川，水深土厚，文化传统可以上溯到周秦。吴先生具有关河人物的凝重、刚健之质。古人常说关西出将、关东出相，吴先生生于关西，出身于军官家庭，他秉赋武将的性格，却走着诗人学者的道路。这种奇特结合，铸成吴先生特有的风格。

吴先生是重践履的浪漫主义诗人学者。浪漫主义使人趋向高洁，免于庸俗，但高标傲世，往往不见容于庸鄙。吴先生深受儒教熏陶，与西方传统的浪漫主义不尽相同，因而带有吴宓印记。

以浪漫主义为生活基调的诗人、学者，不论生于治世或乱世，概难免于遭际坎坷，见讥于流俗。浪漫主义气质过重的人，以之治身，多误身；以之治国，多误国。中外史乘，屡见不鲜。

吴先生从事教育事业，一生为国家培养了大批有用之才。人们多知道他是西方文学的教授，培养了外国语言、文学人才，而不知道他对国学也做过杰出贡献，闻名中外的清华大学国学研究所，吴先生就是创建人之一。陈寅恪先生当年一无外国博士头衔，二无成本著作问世，吴先生把他招来与王国维、梁启超几位大师同聘为导师，足见吴先生学识过于常人。冯友兰先生曾把《庄子》(内篇)译成英文，冯友兰先生深知吴精通庄学，出版前请吴先生润饰英文译稿。

处于文化大革命时期，吴先生偏偏被安排在最轻视知识的环境中。赶上视人才如草芥的年月，令人遗恨千古。

在当前改革开放的新形势下，要使国家富强，立于不败之地，首先要培养人才。人才是开发不尽的宝贵资源。天然资源如煤、矿山、石油固然是可贵的资源，但没有可用之才，即使自然资源丰富，也只能供强国来掠夺；人口众多，如果教育落后，国民无知，民族素质不高，就只能沦为殖民地，只能被奴役，供强国驱使。只有发挥人才的优势才是真正的优势。人才是取之不尽、愈开发愈多的资源。开发人才资源离不开教育。而我国的教育仍需进一步给予应有的重视。

现在经济扶贫已引起人们的注意，而文化扶贫，似乎还未过于重视。全国还有两亿文盲，拖住了现代化的后腿。

吴先生一生的遭遇，从一个侧面反映着广大知识分子，特别是高等知识分子的遭遇。说它小，可以看做个人的沉浮、荣枯；说它大，吴先生的一生遭遇，可以关系到民族、国家的兴废存亡。这种劫难性的历史希望永被埋葬。吴先生墓木已拱，后来者长途漫漫，任重而道远。

（摘自《念旧企新：任继愈自述》，人民日报出版社，2011年）

吴雨僧先生二三事 / 汪曾祺

吴宓（雨僧）先生相貌奇古。头顶微尖，面色苍黑，满脸刮得铁青的胡子，有学生形容他的胡子之盛，说是他两边脸上的胡子永远不能一样：刚刮了左边，等刮右边的候，左边又长出来了。他走路很快，总是提了一根很粗的黄藤手杖。这根手杖不是为了助行，而是为了矫正学生的步态。有的学生走路忽东忽西，挡在吴先生的前面，吴先生就用手杖把他拨正。吴先生走路是笔直的，总是匆匆忙忙的，他似乎没有逍遥闲步的时候。

吴宓（雨僧）先生相貌奇古。头顶微尖，面色苍黑，满脸刮得铁青的胡子，有学生形容他的胡子之盛，说是他两边脸上的胡子永远不能一样：刚刮了左边，等刮右边的候，左边又长出来了。他走路很快，总是提了一根很粗的黄藤手杖。这根手杖不是为了助行，而是为了矫正学生的步态。有的学生走路忽东忽西，挡在吴先生的前面，吴先生就用手杖把他拨正。吴先生走路是笔直的，总是匆匆忙忙的。他似乎没有逍遥闲步的时候。

吴先生是西语系的教授。他在西语系开了什么课我不知道。他开的两门课是外系学生都可以选读或自由旁听的。一门是"中西诗之比较"，一门是"红楼梦"。

"中西诗之比较"第一课我去旁听了。不料他讲的第一首诗却是：

一去二三里，
烟村四五家，
楼台六七座，
八九十枝花。

吴先生认为这种数字的排列是西洋诗所没有的。我大失所望了，认为这讲得未免太浅了，以后就没有再去听，其实讲诗正应该这样：由浅入深。数字入诗，确也算得是中国诗的一个特点。骆宾王被人称为"算博士"。杜甫也常以数字为对，如"两个黄鹂鸣翠柳，一行白鹭上青天"，"窗含西岭千秋雪，门泊东吴万里船"。吴先生讲课这样的"卑之勿甚高论"，说明他治学的朴实。

"红楼梦"是很"叫座"的，听课的学生很多，女生尤其多。我没有去听过，但知道一件事。他一进教室，看到有些女生站着，就马上出门，到别的教室去搬椅子。联大教室的椅子是不固定的，可以搬来搬去。吴先生以身作则，听课的男士也急忙蜂拥出门去搬椅子。到所有女生都已坐下，吴先生才开讲。吴先生讲课内容如何，不得而知。但是他的行动，很能体现"贾宝玉精神"。

文林街和府甬道拐角处新开了一家饭馆，是几个湖南学生集资开的，取名"潇湘馆"，挂了一个招牌。吴先生见了很生气，上门向开馆子的同学抗议：林妹妹的香闺怎么可以作为一个饭馆的名字呢！开饭馆的同学尊重吴先生的感情，也很知道他的执拗的脾气，就提出一个折中的方案，加一个字，叫作做"潇湘饭馆"。吴先生勉强同意了。

听说陈寅恪先生曾说吴先生是《红楼梦》里的妙玉，吴先生以为知己。这个传说未必可靠，也许是哪位同学编出来的。但编造得颇为合理，这样的编造安在陈先生和吴先生的头上，都很合适。

吴先生长期过着独身生活，吃饭是"打游击"。他经常到文林街一家小饭馆去吃牛肉面。这家饭馆只有一间门脸，卖的也只是牛肉面。小饭馆的老板很尊重吴先生。抗战期间，物价飞涨，小饭馆随时要调整价目。每次涨阶，都要征得吴先生同意。吴先生听了老板说明涨价的理由，把老的价日表撤下，在 张红纸上用毛笔止楷写一张新的价目表贴在墙上：炖牛肉多少钱一碗，牛肉面多少钱一碗，净面多少钱一碗。

抗战胜利，三校（西南联大是清华、北大、南开联合起来的）复原，不知道为什么吴先生没有回清华（他是老清华了），我就没有再见到吴先生。有一阵谣传他在四川出了家，大概是因为他字"雨僧"而附会出来的。后来打听到他辗转在武汉大学、香港大学教书，最后落到北碚师范学院。"文化大革命"中挨斗得很厉害。罪名之一，是他曾是"学衡派"，被鲁迅骂过。这是一篇老账了，不知道造反派怎么翻了出来。他在挨斗中跌断了腿。他不能再教书，一个月只能领五十元生活费。他花三十七块钱雇了一个保姆，只剩下十三块钱，实在是难以度日，后来他回到陕西，死在老家。吴先生可以说是穷困而死。一个老教授，落得如此下场，哀哉！

一九八九年一月七日

（摘自《汪曾祺谈师友》，山东画报出版社，2007 年）